Wolfgang Vahle

Nichts als Ohren im Kopf

Wolfgang Vahle

Nichts als Ohren im Kopf

Faszinierende Welten im Spiegel eines HNO-Arztes

Bloggingbooks

Impressum / Imprint
Bibliografische Information der Deutschen Nationalbibliothek: Die Deutsche Nationalbibliothek verzeichnet diese Publikation in der Deutschen Nationalbibliografie; detaillierte bibliografische Daten sind im Internet über http://dnb.d-nb.de abrufbar.
Alle in diesem Buch genannten Marken und Produktnamen unterliegen warenzeichen-, marken- oder patentrechtlichem Schutz bzw. sind Warenzeichen oder eingetragene Warenzeichen der jeweiligen Inhaber. Die Wiedergabe von Marken, Produktnamen, Gebrauchsnamen, Handelsnamen, Warenbezeichnungen u.s.w. in diesem Werk berechtigt auch ohne besondere Kennzeichnung nicht zu der Annahme, dass solche Namen im Sinne der Warenzeichen- und Markenschutzgesetzgebung als frei zu betrachten wären und daher von jedermann benutzt werden dürften.

Bibliographic information published by the Deutsche Nationalbibliothek: The Deutsche Nationalbibliothek lists this publication in the Deutsche Nationalbibliografie; detailed bibliographic data are available in the Internet at http://dnb.d-nb.de.
Any brand names and product names mentioned in this book are subject to trademark, brand or patent protection and are trademarks or registered trademarks of their respective holders. The use of brand names, product names, common names, trade names, product descriptions etc. even without a particular marking in this works is in no way to be construed to mean that such names may be regarded as unrestricted in respect of trademark and brand protection legislation and could thus be used by anyone.

Coverbild / Cover image: www.ingimage.com

Verlag / Publisher:
Bloggingbooks
ist ein Imprint der / is a trademark of
OmniScriptum GmbH & Co. KG
Heinrich-Böcking-Str. 6-8, 66121 Saarbrücken, Deutschland / Germany
Email: info@bloggingbooks.de

Herstellung: siehe letzte Seite /
Printed at: see last page
ISBN: 978-3-8417-7319-7

Copyright © 2014 OmniScriptum GmbH & Co. KG
Alle Rechte vorbehalten. / All rights reserved. Saarbrücken 2014

Ohr – Hörorgan ... 3
Das Außenohr ... 3
Gehörgangsreinigung ... 4
Das Mittelohr ist uninteressant, oder ...? ... 9
Das Innenohr – nur ein Mikrophon? ... 13
Absolutes Gehör ... 18
Lärmschwerhörigkeit und Lärmschutz ... 24
Hörgeräte ... 26
Hörminderung bei Kindern ... 29
Hörprüfungen bei Kindern ... 31
Paukenröhrchen ... 35

Ohr – Gleichgewichtsorgan ... 39
Schwindelgefühl – Ein Fall für die Hals-Nasen-Ohrenheilkunde? ... 39
Gleichgewichtsuntersuchung ... 46
Gutartiger anfallsweise auftretender Lagerungsschwindel ... 53
Menière'sche Erkrankung ... 55

Nase ... 59
Allergischer Schnupfen ... 59
Die Nase spülen ... 68
Nasenspray – gefährlicher als Cocain? ... 77
Nasenspraysucht ... 81
Was tun bei Nasenbluten? ... 84

Mund – Rachen – Kehlkopf ... 86
Stimmabgabe – Eine Stimme für den Kehlkopf ... 86
Polypenoperation bei Kindern ... 93
Sprechprobleme nach Polypenoperation ... 96
Mandelsteine ... 98
Chronische Mandelentzündung ... 102
Mandelverkleinerung durch Teilentfernung (Tonsillotomie, TT) ... 104

Allgemeine Themen ... 105
Muss ich Antibiotika nehmen? Oder sollte ich besser nicht? ... 105
Alternativmedizin – eine Alternative zur Humanmedizin? ... 108
Klartext über Homöopathie: Homöopathie ist Irrtum ... 111
Ich glaube, jetzt wird's gefährlich ... 122
Synchronizität ... 125
Andersdenken: Es ist so liberal ... 127
Krankheitsverläufe und Aktien – Zwei Welten ... 128
Gar nicht mal selten: Bekehrungsversuche zur Scharlatanerie! ... 130
Untaugliche Mittel ... 133
Deutsche Welle Ausland: 10 Fragen an Dr. Wolfgang Vahle ... 136

Ohr – Hörorgan

Das Außenohr

Die Ohrmuschel ist so charakteristisch, dass jeder zunächst nur an die Ohrmuschel denkt, wenn vom „Ohr" die Rede ist.

Dabei ist die Ohrmuschel nur der äußerlich sichtbare Anteil des Ohres. Schon dieser sichtbare Teil des Ohres ist alles andere als simpel! Bereits in der Ohrmuschel wird der Schall aufgefangen und zum ersten Mal verstärkt. Wie jeder andere Trichter ist auch die Ohrmuschel „geizig" und will möglichst wenig vom kostbaren Klang der Welt verlieren. Wie ein Spiegelteleskop das Licht sammelt die Ohrmuschel den Schall und reflektiert ihn in den Gehörgang. Und am Ende des Gehörganges beginnt mit dem Trommelfell das Mittelohr.

Aber noch sind wir nicht „fertig" mit der Ohrmuschel! Die Schallwellen werden von der Ohrmuschel reflektiert, wobei die Schallwellen von unterschiedlichen Regionen der Ohrmuschel reflektiert werden – je nachdem, wo sich die Schallquelle befindet. Und weil die Ohrmuscheloberfläche kein glatter Spiegel ist, sondern Wölbungen hat – „Täler" und „Hügel" – ändert sich die Weglänge des reflektierten Schalls in Abhängigkeit von der Richtung, aus der der Schall kommt.

Gesunde Menschen mit zwei normal hörenden Ohren können die Richtung der Schallquelle „leicht" bestimmen. Wenn eine Schallquelle nicht direkt vor oder hinter uns liegt, sondern mehr oder weniger seitlich vom Kopf, dann erreicht der Schall das näher liegende Ohr eher und das weiter entfernte Ohr später. Dadurch entstehen Laufzeitunterschiede von wenigen zehntausendstel Sekunden, aus denen unser Gehirn die Richtung der Schallquelle erkennen kann. Wir hören „stereophon". – Ähnliches passiert mit den beiden Bildern aus unseren beiden Augen: Wir sehen „stereoskop". – Menschen, die im Laufe ihres Lebens einseitig ertauben, spüren schmerzlich den Verlust der „Stereophonie". Allein die Fähigkeiten zur Stereophonie und Stereoskopie sind schon bewundernswert! Aber es kommt noch besser! Menschen, die nicht erst im späteren Leben einseitig ertaubt sind, sondern mit einem einseitig ertaubten Ohr auf die Welt kommen, können *trotzdem* stereophon hören! Zwar nicht so deutlich wie Hörgesunde mit zwei Ohren, aber deutlich besser als einseitig Spätertaubte mit nur einem funktionsfähigen Ohr. Wie ist es möglich, dass das Gehirn aus der Schallinformation nur eines einzigen Ohres die Richtung erkennen kann? Das plastische Gehirn lernt im Falle einer angeborenen einseitigen Ertaubung „von Kindesbeinen an" die notwendige Richtungsinformation an den Phasenverschiebungen und Laufzeitunterschieden zu erkennen, die sich aus der Reflexion an der genial geformten Ohrmuschel ergeben!

Dabei ist die Form der Ohrmuschel im Einzelfall gar nicht mal so erheblich. Jeder Mensch hat ja nur eine Ohrmuschelform. Und das Gehirn eines angeboren einseitig Ertaubten lernt nur an der eigenen Ohrmuschel. Und wenn ein angeboren einseitig Ertaubter später im Leben mit seiner Ohrmuschel nicht zufrieden ist, weil sie unschön absteht? Tja – einen „Tod muss man sterben"! Entweder man arrangiert sich mit seinem Aussehen und lernt, sich schön zu finden oder man lässt die Ohrmuscheln operativ anlegen und verzichtet dabei auf die Richtungsinformation. Nun sind aber angeboren einseitig Ertaubte mit abstehenden Ohren nicht so häufig...

Aus der Ohrmuschel heraus gelangt der Schall in den äußeren Gehörgang. Auch der äußere Gehörgang gehört zum Außenohr. Der Gehörgang ist dabei etwas geknickt und auch leicht nach oben hin ansteigend. Wenn wir also mal mit dem Kopf unter eine Wasseroberfläche geraten und den Kopf dabei gerade halten, dann gelangt kein Wasser an das Trommelfell. Dann bildet sich nämlich eine Luftblase, die nach oben und innen ansteigt und sich schützend vor das Trommelfell legt. Vielleicht erinnern Sie sich an Besuche im Schwimmbad? Wenn man in aufrechter Haltung untertaucht, bleibt es warm in den Ohren. Wenn Sie aber mit dem Kopf nach unten tauchen, dann wird es plötzlich kalt in der Tiefe der Gehörgänge. In diesem Moment ist dann die Luftblase nach außen entwichen, weil bei einem um 180 Grad gedrehten Kopf „oben" nicht mehr innen, sondern außen ist.

Die Gehörgänge sind auch nicht trocken und rau – sie werden vom Körper gefettet. Dieses Fett – „Ohrenschmalz" – ist durchaus für die gesunde Funktion der Gehörgänge nicht unwichtig! Störend ist nicht „Ohrenschmalz", sondern „zu viel Ohrenschmalz". Dann steht eine Reinigung der Gehörgänge ins Haus. Und wie soll man die Gehörgänge reinigen?

Gehörgangsreinigung

Auf keinen Fall mit Wattestäbchen! Und die „Wattestäbchen" heißen schon mal gar nicht „Ohrenstäbchen", eben genau deswegen: weil sie nicht in die Ohren gehören!

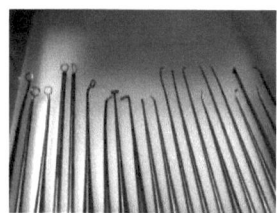

Schlingen, Ösen und Häkchen in diversen Größen für die Gehörgangsreinigung

Die Gehörgänge verfügen über einen Selbstreinigungsmechanismus. In der Tiefe des Gehörganges wird Talg produziert (in den sog. „Ceruminaldrüsen", deshalb nennt man diese Substanz auch „Cerumen": es ist Ohrenschmalz). Dieses zähflüssige Fett rutscht langsam – im Laufe mehrerer Wochen – nach außen. Schmutzpartikel, Stäube, aber auch abgeschilferte Epithelzellen (das sind die Zellen der Deckschicht der Haut) werden festgeklebt und rutschen mit nach außen. Auf der bereits vorhandenen dünnen Cerumenschicht im Gehörgang „fließt" das Cerumen leicht – der Gehörgang ist ja gefettet. Zugleich fettet das fließende Cerumen den Gehörgang neu, so dass das nachfolgende Cerumen wiederum leicht nach außen fließen kann. Wenn man diesen Mechanismus nicht stört, bleibt die Cerumenschicht im Gehörgang stets sehr dünn und der Gehörgang stets sauber. Diese dünne Cerumenschicht liegt als Schutzfilm über der empfindlichen Gehörgangshaut und sorgt dafür, dass keine Krankheitserreger eindringen können (Cerumen hat sogar eine schwache antibiotische Wirkung!). Das Cerumen, das seine „Reise" aus der Tiefe des Gehörganges hinter sich hat, wird als Überschuss im Gehörgangs-Eingang sichtbar. Nur von dort soll man es entfernen.

Wattestäbchen stören den Selbstreinigungsmechanismus. Die äußeren Anteile des Gehörganges werden durch die Wattestäbchen fettfrei geputzt. Dabei wird die Gehörgangshaut auch aufgeraut. Das in der Tiefe befindliche Cerumen fließt auf dem Fettfilm zunächst ungehindert nach außen – bis es auf die fettfreie und aufgeraute („Schmirgelpapier") Außenzone des Gehörganges kommt. Dort kann es nicht mehr so einfach weiterfließen und gerät ins Stocken. Von innen drückt neues Cerumen nach, das auch nicht weiterfließen kann. So entstehen Cerumenpfropfe, die immer größer werden, bis sie den ganzen Gehörgang verstopfen. Sobald der Gehörgang verschlossen ist, ist das Ohr schwerhörig. Manchmal verschließt sich auch der Gehörgang auch schon eher, wenn die Cerumenpfropfe allein noch nicht den Verschluss bewirken können: gelangt nämlich Wasser in das Ohr, dann quillt der Cerumenpfropf auf und verschließt den Gehörgang. Verdunstet das Wasser im Laufe des Tages, kann der Pfropf wieder etwas eintrocknen, dabei kleiner werden und einen Teil des Gehörganges wieder freigeben, was einen sofortigen Rückgewinn des Hörvermögens zur Folge hat. Die Patienten glauben dann, dass nur das Wasser den Gehörgang verstopft habe und sie fast einen ganzen Tag gebraucht haben, bis sie das Wasser wieder aus dem Ohr herausbekommen hätten. Tatsächlich kann sich ein einzelner Wassertropfen in einem nicht mit Cerumen angefüllten Ohr nicht lange halten.

Das Gefühl, wenn sich das Ohr plötzlich verstopft, ist äußerst unangenehm! Nimmt man dann bei einem neuen Reinigungsversuch wieder Wattestäbchen, dann drückt man diese Cerumenpfropfe nach innen (wie bei einem alten „Vorderlader"), bis sie irgendwann auf dem Trommelfell liegen und dort Schmerzen verursachen! Heraus bekommt man die Pfropfe mit Wattestäbchen nicht: es wird mit Wattestäbchen also nicht besser, sondern nur schlimmer.

Wattestäbchen haben noch einen weiteren unangenehmen Nebeneffekt: oben habe ich bereits darauf hingewiesen, dass der Cerumenfilm ein Schutzfilm für den Gehörgang darstellt. Die Wattestäbchen „fräsen" diesen Schutzfilm geradezu heraus.

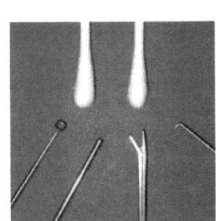

Wattestäbchen: Im Vergleich zu unseren Geräten simpel und grob!

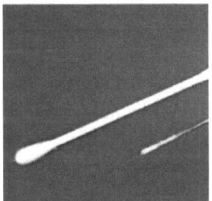

Watteträger ist nicht gleich Watteträger! Unsere Watteträger sind präzise!

Dabei schmieren sie die Keime (Bakterien) in die Zwischenzellräume so wie man mit dem Messer die Butter ins Brot kratzt! Kein Wunder, dass die Gehörgänge sich dann entzünden und schmerzen. Übrigens: auch Juckreiz ist ein Schmerzreiz! Nur eben ein „unterschwelliger"! Auch der Juckreiz ist ein Zeichen der Gehörgangsentzündung. Nimmt man jetzt Wattestäbchen, um den Juckreiz zu stillen, dann legt man damit den Grundstock für den neuen Juckreiz! Mit Wattestäbchen erreicht man also zweierlei: man kratzt das Ohr (weil es juckt) und man „kitzelt" das Ohr (so dass es weiter juckt)!

Wattestäbchen können auch leicht zu Verletzungen führen! Dabei sind die Hautablederungen im Gehörgang noch am harmlosesten! Leicht kann man auch das Trommelfell perforieren, was bleibende Schwerhörigkeiten zur Folge haben kann! Es ist sogar schon vorgekommen, dass Patienten sich zum Reinigen der Ohren so ungünstig in die Nähe einer Tür gestellt haben, dass – als jemand von außen schwungvoll die Tür öffnete – diese gegen den Ellbogen der Patienten flog. Mit gleichem Schwung schoss am anderen Ende des Arms das von der Hand festgehaltene Wattestäbchen in die Tiefe des Gehörganges, durchbohrte dabei das Trommelfell, zerfetzte die Gehörknöchelchenkette und drang durch den dünnen Knochen der mittleren Mittelohrwand bis in das Innenohr, wo es eine lebenslange Taubheit hinterließ! Glücklicherweise sind solche Katastrophen sehr selten. Aber man muss sie ja nicht heraufbeschwören! Hinterher heißt es dann: „das konnte ich ja nicht ahnen"!

Wie soll man also die Ohren reinigen?
Normalerweise reicht es absolut aus, hin und wieder die sichtbaren Cerumenüberschüsse im Gehörgangseingang mit einem Kosmetik- oder Papiertaschentuch zu entfernen. Sollte das Cerumen trocken und krümelig sein, ist es hilfreich, etwa 1 mal pro Woche ein Tröpfchen Babypflegeöl in den Gehörgang zu tropfen.

Equipment für die professionelle Ohrspülung in der HNO-Praxis

Kleine Zängchen (nach "Hartmann") für Behandlungen im Gehörgang

Erwachsene können (nur am eigenen Körper!) auch versuchen, beim Duschen vorsich Ohren zu spülen. Das ist aber eine etwas heikle Empfehlung, weil man auch dabei Verl gen produzieren kann! Man muss nämlich wissen, dass die beiden Trommelfelle am En beiden Gehörgänge diese nicht „gerade" verschließen (so wie ein Deckel auf einer runde se), sondern so in den Gehörgängen „stehen" wie der Bug eines Schiffes. Wenn man ma eigenen Hände so zusammenlegt, dass sie einen Schiffsbug bilden, dann sieht man, das schen Hand und (gedachtem) Gehörgang der Winkel hinten/oben groß und flach ist, wä er vorn/unten klein und spitz ist. Der Wasserstrahl aus der Dusche (niemals stärker als tel"!) soll also nach hinten/oben gerichtet sein: vorn/unten könnte er eine Perforation „ ßen". Außerdem sind die Gehörgänge in sich geknickt; will man diesen Knick ausgle dann muss auch die Ohrmuschel nach hinten/oben gezogen werden. Denkt man sich d ferblatt einer Uhr auf die Ohrmuschel gelegt, dann ist bei einem rechten Ohr „hinten/ da, wo der kleine Uhrzeiger bei 10.30 Uhr steht und bei einem linken Ohr ist „hinten/ da, wo der kleine Uhrzeiger bei 01.30 Uhr steht. Aber bitte Vorsicht beim Spülversuch im Zweifelsfall das Spülen lieber ganz lassen! Keinesfalls dürfen Eltern die Ohren ihrer I unter der Dusche spülen!

Sind die Ohren mal verstopft oder nässen sie sogar, dann bleibt nur der Gang zum Ohrenarzt. Unter der Sicht mit einem Operationsmikroskop ist es keine Schwierigkeit, locker sitzende Cerumenpfropfe schmerzlos zu entfernen (wobei – je nach Befund – außer der Spülung auch mal Häkchen, Ösen, Zängchen oder Sauger zum Einsatz kommen). Sind die Cerumenpfropfe aber erst mal in die Tiefe auf das Trommelfell geschoben und zusammengedrückt (komprimiert) worden, dann ist eine schmerzlose Entfernung kaum mehr möglich! Unter dem Druck des Pfropfes entzündet sich auch sehr schnell der Gehörgang, was so absolut rein gar nichts zur Schmerzlinderung beiträgt!

Also liebe Leute: seid bereits bei Euren eigenen Ohren zurückhaltend mit Wattestäbchen und Manipulationen im Gehörgang! Aber drückt um Himmels Willen nicht bei Euren Kindern das Ohrenschmalz zurück in die Tiefe der Gehörgänge! Beim Ohrenarzt gibt es dann ein großes Geschrei und im Extremfall muss das Cerumen unter Narkose entfernt werden! Wenn es unbedingt sein muss (ich weiß nicht, ob es unbedingt sein muss!), darf man die Ohrmuschel vorsichtig mit Wattestäbchen reinigen – stets nur soweit, dass man immer den ganzen Wattebausch des Stäbchens sehen kann! Niemals darf die Spitze des Wattebausches soweit „versenkt" werden, dass sie unsichtbar wird! Also Finger weg von den Gehörgängen! Man erspart sich und den Kiddies damit eine Menge an Qualen!

Kommentare
Frage:
Ein toller Bericht, muss man schon sagen! Mich würde eure Meinung über Ohrenkerzen interessieren! Hab' sie schon 2 mal verwendet. Habe heute die Diagnose Unterdruck im Ohr erhalten und überlege nun, ob ich die jetzt auch nehmen kann?!

Antwort:
Ohrenkerzen haben die Hopi-Indianer verwendet. Aus wissenschaftlicher Sicht kann man Ohrenkerzen keine Wirkung bescheinigen. Die Idee scheint zu sein, dass die durch die brennende Kerze erwärmte Luft aufsteigt und dabei das Ohrenschmalz aus den Gehörgängen saugt, wenn man denn in Seitenlage liegt. Diese Sogkraft erscheint mir viel zu schwach, um eine Wirkung haben zu können! Und ich weiß, wovon ich spreche – siehe oben!

Unterdrucke in den Mittelohren kann man mit Ohrenkerzen natürlich auch nicht behandeln. Allein schon, weil der Unterdruck im Mittelohr ist und die Kerze im Außenohr steckt. Das Trommelfell trennt die beiden Räume und dichtet sie auch voneinander ab. Bei einer Trommelfellperforation liegt zwar eine "Undichtigkeit" vor – und diese Undichtigkeit verhindert einen Paukenunterdruck. Wenn die Pauke (= Mittelohr) offen ist, kann sich ein Unterdruck erst gar nicht aufbauen. – Wenn Ihr HNO-Arzt schon die Diagnose "Paukenunterdruck" bzw. "Tubenmittelohrkatarrh" gestellt hat, dann hat er Ihnen sicher auch eine Therapie empfohlen? Dann ist doch alles klar!

Frage:
Danke, eine schöne Erklärung, wie das so funktioniert. Ich reinige meine Ohren seit langem immer mit Wasser, wenn ich die Haare wasche und benutze nie Wattestäbchen. Trotzdem sind sie jetzt verstopft und ich muss zum Ohrenarzt. Was habe ich falsch gemacht, bzw. wie kann ich das künftig verhindern?

Antwort:
Sie haben nichts falsch gemacht. Leider gibt es in der Natur kein Anrecht auf ein "Nullrisiko". Sie geben ein gutes Beispiel dafür, dass auch etwas "schief laufen" kann, obwohl man "alles richtig" macht. Es gibt nämlich neben den beeinflussbaren Faktoren auch solche, die man nicht beeinflussen kann. Und deshalb ist niemand vor "Unbill" geschützt. Ist Ihnen das jetzt ein Trost? Vermutlich nicht ... Aber der HNO-Arzt wird Ihnen sicher helfen.

Frage:
Wohin das "Reinigen" mit Wattestäbchen führen kann, hab ich vor kurzem schmerzlich erfahren. Es hatten sich gleich 2 Entzündungen in einem Ohr gebildet. Mittel- und Außenohr. In den ersten Tagen war das Ohr so zugeschwollen, dass der HNO Arzt nicht hineinschauen konnte und die Schmerzen waren unerträglich. Seitdem habe ich auch kein Wattestäbchen mehr benutzt. Was kann ich eigentlich gegen Juckreiz machen? Das ist momentan der Fall und ich werde bald bekloppt deswegen.

Antwort:
Juckreiz ist ein unterschwelliger Schmerzreiz! Also bitte noch mal zum HNO-Arzt gehen!

Frage:
Sehr interessant! Wenn ich recht verstanden habe, sollte man nur außen in der Muschel, nicht aber die Gehörgänge reinigen und auch nicht entfetten? Heißt das, Babyfeuchttuecher sind auch nicht geeignet? Lieber mit Oel getränkte Tücher?

Antwort:
Als Faustregel kann man sagen, dass Sie überall dort reinigen dürfen, wohin Sie mit den Fingern kommen. Und zur Reinigung in diesem Bereich dürfen Sie natürlich auch Seife (Seife wirkt entfettend) oder Babytücher verwenden. Es ist nur wichtig, dass man nicht mit Wattestäbchen in die Tiefe geht!

Frage:
Eine Frage bleibt bei mir noch: Nutzt man üblicherweise Wasserstoffperoxid für die Ohrspülung? Gibt es sanftere Alternativen?

Antwort:
Wasserstoffperoxid (in einer Konzentration von 3 %) nutzt man nicht zum Spülen. Es werden lediglich ein paar Tropfen eingeträufelt. Wenn Ohrenschmalz (oder andere Sekrete) vorhanden sind, dann beginnt die Wasserstoffperoxidlösung zu schäumen (es wird dabei auch etwas warm im Ohr). Nach 15 bis 20 Sekunden hört das Schäumen auf und der Schaum fällt in sich zusammen. Dann kann man das Ohr "ausgießen" in ein Papiertaschentuch. Bei sehr verhärtetem Ohrenschmalz muss man die Prozedur eventuell an mehreren Tagen mehrfach wiederholen. Selbst wenn eine vollständige Reinigung fehlschlüge, erleichterte man dadurch die spätere Spülung beim HNO-Arzt.

Bei der Anwendung einer 3prozentigen Wasserstoffperoxidlösung habe ich noch nie Schäden beobachtet.

Es gibt sicher auch noch andere Möglichkeiten: Einerseits gibt es in der Apotheke entsprechende Tropfen zum Aufweichen. Andererseits kann man auch normale Öle verwenden oder eine Lösung aus Wasser und Spülmitteln – nur zum Einträufeln und Aufweichen, nicht zum Spülen.

Frage:
Ihre Ausführungen und Tipps sind sehr informativ und hilfreich, vielen Dank dafür. Meine Frage: Wenn man sich durch die Benutzung von Wattestäbchen den Cerumenfilm, wie Sie es beschrieben haben, "abgefräst" hat und es zu immer wiederkehrendem Juckreiz mit nässendem Gehörgang kommt, kann man dann davon ausgehen, dass der Körper diesen Schutzfilm repariert und wieder herstellt, wenn man keine Wattestäbchen mehr benutzt? Was hilft, um die Heilung zu unterstützen? Oder besteht etwa die Gefahr, dass man dieses Milieu für immer irreparabel geschädigt hat?

Antwort:
Keine Sorge, der Schutzfilm wird sich wieder aufbauen – wenn man ihn lässt! Man kann auch bei trockenen Ohren gelegentlich etwas Öl in die Gehörgänge träufeln. Bei anhaltendem Juckreiz sollte man zum HNO-Arzt gehen: Juckreiz ist ein unterschwelliger Schmerzreiz!

Frage:
Ich war noch nie beim HNO-Arzt, um meine Ohren professionell zu reinigen. Zum einen, weil ich es nicht für nötig gehalten habe (keine Schmerzen, etc.) und zum anderen, weil viele Bekannte mir davon abgeraten haben: Wenn man einmal damit anfange, müsse man das immer wieder wiederholen, da dann auch der Schutzfilm entfernt werden würde – inwieweit trifft das zu?

Antwort:
Wenn Sie keine Beschwerden haben, dann müssen Sie die Ohren nicht professionell reinigen lassen. Wie gesagt: Die Ohren haben einen Selbstreinigungsmechanismus.

Andererseits gibt es Leute, bei denen der Selbstreinigungsmechanismus – aus welchen Gründen auch immer – nicht funktioniert. Die haben dann gar keine andere Möglichkeit als die professionelle Ohrreinigung beim HNO-Arzt. Und dabei wird natürlich der Schutzfilm *nicht* zerstört! Und selbst wenn: Er baut sich doch immer wieder auf!

Nein, da verwechseln Ihre Bekannten ganz offensichtlich "Ursache" und "Wirkung". Erst kommt die Ohrverstopfung, dann der Ohrenarzt. Und bei immer wiederkehrenden Verstopfungen ist nicht eine vorherige Reinigung der Grund für eine nachfolgende neuerliche Verstopfung!

Sehen Ihre Bekannten auch den Grund für immer wiederkehrenden Hunger darin, dass man einmal damit begonnen hat, den Hunger zu stillen und zu essen? Sehen Sie!

Das Mittelohr ist uninteressant, oder ...?

Das Mittelohr regt doch niemanden auf! Warum soll man dazu überhaupt Worte verlieren… Das tut doch nur jemand, der vermutlich Langeweile hat…Das Mittelohr befindet sich – wie der Name schon sagt – mitten zwischen dem Außen- und Innenohr. Es ist luftgefüllt – jedenfalls, solange es gesund ist. Und es gibt die drei Gehörknöchelchen ("Ossikel") mit den lustigen Namen "Hammer", "Amboss" und "Steigbügel". Der Hammer ist am Trommelfell befestigt und die ovale Fußplatte des Steigbügels sitzt im ovalen Fenster des Innenohres. Das war's eigentlich schon…

Nun ja, die drei Gehörknöchelchen sind die kleinsten Knochen unseres Körpers. Sie sind – das muss man zugeben – schon ziemlich filigran! Und sie sind untereinander noch gelenkig verbunden. Kleine Muskeln gibt es auch noch: Der "Muskulus stapedius" und der "Muskulus tensor tympani" können die Gehörknöchelchen aktiv bewegen. Es ist tatsächlich ein schönes Stück Feinmechanik, was die Evolution da hervorgebracht hat! Warum nur? Warum der große – heute würde man sagen: *teure*! – Aufwand, ein Mittelohr zu "bauen", das doch nur krank werden kann? Vielleicht liegt es ja daran, dass die Phönizier das Geld noch nicht erfunden hatten, als die Evolution das Mittelohr entwickelt hat…?

Das Mittelohr ist jedenfalls in der Evolutionsgeschichte aufgetreten, als unsere Vorfahren dem Meer entstiegen und an Land gekrochen sind. Fische haben kein Mittelohr. Fische können ohne Mittelohr Wellen im Wasser erkennen: Sie haben ein "Seitenlinienorgan". Mit seiner Hilfe können sie Schallwellen im Wasser sozusagen "primitiv" detektieren.

Wir haben ja alle schon mal als Kinder im Schwimmbad getaucht. Sobald man mit den Ohren unter Wasser ist, ändert sich die Welt! Es ist merkwürdig still unter Wasser… Zwar hört man zum Beispiel Klopfgeräusche, die unter Wasser entstehen oder die Blubberblasen beim Ausatmen, aber die Freunde am Beckenrand hört man nicht! Warum nicht?

Der Luftschall kann nicht in das Wasser hinein! Er wird von der Wasseroberfläche zurück geworfen – "reflektiert" – wie Licht an einem Spiegel.

Ich komme nicht umhin, an dieser Stelle ein paar Informationen über den Schall aufzuschreiben!

Beim Schall handelt es sich um eine Weiterleitung von Energie durch ein "Medium". Schall kann sich nur in einem Medium ausbreiten. Meistens ist Luft das Medium, jedenfalls für uns Menschen und die Tiere, die an Land leben. Wasser ist auch ein Medium, das Schall transportieren kann, sonst hätten die Fische kein Seitenlinienorgan nötig!

Beim Luftschall passiert folgendes: Luftteilchen werden periodisch angestupst und wieder zurückgesaugt, zum Beispiel von einer Stimmgabel oder irgendeiner anderen Schallquelle. Sie geraten in Schwingung. Die Luftteilchen stupsen ihre Nachbarn an und diese wiederum ihre Nachbarn. Die angestupsten Luftteilchen rücken ihren Nachbarn "auf die Pelle": Der Luftdruck erhöht sich in diesem kleinen Bereich. Wenn die Luftteilchen zurückschnellen, während ihre gerade angestupsten Nachbarn nach vorn schnellen, sinkt der Luftdruck in diesem kleinen Bereich. Bereiche mit höherem und niedrigerem Luftdruck wechseln sich ab und breiten sich aus, rasend schnell mit 343 Meter pro Sekunde – jedenfalls in Luft von 20 °C. Diese Bereiche wechselnden Luftdrucks "jagen in die Welt hinaus" und mit Ihnen Energie und Informationen! Die Schallenergie verteilt sich auf einen immer größer werdenden Bereich! Die Schallfront breitet sich kugelförmig aus und die Energiedichte sinkt mit dem Quadrat des Abstandes! Wie bereits gesagt: In Luft von 20 °C beträgt die Schallgeschwindigkeit 343 m/s. In Wasser von 10 °C ist sie viel höher: sie beträgt mehr als 1500 m/s!

Schallwellen sind sogenannte "Longitudinalwellen" ("Längswellen"), das heißt, die Luftteilchen schwingen in der Ausbreitungsrichtung vor und zurück. Wasserwellen hingegen sind sogenannte "Transversalwellen" ("Querwellen"): Wenn die Wasserwelle sich nach vorn ausbreitet, dann schwingen die Wasserteilen auf und ab. Man kennt das ja – hat man ja schon mal gesehen… Jeder Regentropfen, der in eine Pfütze fällt, zeigt uns die transversalen Wasserwellen… Bitte nicht verwechseln: Schallwellen im Wasser sind auch Schallwellen (Längswellen) und keine Wasserwellen (Querwellen)!

Unabhängig davon, ob Longitudinal- oder Transversalwellen: Alle Wellen haben physikalische Eigenschaften, die sie charakterisieren. Es gibt einmal die "Frequenz", die die Anzahl der vollständigen Schwingungsperioden pro Sekunde angibt und es gibt die "Amplitude", die die Höhe der Wellenberge und -täler angibt. Wenn mehrere Wellen im Spiel sind, gibt es noch die "Phasenverschiebung", die angibt, wie viel "Vorsprung" eine Welle vor der anderen hat. Frequenz und Amplitude sind Eigenschaften, die Informationen enthalten und die wir mit unseren Ohren hören können. Unsere Innenohren können die in Frequenz und Amplitude "versteckte" - "codierte" – Informationen wieder "entdecken" – "decodieren" – und für uns nutzbar machen. Und diese Informationen sind es, die wir für unsere Kommunikation ausnutzen!

Nun aber wieder einen Schritt zurück: Die Luftteilchen sind leicht. Sie können andere Luftteilchen leicht anstoßen. Sie müssen dafür keine große Kraft aufwenden. Und wenn sie auf Wasserteilchen stoßen? Wasserteilchen sind schwer! Das funktioniert nicht! Leichte Luftteilchen können schwere Wasserteilchen nicht in Schwingungen versetzen! – Ich kann ja auch keine Kirchenglocke läuten lassen, wenn ich sie mit Wattebäuschchen bewerfe! – Die Medien "Luft" und "Wasser" setzen dem Schall einen Widerstand entgegen. Den Widerstand in einem schwingenden System nennt man "Impedanz". Die sogenannte "Schallkennimpedanz" bezeichnet man in Formeln mit dem Buchstaben "Z". In Luft von 20 °C ist Z gleich 413,6 Ns/cbm und in Wasser von 10 °C ist Z gleich 1.440.000,0 Ns/cbm! Wasser hat also eine 3.481,62 mal so große Schallimpedanz als Luft! – Die Zahlen muss man sich nicht merken; man kann sie ja jederzeit hier wieder nachlesen… Bei einem fast 3.500 mal so hohen Widerstand ist es klar, dass der Luftschall das Wasser nicht "beunruhigen" kann!

Nun aber mal wieder zurück zu unseren Ohren! Unsere Innenohren sind bekanntlich mit Flüssigkeit gefüllt – mit Wasser und ein paar Salzen. Lebewesen, die im Meer leben und lebten – also auch unsere Vorfahren – konnten mit diesen "Geräten" unter Wasser hören. Der Schall hat sich im Wasser ausgebreitet und dabei nicht nur die Wassermoleküle des Meeres in Schwingung versetzt, sondern auch die des Innenohres. Das Innenohr konnte die im Schall enthaltenen Informationen decodieren und nutzbar machen – wichtig für das Überleben und die Fortpflanzung!

Als unsere Vorfahren jedoch dem Meer entstiegen sind, war die Schallinformation im Meerwasser nicht mehr so interessant. Viel interessanter war die Schallinformation, die im Luftschall des neuen Lebensraumes enthalten war. Aber diese Informationen konnten das Innenohr nicht erreichen! Der Schall prallte am Innenohrwasser einfach ab und wurde zurückgeworfen in die Welt – einfach "reflektiert" – und weg! Kein Wunder: Die Impedanz des Innenohrwassers ist fast 3500 mal so hoch wie die der Atmosphäre! Unsere Vorfahren müssen sich so gefühlt haben, wie wir heute, wenn wir beim Tauchen mit dem Kopf unter die Wasseroberfläche gehen! Alles war still!

Unsere Innenohren sind immer noch mit Flüssigkeit gefüllt! Und wie wir heute wissen, können wir durchaus den Schall in unserem luftgefüllten Lebensraum hören! Die Evolution hat eine Vorrichtung "erfunden", die den Schallwiderstand (Impedanz) der Luft an den des Wassers anpasst. Einen "Impedanzwandler"! Ein Mittelohr! Erst das Mittelohr versetzt uns in die Lage, mit einem wassergefüllten Innenohr dennoch Luftschall hören zu können!

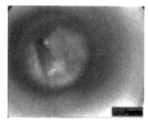
Linkes Trommelfell

Die Impedanz wird im Mittelohr durch zwei sich ergänzende Mechanismen angepasst. Die größte Wirkung geht von den unterschiedlich großen Flächen von Trommelfell und Steigbügelfußplatte aus. Das Trommelfell ist viel größer als die Steigbügelfußplatte. Das Trommelfell sammelt also die Schallenergie wie ein Sammellinse das Licht und fokussiert es auf die kleine Steigbügelfußplatte im ovalen Fenster des Innenohres. Auf diese Weise "gewinnt" das Mittelohr 20 dB. Der zweite Mechanismus läuft über die Hebelwirkung der Gehörknöchelchenkette.

Innenohrschnecke – Bogengänge – Mittelohr mit Ossikel

Die Gehörknöchelchen sind untereinander mit ihren Gelenken so verbunden, dass eine große Auslenkung des Trommelfells zu einer kleinen Auslenkung der Steigbügelfußplatte führt. Und da nach den Hebelgesetzen bekanntlich Kraft mal Kraftarm gleich Last mal Lastarm ist, hat die Steigbügelfußplatte genügend Kraft, um die Innenohrflüssigkeit "in Wallung" zu bringen. Über den Hebelmechanismus der Gehörknöchelchenkette "gewinnt" das Mittelohr noch mal 5 dB.

Schauen wir uns mal die Leistungsfähigkeit unserer Ohren an:
Ein gerade eben wahrnehmbarer Ton von 1 kHz (= 1000 Hz = 1000 Schwingungen pro Sekunde) hat einen Schalldruck von 0,00002 N/qm. Das ist nahezu unvorstellbar wenig! Gut – die Hörschwelle wird wesentlich vom Innenohr bestimmt. Aber ohne das Mittelohr käme am Innenohr kaum etwas an! Unser Ohr ist durchaus ein "Gesamtkunstwerk"!

Prof. Fleischer hat in seinem Buch "Lärm, der tägliche Terror" [1] ein sehr schönes Beispiel angegeben! Angenommen, die Erde wäre im Inneren hohl und mit 20 °C warmer Luft gefüllt. Es soll im Inneren der Erde windstill sein. Im Mittelpunkt der Erde sitzt ein Schlagzeuger und schlägt zwei Schlagzeug-Hölzchen gegeneinander. Der Schall breitet sich in der Luft der luftgefüllten Erde kugelförmig aus nach außen in Richtung Erdoberfläche. Wenn keine weiteren Nebengeräusche vorhanden sind, dann kann ein hörgesunder Mensch, der sein Ohr auf die Erdoberfläche legt, etwa 5 Stunden, 9 Minuten und 36 Sekunden nach dem Schlag den Ton so gerade eben hören!

Kann man sich vorstellen, wie wenig sich die Luftteilchen – und damit auch das Trommelfell! – bei einem so leisen Ton hin und her bewegen? Nein, man kann es sich nicht vorstellen. Man kann es berechnen – vorstellen nicht! Für die Berechnung der Schallauslenkung "Xi" (ξ) benötigt man den Schalldruck, die Frequenz des Tones und die Schallkennimpedanz "Z". Die entsprechende Formel habe ich mal in einer Tabelle programmiert. Wenn man den Schalldruck unserer Hörschwelle bei 1 kHz eingibt und auch den Wert Z, dann berechnet die Formel, um welche Strecken die Luftteilchen vor und zurück schwingen.

Schauen Sie sich die Berechnung an: An der Hörschwelle bei 1 kHz schwingt unser Trommelfell um knapp 15,4 % des Durchmessers eines Wasserstoffatoms hin und her! Ich suche immer noch nach dem Rechenfehler... Es ist unglaublich! Es ist aber auch unglaublich faszinierend!

$\xi = p / Z * 2 * \pi * f$	ξ = Schallauslenkung (Amplitude)	p = 0,00002 N/m2 (Hörschwelle)
	Z = 413,6 Ns / m3 (Luft bei 20 °C)	f = 1000 Hz (1/s) = 1 kHz
$\xi \approx$ 0,000.000.000.007.696.080 m	Atomdurchmesser von Wasserstoff ≈ 0,000.000.000.050.000 m	
$\xi \approx$ 15,39 % des Atomdurchmessers von Wasserstoff!		

Jetzt kann man sich vielleicht vorstellen, warum Belüftungsstörungen im Mittelohr ("Tubenkatarrh") oder die "Überschwemmung" im Mittelohr ("Paukenerguss") so gravierende Folgen auf das Hörvermögen haben. Und man versteht jetzt vielleicht auch eher, warum die Natur dieses empfindliche System im Falle einer Erkrankung durch einen starken Schmerzreiz *schützt*!

Und ich möchte noch ein paar Worte über die moderne Ohr-Chirurgie verlieren. Es ist nämlich nicht selbstverständlich, dass es uns HNO-Ärzten möglich ist, in einem derartig filigranen System hörverbessernde Operationen durchführen zu können! Ohne die Hilfe der Ingenieure, die in technischen Laboren der Universitäten ausrechnen, wie künstliche Gehörknöchelchen beschaffen sein müssen – welches Gewicht sie haben dürfen, welche Festigkeit, welche Steifigkeit, welche Impedanz, welches Material – wären diese heutigen Operationserfolge auch nicht möglich – wobei ich keineswegs die Pionierleistung der frühen Ohrchirurgen schmälern will, die – allein auf sich gestellt – bahnbrechende Erfolge erzielt haben! Herzlichen Dank auch an die Optiker, die uns leistungsfähige Operationsmikroskope zur Verfügung stellen, ohne die wir im Mittelohr nichts bewirken könnten!

Jetzt habe ich viele Worte zum Thema "Mittelohr" verloren. Nein – ich habe keine Langeweile! Ich bin nur begeistert von der Leistungsfähigkeit unserer Ohren und möchte diese Begeisterung gern mit jemandem teilen! Und die Geschichte ist noch längst nicht zu Ende erzählt...

Das Innenohr – nur ein Mikrophon?
Tief in unserem Schädelknochen befindet sich das schneckenförmige Innenohr: Die „Hörschnecke". Es ist das Organ, das den Schall für unser Gehirn verständlich macht. Bis zum

Eintritt in das flüssigkeitsgefüllte Innenohr – an der Steigbügelfußplatte – bleibt der Schall unverändert Schall – zwar im Mittelohr vom „Luftschall" an „Wasserschall" angepasst (genauer: die Impedanz wird angepasst) – aber Schall bleibt Schall!

Das Innenohr hat eine ungleich größere Schwierigkeit zu bewältigen! Es muss die im Schall verborgene Information in die „Sprache" des Gehirns übersetzen – „codieren".

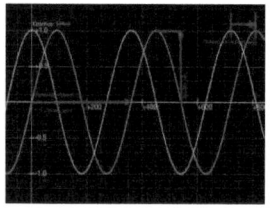
Der einfachste Schall ist der „Sinuston". Ein Sinuston hat genau eine „Frequenz" und genau eine „Amplitude". Die Frequenz bestimmt die Tonhöhe und die Amplitude die Lautstärke. Man kann mehrere Sinustöne mit unterschiedlichen Frequenzen und Amplituden kombinieren: Es entstehen dann musikalische Töne unterschiedlichster Klangfarben, Klänge, aber auch Geräusche. Und umgekehrt kann man jeden Klang und jedes Geräusch in seine „Einzelteile" zerlegen – in Sinustöne!

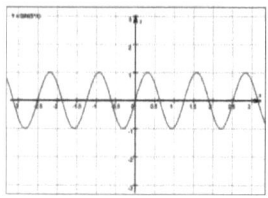 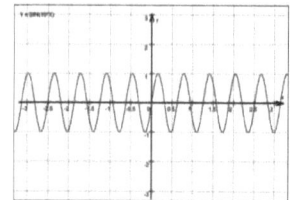

Ein Sinuston mit Frequenz: 5 / Amplitude: 1   Ein Sinuston mit Frequenz: 10 / Amplitude: 1

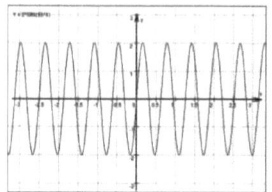 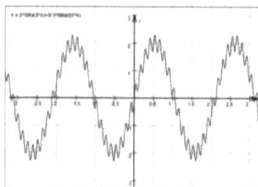

Ein Sinuston mit Frequenz: 10 / Amplitude: 2   Überlagerung zweier Sinustöne

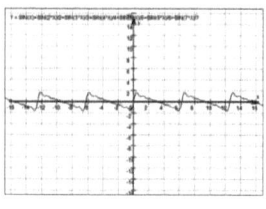 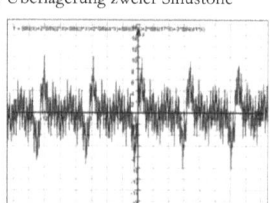

Überlagerung von 7 harmonischen Sinustönen (Obertonreihe)   Überlagerung von 7 nicht-harmonischen Sinustönen (Geräusch)

Ein Geräusch in Sinustöne zu zerlegen ist keine einfache Aufgabe! Es erfordert eine ziemlich komplizierte Mathematik! Die Fourier-Analyse kann ein Geräusch „spektral" zerlegen – so wie ein Prisma weißes Licht in sein Regenbogenfarben-Spektrum zerlegt. Nur: Bei Geräuschen ist das ungleich schwieriger! Noch 1983 habe ich einen Universitäts-Computer gesehen, so groß wie ein Kleiderschrank! Das einlaufende Signal war nachmittags um 16:00 Uhr gespeichert (nicht auf „Festplatte" – auf „Band"!). Der Rechner hatte dann bis zum nächsten Morgen gebraucht, das Signal spektral zu zerlegen. Gut – inzwischen ist mit schnelleren Berechnungsmethoden („Fast-Fourier-Transformation" – „FFT" – „Schnelle Fourier-Transformation") und mit schnelleren Rechnern eine gewaltige Steigerung hinsichtlich der Berechnungsgeschwindigkeit erzielt worden: selbst Laptops schaffen etwa 20 Analysen pro Sekunde!

Aber unser Innenohr ist immer noch schneller! Wir hören kontinuierlich! Und unser Innenohr ist zudem noch erheblich viel kleiner als ein Laptop! Und unser Innenohr gibt es schon sehr, sehr lange!

Wie funktioniert das Innenohr?
Im Innenohr liegt das „Corti'sche Organ" – das eigentliche Hörorgan. Es besteht aus einer „Basilarmembran" auf der die „Haarsinneszellen" aufgebracht sind, in 4 Längsreihen und etwa 5000 Querreihen (sog. „Kaskaden"). Es gibt eine innen liegende Längsreihe mit „inneren Haarzellen" (IHZ) und drei außen liegende Längsreihen mit „äußeren Haarzellen" (OHZ). Alle Haarzellen haben kleine „Haare", die in einer über der Basilarmembran liegenden „Deckmembran" (= „Tectorialmembran") feststecken. Die Härchen der inneren

Haarzellen stehen in einer Reihe, die Härchen der äußeren Haarzellen stehen in einem Winkel, der von oben wie ein „w" aussieht. Wenn eine Schallwelle in das Innenohr gelangt, dann beginnt die Basilarmembran an bestimmten Stellen auf und ab zu schwingen. Und bei dieser Schwingung verschieben sich Basilarmembran und Deckmembran gegeneinander, sodass die kleinen Härchen, die zwischen beiden Membranen „eingespannt" sind, hin und her bewegen. Die inneren Haarzellen sind wie kleine Batterien, die ein ständiges „Ruhepotenzial" besitzen. Und die kleinen Härchen auf den Haarzellen steuern bei ihrer Bewegung sogenannte „Ionenkanäle" und wirken dadurch wie kleine Schalter, die das Ruhepotenzial unterbrechen und statt dessen „Aktionspotenziale" produzieren. Diese Aktionspotenziale werden über den Hörnerv und die Hörbahn zum Gehirn weitergeleitet, wo sie in der „akustischen Rinde" des Gehirns als Ton, Klang oder Geräusch erlebt werden.

Wie die Lautstärke „codiert" wird, ist relativ schnell erzählt! Je größer die Lautstärke – die Amplitude des Schalls – desto schneller entstehen neue Aktionspotenziale. Die Amplitude des Schalls wird also durch die Frequenz der Aktionspotenziale repräsentiert: Je höher die Amplitude der Schallwelle, desto höher die Frequenz der Aktionspotenziale. Da Aktionspotenziale nur entweder „vorhanden" oder „nicht vorhanden" sein können, kann man also sagen, dass unser Innenohr (nicht nur das Innenohr – das gesamte Nervensystem!) „digital" arbeitet – so wie unsere heutigen Computer auch. Unsere Sinnesorgane gab es allerdings schon, als es noch niemanden gab, der an Computer gedacht hätte …

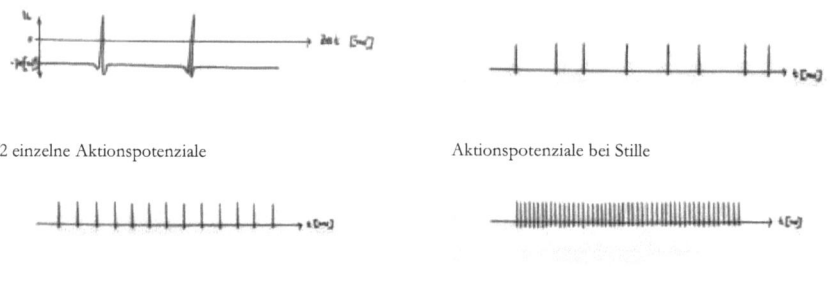

2 einzelne Aktionspotenziale   Aktionspotenziale bei Stille

Aktionspotenziale bei leisem Ton   Aktionspotenziale bei lautem Ton

Und jetzt die nächste Frage: Wenn die *Amplitude* des Schall-Signals über die Frequenz der Aktionspotenziale codiert wird: Worüber wird dann die *Frequenz* des Signals codiert?

Man kann sich die Antwort nicht durch logisches Denken „erschließen". Man kann nur Wissenschaft betreiben, das Innenohr untersuchen und feststellen, wie es funktioniert. Auf diese Weise hat man festgestellt, dass die Frequenz des Signals – also die „Tonhöhe" – über den Ort codiert wird!

Das ist so ähnlich wie beim Klavier: Die tiefen Töne liegen links auf der Klaviatur und die hohen Töne rechts auf der Klaviatur. Und auf der Basilarmembran liegen die tiefen Töne weit im Inneren der Schnecke – nahe der Spitze – und die hohen Töne in der Nähe der Steigbügelfußplatte. Mittelhohe Töne liegen dazwischen … Man nennt das „Tonotopie" (im Griechischen heißt „topos" „der Ort").

Und so wie es beim Klavier für jeden Ton eine Taste gibt, so gibt es auf der Basilarmembran für jede hörbare Frequenz eine „Kaskade" – eine „Querreihe" mit einer inneren Haarzelle und drei äußeren Haarzellen. Die jeweils vier Nachbarzellen einer Kaskade bilden eine Nachbarkaskade, die dann für den nächsthöheren oder nächsttieferen Ton „zuständig" ist.

Wenn Aktionspotenziale aus einer Kaskade kommen, dann hört das Gehirn einen Ton. Kommen Aktionspotenziale aus einer anderen Kaskaden, hören wir einen höheren oder tieferen Ton.

Jetzt muss nur noch eine Kleinigkeit zusammenpassen: Jeder Ton muss genau die richtige – die für seine Tonhöhe zuständige – Kaskade finden! Woher „weiß" z. B. ein 4-kHz-Pfeifton, wo auf der Basilarmembran „seine" 4 kHz-Kaskade liegt?

Na ja, so ist die Frage falsch gestellt. So funktioniert die Evolution nicht. Es gibt physikalische Gründe, warum die Schallwelle, die ja eine „Längswelle" ist bei unterschiedlichen Frequenzen die Basilarmembran an unterschiedlichen Stellen zu Auf- und Ab-Bewegungen veranlasst, die ja einer „Querwelle" vergleichbar sind. Den physikalischen Mechanismus, der genau diesen Effekt bewirkt, nennt man „Wanderwelle".

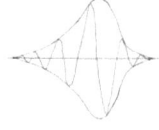

Wanderwelle und "Umhüllende"

Die Wanderwelle „läuft" bei unterschiedlichen Frequenzen unterschiedlich tief in die Hörschnecke (auf der verlinkten Seite rechts in der Mitte sehr gut gemacht: die Animation einer Wanderwelle!) hinein. Und die Evolution hat diejenigen Lebewesen hervorgebracht, die bei der Anregung einer Haarzell-Kaskade genau die richtige Tonhöhe empfinden...

So. Jetzt haben wir die inneren Haarzellen erklärt. Aber was ist mit den äußeren Haarzellen? Die gibt es doch auch noch?

Wanderwelle ohne (links) und mit intakten äußeren Haarzellen (rechts)

Man hat sich schon lange gefragt, wie es eine doch relativ grobe Wanderwelle schafft, genau eine von 5000 Kaskaden zu treffen, die allesamt nur wenige Mikrometer Abstand voneinander haben! Anders ausgedrückt: Die extreme Frequenzauflösungs-Schärfe unserer Ohren ist durch eine breite Wanderwelle nicht zu erklären! Und genau hier helfen die äußeren Haarzellen mit! Die äußeren Haarzellen enthalten quasi kleine Muskelfasern, die durch die Schwingungen der Basilarmembran angeregt werden und diese Bewegung mit der exakt gleichen Frequenz, mit der sie angeregt werden, weiter verstärken.

Und so wird an der betroffenen Kaskade aus einer breiten Wanderwelle ein spitzer „Peak", der die eine – die richtige – Kaskade genau trifft und die Nachbarkaskaden „in Ruhe lässt". Als „Nebenprodukt" fällt dann gleich noch eine Erweiterung des Dynamikbereiches an: Durch die Verstärkung der äußeren Haarzellen können wir um etwa 30 dB leisere Töne hören als mit den inneren Haarzellen allein. Und im Bereich der hohen Lautstärken „bremsen" die äußeren Haarzellen die Basilarmembran „aus", sodass wir sogar Töne, die für die inneren Haarzellen eigentlich um etwa 30 dB zu laut wären, doch noch schmerzfrei wahrnehmen können.

Unser Innenohr: Ein komplexes, bewundernswertes System, das es schafft, „online" jedes Geräusch (quasi „Schall-Wörter") in seine „Schall-Buchstaben" (Sinusschwingungen) zu zerlegen und in Form von elektrischen Aktionspotenzialen zu codieren. Dazu gibt es etwa 5000 innere Haarzellen, die wie Perlen einer Perlenkette auf der Basilarmembran sitzen – jede für eine andere Tonhöhe verantwortlich. Unterstützt werden sie durch etwa 3 mal 5000 äußere Haarzellen, die die Frequenzauflösungs-Schärfe enorm verbessern und zugleich den Dynamikbereich sowohl zum leisen als auch zum lauten Grenzbereich hin erheblich erweitern.

Das Innenohr als „Mikrophon" zu bezeichnen, müsste die Natur eigentlich als Beleidigung empfinden!

Absolutes Gehör

Wir nähern uns einem interessanten, aber auch anspruchsvollen Thema: Wie genau messen unsere Ohren eigentlich? Und in diesem Zusammenhang: Was ist ein „absolutes" Gehör? Und was ist ein „relatives Gehör"? Wie klein ist unsere Frequenz-Unterschieds-Schwelle?

Unsere Ohren haben messtechnische Fähigkeiten, die uns immer wieder in Erstaunen versetzen! Lassen Sie sich faszinieren und verzaubern!

Die Funktionsweise des Innenohres habe ich schon weiter oben beschrieben.

Wir haben bereits erfahren, dass es auf der Basilarmembran des Innenohres etwa 5000 Gruppen („Kaskaden") gibt, die aus je drei äußeren und einer inneren Haarzelle bestehen. Jede dieser Kaskaden ist für eine andere Tonhöhe zuständig. Töne, die auf zwei unterschiedliche Kaskaden „fallen", werden als unterschiedlich hoch wahrgenommen.

Das bedeutet: Wir sind in der Lage, unseren gesamten hörbaren Tonhöhenbereich in 5000 Feinabstufungen zu unterteilen! Das scheint eine ziemlich feine Feinabstufung zu sein.

Es ist tatsächlich eine *sehr* feine Feinabstufung! Lassen Sie sich überraschen!

Um diese Fähigkeit richtig abschätzen zu können, müssen wir einen weiten Bogen spannen und ein wenig in physikalische und musikalische Grundlagen eintauchen. Aber es lohnt sich!

Bekanntlich hat sich schon Pythagoras mit Musik beschäftigt – neben seiner bekannten Haupttätigkeit als Mathematiker. Und was kommt dabei heraus, wenn sich ein Mathematiker mit Musik beschäftigt? Es kommen mathematische Gesetze der Musik dabei heraus! Tatsächlich gehörte die Musik im Mittelalter – natürlich lange nach Pythagoras! – zu den „sieben freien Künsten" – und zwar im engeren Sinne zu den vier mathematischen „Künsten" („Quadruvium": Arithmetik, Geometrie, Astronomie und Musik). Die drei übrigen „Künste" waren sprachlicher Natur („Trivium": Rhetorik, Grammatik und Dialektik). Übrigens: Auch damals schon fand man die mathematischen Künste anspruchsvoller. Die drei sprachlichen Künste des Triviums waren im Gegensatz zu den vier mathematischen Künsten des Quadruviums eben „trivial" … Das Wort gebrauchen wir heute noch mit praktisch gleicher Bedeutung …

Pythagoras hat mit einer Saite experimentiert. Hat er die Saite angezupft, erklang ein Ton (das ist heute noch genauso!). Die Tonhöhe war offenbar abhängig von der Länge der Saite: kurze Saiten produzierten hohe Töne, lange Saiten tiefe Töne. Und Pythagoras hat festgestellt, dass die Zahl der Schwingungen („Frequenz") einer Saite umgekehrt proportional ist zu ihrer Länge. Doppelte Länge heißt halbe Frequenz und umgekehrt.

Und noch etwas hat Pythagoras beobachtet. Spannt man eine Saite an beiden Enden fest ein und zupft sie an, dann entsteht nicht nur eine Schwingung („Grundton") über die ganze Länge der Seite! Es gibt auch eine weitere, schwächere Schwingung, die der ersten überlagert ist und die genau auf halber Länge einen „Schwingungknoten" hat. Dieser Schwingungsknoten schwingt selbst gar nicht mit (nur mit der „unterlagerten" Grundfrequenz), aber sorgt dafür, dass die beiden durch den Schwingungsknoten in der Mitte geteilten Saitenhälften eben ganz genau die halbe Länge und die doppelte Frequenz aufweisen! Es ist der erste Oberton mit doppelter Tonhöhe wie der Grundton! Hat der Grundton die Frequenz „f", dann hat der erste Oberton die Frequenz „2f". Die doppelte Frequenz empfindet unser Ohr musikalisch als eine „Oktave" (8 Töne einer Tonleiter). Die Oktave (die doppelte Frequenz) ist für unser Ohr so nah verwandt, dass die frühen Musiker den jeweiligen Oktaven die gleichen Notennamen zugeteilt haben. Diese Namen haben auch heute noch Gültigkeit!

Aber das ist noch nicht alles, was Pythagoras entdeckt hat: Neben einer Oberschwingung mit 2f gibt es auch noch Oberschwingungen mit 3f, 4f, 5f, 6f, 7f, 8f, 9f usw. Dabei ist jede höhere Oberschwingung leiser als die unmittelbar tiefere Oberschwingung. Alle Oberschwingungen zusammen bilden die „Klangfarbe" des Tones.

Nicht jedes Musikinstrument bildet gleichermaßen alle Obertöne. Das Muster an fehlenden und vorhandenen Obertönen und deren relativen Lautstärken bestimmt die charakteristische Klangfarbe eines Instrumentes.

Spielt man einen Grundton und mehrere seiner Obertöne hintereinander, so erhält man die sogenannte „Naturtonreihe". Die Intervalle aller Naturtonreihen sind gleich, auch wenn der Grundton wechselt, aber innerhalb einer jeden Reihe werden die Intervalle zu den hohen Tönen hin immer enger! Das Schwingungsverhältnis zweier aufeinanderfolgender Töne (2:1, 3:2, 4:3, 5:4, 6:5, 7:6, 8:7 ...) wird mit jedem Schritt kleiner. Schließlich geht es immer um ganzzahlige Vielfache der Grundfrequenz. Nicht-ganzzahlige Vielfache können physikalisch gar nicht vorkommen, da beide Enden der Saite eingespannt und die Länge der Saite damit fest vorgegeben ist. Die Zahl der Schwingungsknoten ist immer ganzzahlig! Einen "halben Knoten" gibt es nicht...

Man kann jeden beliebigen Ton zum Grundton einer Naturtonreihe machen. Allerdings: Je tiefer der gewählte Ton ist, desto mehr Obertöne kann man spielen, bevor die Tonhöhe in für unsere Ohren unhörbare Höhen entschwindet. Aus diesem Grund sind Alphörner so lang ...

Spielt man also den zweiten Ton der Reihe, liegt dieser bereits eine ganze Oktave oberhalb des Grundtones: Das Verhältnis beider Töne ist 2:1 (=2). Spielt man den 3. Ton der Reihe, liegt dieser nur noch eine Quinte (5 Töne) über dem 2. Ton und das Frequenzverhältnis verkleinert sich auf 3:2 (=1,5). Mit dem nächsten Ton erreicht man die Quarte (4 Töne) mit 4:3 (≈ 1,33). Dieser Ton liegt jetzt 1 Oktave über dem 2. Ton der Reihe, nämlich 4:2 (kann auf 2:1 = 2 gekürzt werden) und zugleich 2 Oktaven über dem Grundton, nämlich 2 x (2:1) = 4:1. An dieser Stelle sei verraten, dass alle Frequenzen, deren Verhältnisse zum Grundton Zweierpotenzen entsprechen, immer im ein- oder mehrfachen Oktavabstand zum Grundton erklingen.

Es folgen weitere Intervalle: große Terz mit 5:4, kleine Terz mit 6:5, große Sekunde mit 7:6 und kleine Sekunde mit 8:7. Und wir haben wieder einen weiteren Oktav-Abstand zum Grundton gewonnen: 8 ist gleich 2 hoch 3 (= 2 x 2 x 2). Wir liegen nun 3 Oktaven über dem Grundton.

Bis hierher ist eigentlich alles noch ganz schön und relativ einfach. Die Frequenzverhältnisse sind ganzzahlig und Zweierpotenzen sind auch relativ einfach auszurechnen.

Man kann aber nicht nur durch fortwährendes Verdoppeln der Frequenz (also Oktave folgt auf Oktave) auf einen gleichnamigen Ton einer viel höheren Oktavlage kommen, sondern auch durch fortwährendes Aneinanderreihen von Quinten – eigentlich sogar durch Aneinanderreihen von 12 beliebigen, aber jeweils immer gleichen, Intervallen. In einer Oktave finden sich zwölf unterschiedliche Halbtöne mit jeweils eigenen Notennamen. Wenn man also 12 Quinten aufeinander schichtet, kommt jeder Halbton einmal vor und man erreicht musikalisch den gleichen Ton, den man durch Aufschichtung von 7 Oktaven erreicht hätte. Das lässt sich sehr schön am sogenannten „Quintenzirkel" veranschaulichen. Okay – der Begriff "musikalisch gleicher Ton" stimmt nicht so ganz. Er gilt eigentlich nur für Musikinstrumente mit festen Tönen (Tasten, Klappen ...), die man enharmonisch verwechseln kann.

Konkret sieht das so aus:
7 Oktaven aufeinander geschichtet:

(Start = Subkontra C), Kontra C, C, c, c', c", c''', c"" – 7 Oktaven. Das Frequenzverhältnis beträgt demnach (2 hoch 7) zu 1 = 128 : 1 = 128.

Und jetzt die Schichtung von 12 Quinten:

(Start = Subkontra C), Subkontra G, Kontra D, Kontra A, E, H, fis, cis', gis', dis", ais", eis''', his'''. Das his''' liegt einen halben Ton über (deshalb die Endung –is) dem h''' und ist damit *enharmonisch* zugleich das c"". Wir sind also musikalisch beim gleichen Ton angekommen wie in der oberen Reihe nach 7 Oktaven. Das Frequenzverhältnis beträgt demnach also (3:2 hoch 12) zu 1, entsprechend (1,5 hoch 12) zu 1, was ausgerechnet ungefähr 129,746337890625 : 1 ist – also 129,746337890625.

Hoppla! Was ist jetzt passiert?

Gehen wir vom Grundton aus 7 Oktaven nach oben, dann ist die Frequenz 128 mal höher. Gehen wir aber 12 Quinten nach oben, dann landen wir auf dem *enharmonisch* selben Ton, die Frequenz ist aber etwa 129,75 mal höher. Das passt nicht zusammen! Zwölf Quinten sind offensichtlich mehr als 7 Oktaven. Und das ist ein Problem, das die Musik von Anfang an begleitet hat.

Diesen Unterschiedsbetrag nennt man das „pythagoräische Komma".

Immer wieder haben Instrumentenbauer und Musiker versucht, dieses pythagoräische Komma geschickt mehr oder weniger gleichmäßig auf die Intervalle zu verteilen. Es gibt viele „Stimmungssysteme", darunter bekannte wie z. B. die „mitteltönige Stimmung", die „Kirnberger-Stimmungen" und die „Werckmeister-Stimmungen".

Solange die Verteilung des „Überschusses" ungleichmäßig auf die Intervalle verteilt wird, erhält man eine sogenannte Tonartencharakteristik: Man kann hören, ob die Tonart nah bei C-Dur oder weit entfernt von C-Dur liegt! Obwohl es unter Musikwissenschaftlern unterschiedliche Meinungen darüber gibt, ob die Tonartencharakteristik von früheren Komponisten wie z. B. Johann Sebastian Bach erwünscht oder unerwünscht war, scheint es doch ziemlich fest zu stehen, dass J. S. Bach letztendlich eine gleichmäßige Verteilung auf alle Intervalle wünschte. Eine gleichmäßige Verteilung nennt man auch eine gleichstufige Stimmung. Die gleichstufige Stimmung ist eine "wohltemperierte" Stimmung. Allerdings sind nicht alle "wohltemperierten" Stimmungen auch gleichstufig. Die Werckmeisterstimmungen sind wohltemperiert, aber nicht gleichstufig. Nur die gleichstufige, wohltemperierte Stimmung erlaubt es, in jeder Tonart zu komponieren, was J. S. Bach auch gleich voller Tatendrang praktizierte: Im „Wohltemperierten Klavier" finden sich Präludien und Fugen in jeder Tonart. Obwohl J. S. Bach die gleichstufige Stimmung nicht explizit im Titel angegeben hat, darf man davon ausgehen, dass er sie meinte: Nur auf einem gleichstufig wohltemperierten Klavier lassen sich nämlich alle Stücke aus dem Büchlein spielen!

Wenn in einer Oktave 12 Halbtöne liegen und das Frequenzverhältnis von 2:1 gleichstufig auf 12 Halbtöne verteilt werden muss, sodass sich nicht etwa 12 gleiche Differenzen, sondern 12 gleiche Verhältnisse ergeben, dann gibt es nur eine Lösung: Ein gleichstufig gestimmter Halbton steht zu seinem Nachbarn immer im Verhältnis von „zwölfter Wurzel aus zwei" zu eins (1,05946... :1)

Für einen normalen Musikgebrauch reicht diese Angabe aus. Wenn man aber Feinabstimmungen vornehmen will (z. B. als Klavier-, Cembalo- oder Orgelstimmer), dann braucht man kleinere Intervalle. Wir arbeiten schon seit vielen Jahren mit dem Dezimalsystem, da bietet es sich geradezu an, einen Halbton zusätzlich noch in hundert hundertstel Halbtöne zu teilen. Vorsicht: Das Wort „teilen" deutet eine Division in gleiche Differenzen an, aber das wäre falsch! Bekanntlich sind für die musikalischen Belange (siehe oben) nicht *Frequenzdifferenzen* entscheidend, sondern *Frequenzverhältnisse*! Auch hier müssen wir wieder mit Wurzeln arbeiten. Na ja, zu Zeiten von Taschenrechnern kein Problem.

Ein hundertstel Halbton wird auch „Cent" genannt. Und ein hundertstel Halbton (Cent) steht zu seinem Nachbar-Hundertstel-Halbton immer im Verhältnis von „eintausendzweihundertster Wurzel aus 2" zu eins (nämlich 12 Halbtöne mal 100 = 1200). Mein Taschenrechner sagt, das sei ungefähr 1,0005777... :1. Er muss es ja wissen ... Eine ganze Oktave hat also 1200 Cent: 12 Halbtöne zu je 100 Cent.

Das Rechnen mit den Cents ist wieder einfach. Da reichen die 4 Grundrechenarten aus. Und die Centwerte sind praktisch immer klein. Also kein Problem.

Jetzt kümmern wir uns mal um das pythagoräische Komma (siehe oben). Das Frequenzverhältnis beträgt etwa 129,75:128 entsprechend 1,0117. Wenn wir wissen wollen, wie viel Cent das sind, dann müssen wir eine Zahl finden, mit der wir die zwölfhundertste Wurzel aus 2 (= 1,0005777) potenzieren müssen, damit 1,0117 dabei heraus kommt. Mathematisch ausgedrückt suchen wir also den Logarithmus von 1,0117 zur Basis 1,0005777. Dank unserer kleinen Rechenknechte – und mit etwas Wissen – kommt man schnell zum Ergebnis: ungefähr 24. Diese 24 Cent müssen bei der wohltemperierten Stimmung auf 12 Quinten verteilt werden. Auch das ist leicht: Jede „wohltemperiert Quinte" ist um 2 Cent (24/12) kleiner als die „reine" Quinte (12 reine Quinten sind um 24 Cent größer als 12 wohltemperierte Quinten = 7 Oktaven – eben um das pythagoräische Komma). Um bei der Quinte (= 7 Halbtöne) zu bleiben: Die wohltemperierte Quinte hat 700 Cent, die reine Quinte 702 Cent. – Ich möchte das gern mal am Beispiel einer Uhr verdeutlichen, die ja auch 12 Teilstriche auf ihrem Zifferblatt hat, ein Strich für 5 Minuten. Wenn man bei 12 Uhr startet und dreht den Minutenzeiger einmal um einen vollen Kreis, dann steht der Minutenzeiger wieder oben. Es sind 3.600 Sekunden vergangen. Dreht man den Minutenzeiger aber immer um einen Teilstrich weiter, dann sollte er nach 12 dieser 5-Minutenschritte auch wieder oben stehen. In unserem Vergleichsbeispiel wäre das dann aber nicht so. Nach 12 der 5-Minutenintervalle wären dann 3.649,116 Sekunden vergangen und der Minutenzeiger dementsprechend um 49,116 Sekunden weiter fortgeschritten als er eigentlich sollte. Jedes "reine" 5-Minuten-Intervall wäre um 4,093 Sekunden größer als ein "wohltemperiertes" 5-Minuten-Intervall (304,093 Sekunden anstatt 300 Sekunden). – Übrigens: Alle Halbtöne einer wohltemperierten Stimmung haben immer Centbeträge, die genau ganzzahlige Vielfache von 100 sind (so ist die Einheit ja definiert: ein hundertstel Halbton).

Zurück zum pythagoräischen Komma – 24 Cent – und seinen Verteilungsproblemen. Man kann jetzt nämlich für jedes beliebige Intervall ausrechnen, um wie viel Cent sich das „reine Intervall" vom entsprechenden „wohltemperierten Intervall" unterscheidet. Kann man. Muss man aber nicht – zumindest nicht an dieser Stelle. Dieses Spezialwissen ist zum Beispiel wichtig für gute Chöre, gute Streich- oder gute Posaunenquartette. Neben der menschlichen Stimme sind nur Streicher und Posaunen in der Lage, stufenlos die Tonhöhe zu ändern. Mit dem Wissen um die reinen Intervalle – und mit ganz viel Übung und Können! – können sie in „reiner Stimmung" singen oder spielen, was einen ständigen Wechsel in der Intonation bedeutet! Um das mal in einem Beispiel zu verdeutlichen: Ein „c" in C-Dur intoniert man nach der Stimmgabel. Ein „c" als Quinte von F muss man um 2 Cent höher intonieren (702 anstatt 700 Cent). Ein „c" als große Terz in As-Dur muss man um 14 Cent tiefer intonieren (386 Cent anstatt 400 Cent) und ein „c" als kleine Terz in a-moll muss man um 16 Cent höher intonieren (316 Cent anstatt 300 Cent). Wie wäre es mit etwas Respekt den guten Musikern gegenüber? Jetzt habe ich die wichtigsten Intervalle doch noch genannt …

Der Vollständigkeit halber sei noch folgendes erwähnt:
Wenn man 2 reine Ganztöne übereinanderschichtet (C, D, E), erhält man keine reine Terz.

Den Unterschied nennt man "syntonisches Komma". Wenn man 3 reine Großterzen übereinanderschichtet (C, E, Gis, c), erhält man keine reine Oktave, sondern ein kleineres Intervall. Den Unterschied nennt man "kleine Diesis". Und wenn man 4 reine Kleinterzen übereinanderschichtet (C, Dis, Fis, A, c), erhält man ebenfalls keine reine Oktave, sondern ein größeres Intervall. Den Unterschied nennt man "große Diesis".

Wir wenden uns jetzt wieder unseren Ohren zu. Eine interessante Frage ist, welchen Frequenzbereich können wir – ungefähr – wahrnehmen? Wenn man schon ein paar Jährchen hinter sich gebracht hat, dann liegt der Bereich etwa zwischen 18 Hz und 18.000 Hz. Das sind ungefähr 10 Oktaven. In Cent ausgedrückt: 12.000 Cent (10 Oktaven zu je 12 Halbtönen zu je 100 Cent). Für diesen Bereich stehen uns auf der Basilarmembran etwa 5000 Kaskaden zur Verfügung (siehe oben). Unsere Frequenzunterschiedsschwelle beträgt also ziemlich genau 2,4 Cent pro Kaskade (12000 Cent dividiert durch 5000 Kaskaden). Gesunde Ohren können unterschiedliche Tonhöhen wahrnehmen, wenn die Tonhöhen sich um nur 2,4 Cent unterscheiden! Das ist eine große Leistungsfähigkeit unserer Ohren! Und das ist auch die Antwort auf die Frage oben, wie fein unsere Feinabstimmung tatsächlich ist! Wenn man das auf einem Klavier realisieren wollte, müsste man aus jeder Klaviertaste (= 100 Cent) knapp 42 Tasten zu je 2,4 Cent aussägen! Niemand kann das spielen! Aber mit Übung und Erfahrung kann man es hören! Unsere Ohren bieten uns alle Möglichkeiten dazu!

Wohlgemerkt: Dieser Wert gilt für Töne, die *nacheinander* gespielt werden! Bei gleichzeitig gespielten Tönen können wir zusätzlich noch Schwebungen hören, an denen wir die Tonhöhenunterschiede auch erkennen können. Da ändert sich die Empfindlichkeit allerdings mit der Tonhöhe. Aber das ist wieder eine andere Geschichte ...

Geübte Menschen können das Intervall benennen, wenn sie zwei Töne hören. Das ist für Musiker – für jeden Menschen nach einem entsprechenden Unterricht in „Gehörbildung" – relativ einfach, da lediglich Frequenzverhältnisse erkannt werden müssen. Töne mit z. B. 2000 Hz und 3000 Hz bilden eine Quinte. Aber auch Töne von 200 Hz und 300 Hz stehen im Quintverhältnis. Und Töne von 400 Hz und 600 Hz: Alles Quinten im Verhältnis 3:2.

Wenn man „gehörgebildeten" Menschen einen Ton als Bezugspunkt vorgibt und dann einen anderen Ton spielt, dann können sie ziemlich schnell und treffsicher sagen, um welches Intervall es sich handelt. Und wenn man den ersten Ton mit Namen benennt, dann kann der Kandidat – über die Kenntnis des Intervalls – auch rasch den Namen des zweiten Tones sagen. Diese Fähigkeit nennt man: „relatives Gehör". Man findet leicht Intervalle und Tonnamen relativ zu einem Bezugston. Alle guten Musiker haben ein gutes relatives Gehör. Es ist gewissermaßen eine Grundbedingung und wird dementsprechend an den Musikhochschulen gelehrt – und geprüft.

Aber es gibt noch eine kleine Gruppe von Menschen, die können sogar eine einzelne Note mit Namen benennen ohne Bezugston. Wenn man ihnen eine einzelne Note – sozusagen frei im Raum schwebend – vorspielt, dann sagen sie wie die Note heißt! Wer das kann, der hat ein „absolutes Gehör"! Diese Fähigkeit ist absolut faszinierend und lässt tief blicken in die Wunderwelt unserer Ohren und Gehirne!

Manche Menschen mit absolutem Gehör leiden aber gelegentlich unter dieser Fähigkeit. Wenn sie ein Gesangsstück – z. B. in C-Dur – im Notenblatt verfolgen und hören, dass der Chor nicht in C-Dur, sondern in Deses-Dur (also 24 Cent tiefer) singt, dann bekommen sie „die Krise"! C-Dur sehen und Deses-Dur hören sind zwei Welten für diese Menschen – obwohl der Unterschied von 24 Cent für Ungeübte und nicht mit dem absoluten Gehör begabte Menschen nicht wahrgenommen werden kann.

Was soll ich dazu sagen? Solch ein Luxusproblem hätte ich auch mal gern ... Nein, ich will nicht lästern: Unter geringfügig falschen Tönen zu leiden, heißt häufig und viel zu leiden! Auch wenn wir "Normalos" uns das nicht vorstellen können!

Lärmschwerhörigkeit und Lärmschutz
Unsere Ohren sind lärmempfindlich. Die zarten Innenohren vertragen nur eine bestimmte Menge an Schallenergie. Wird die Schallenergie zu groß – der Lärm zu laut – dann werden die winzigen Haarzellen im Innenohr geschädigt.

Die Haarzellen heißen "Haarzellen", weil sie kleine Härchen haben. Schall bringt die Härchen in Bewegung. Diese Bewegung wird über den Hörnerv zum Gehirn geleitet; das Gehirn und sein Mensch hören dann einen Ton, einen Klang, ein Geräusch – oder eben Lärm.

Die Haarzellen wandeln akustische Energie (= Schall) in elektrische Energie um. Haarzellen besitzen deshalb kleine Energiespeicher: kleine Akkus.

Neue Energie fließt über das Blutgefäßsystem nach. Andererseits fließt Energie über die Hörnerven zum Gehirn ab, wenn der Schall kommt. Kommt zu viel Schall, dann fließt zu viel Energie zum Gehirn ab und der Akku der Haarzelle entleert sich. Eine Haarzelle mit leerem Akku ist "stumm" und arbeitet nicht mehr. Normalerweise füllt sich der Akku langsam wieder auf und die Haarzelle fängt wieder an zu arbeiten. In der Zwischenzeit hört der Mensch nicht mehr viel! Er erlebt eine "Vertäubung". Die meisten Vertäubungen sind vorübergehender Natur:" TTS" steht für "temporary threshhold shift" – also "vorübergehende Schwellenabwanderung". Aber wehe, wenn der Lärm zu laut war! Dann erholt sich die Haarzelle nicht mehr, stirbt ab und der Schaden ist irreparabel! "PTS" steht für "permanent threshhold shift" – also "permanente Schwellenabwanderung". Das ist die Lärmschwerhörigkeit oder – im Falle eines plötzlichen Knalls – das Knalltrauma!

Es gibt Unterschiede zwischen "Chronischer Lärmschwerhörigkeit", "Explosionstrauma" und "Knalltrauma". Der Unterschied liegt in der Einwirkdauer, der Expositionszeit. Bei einer chronischen Lärmschwerhörigkeit liegt über einen langen Zeitraum ein hoher – zu hoher! – Lärmpegel vor. Bei einem Explosionstrauma ist der Lärmpegel sehr viel höher, allerdings ist die Dauer sehr viel kürzer! Es handelt sich um einen "Impulslärm". Bei einem Explosionstrauma dauert die schädigende Einwirkung aber dennoch länger als 3 Millisekunden (> 0,003 s). Das ist zumindest so lange, dass das Trommelfell Zeit genug hat, um zu zerreißen. Ein Loch im Trommelfell transportiert aber den Schall nicht so gut. Das Innenohr ist durch das Loch im Trommelfell geringgradig vor dem starken Lärm geschützt. Zwar ist das Trommelfell dann zerrissen, das Innenohr kann sich möglicherweise aber später wieder erholen. Und Trommelfelllöcher wachsen auch meistens wieder zu.

Auch bei einem Knalltrauma handelt es sich um "Impulslärm"! Der Pegel ist hoch, die Expositionszeit kurz. Bei einem Knalltrauma dauert die schädigende Einwirkung aber nicht mal 3 Millisekunden (< 0,003 s). Das Trommelfell hat keine Zeit zu zerreißen und leitet den Schall komplett zum Innenohr weiter. Das Innenohr hat dann das Nachsehen...

Eine zu große Lärmmenge schädigt das Innenohr! Dabei ist es unerheblich, ob der Pegel hoch und die Zeit kurz ist (Impulslärm) oder der Pegel niedriger und die Zeit länger ist (chronische Lärmschwerhörigkeit). Die Einwirkdauer misst man – ich berichte nichts Neues – in den üblichen Zeiteinheiten (Jahre, Monate, Wochen, Tage, Stunden, Minuten, Sekunden). Der Lärmpegel wird in "Dezibel" gemessen, abgekürzt "dB".

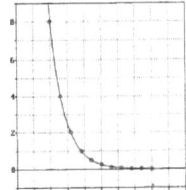

Zunehmender Lärm: Dramatische Abnahme der Expositionszeit bis zur Schädigung

So! Und jetzt kommt's: Das Dezibel ist ein logarithmisches Maß! Jedes Mal, wenn sich die Schallenergie verdoppelt, wird der dB-Wert größer. Aber der dB-Wert selbst verdoppelt sich nicht! Er nimmt jedes Mal nur um 3 zu!

Die Reihe: / 90 dB / 93 dB / 96 dB / 99 dB / 102 dB / 105 dB / 108 dB / 111 dB / 114 dB / 117 dB / sieht harmlos aus.

Die zugehörige Zeit bis zum Eintreten eines Schaden zeigt die volle Dramatik: 8 Std. / 4 Std. / 2 Std. / 1 Std. / 30 Min. / 15 Min. / 7 Min. 30 Sek. / 3 Min. 45 Sek. / 1 Min. 52 Sek. / 56 Sek.!

In einer Diskothek mit 117 dB kann man nach 56 Sekunden lärmschwerhörig werden! Und Böllerschüsse haben noch viel höhere Lautstärken. Alles klar?

Andererseits kann man mit Lärmschutz viel bewirken! Angenommen, man wäre einem Lärmpegel von 117 dB ausgesetzt und würde Lärmschutz mit einer Dämmwirkung von 21 dB tragen. Einundzwanzig Dezibel: das sind 7 Stufen zu je 3 dB. Gehen wir in der oberen Reihe ausgehend von 117 dB um 7 Stufen nach links zurück, dann landen wir bei 96 dB. Wandern wir in der unteren Reihe ausgehend von 56 Sekunden um 7 Stufen nach links zurück, dann erreichen wir eine Einwirkdauer von 2 Stunden! Lärmschutz von nur 21 dB verlängert die erlaubte Lärmeinwirkungszeit um den Faktor 128 (2 hoch 7)!

Lärmschutz ist also extrem wichtig!

Was sollen wir einem Lärmarbeiter raten, der in seiner achtstündigen Schicht einem Lärmpegel von z. B. 111 dB ausgesetzt ist und seinen Lärmschutz 5 Minuten vor Dienstschluss schon mal zur Seite legt! Weil 5 Minuten – bezogen auf 8 Stunden Schicht – ja "wenig" ist? Der Ratschlag ist klar: Bloß nicht! Wenn man seine ungeschützten Ohren einem Lärmpegel von 111 dB aussetzt, dann reichen – siehe oben – bereits 3 Minuten und 45 Sekunden aus, um sich dem hohen Risiko einer chronischen Lärmschwerhörigkeit auszusetzen. Bei 111 dB sind 5 Minuten ohne Lärmschutz also nicht "kurz", sondern "wahnsinnig lang"! Ob die Expositionszeit kurz oder lang ist, hängt nicht von meinem Arbeitsvertrag ab (wo meine Schichtdauer festgelegt ist), sondern vom Lärmpegel!

Hörgeräte

Ist eine Schwerhörigkeit weder medikamentös noch operativ zu lindern, dann hilft meistens eine Versorgung mit Hörgeräten. Viele Patienten reagieren auf diesen Behandlungsvorschlag erschrocken und fragen sich und uns: "Bin ich denn schon so alt, dass ich Hörgeräte benötige?"

Hörgeräte werden nicht verschrieben, weil man alt ist! Hörgeräte werden verschrieben, weil das Hörvermögen schlecht ist und man mit Hörgeräten besser hören kann! Es gibt auch Kinder mit Hörgeräten! Und es gibt alte Menschen ohne Hörgeräte.

Ich möchte etwas Verständnis wecken für die Hörgeräte! Lassen Sie sich von den Leistungen der Hörgeräte begeistern! Seien Sie diesen kleinen Wunderwerken gegenüber vorurteilsfrei eingestellt! Die moderne Hörtechnik hat es verdient!

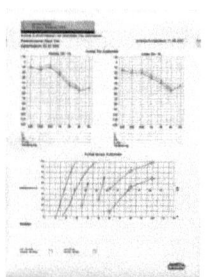

Ton- und Sprachaudiogramm

Sehen wir uns ein typisches Audiogramm an. Die Werte des rechten Ohres sind rot, die des linken Ohres blau gekennzeichnet. In den oberen beiden Feldern ist das Tongehör abgebildet. Links im Bild werden die Ergebnisse der tiefen, rechts im Bild die der hohen Töne eingezeichnet. Die Hörverlustwerte nehmen von oben nach unten zu, erkennbar an den Zahlen, die unten größer sind als oben. Ein typischer Befund zeigt – so wie dieses Beispiel – einen Hochtonabfall beidseits.

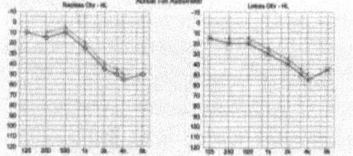

Tonaudiogramm mit Hochtonsenke beidseits

Im Hochtonbereich sind die Konsonanten angesiedelt, die "Mitlaute". Besonders die Zischlaute wie zum Beispiel "s"; "f" und "sch" sind hochfrequent. Und sie sind wichtig für das Verstehen von Sprache! Im Tieftonbereich liegen die Vokale. Die Laute "a", "e", "i", "o" und "u" hören sich eher dumpf an. Sie vermitteln weniger den Inhalt der Sprache als vielmehr die Sprechlautstärke. Menschen mit einer Hochtonschwerhörigkeit hören ihre Gesprächspartner mit normaler Lautstärke. Deswegen denken die Patienten auch, dass sie gar nicht schwerhörig seien! Es hört sich "nur" so an als wenn die Gesprächspartner alle "nuscheln" würden. Dabei tun sie das gar nicht! Hochtonschwerhörige hören Sprache mit normaler Lautstärke – nur undeutlich.

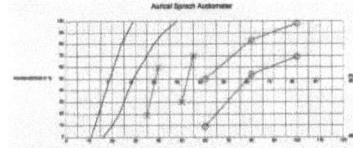

Sprachaudiogramm mit Verständniswerten für Mehrsilber (x) und Einsilber (o)

Im unteren Teil des Diagramms (nebenstehendes Bild) kann man das sehen. Wieder sind die Werte des rechten Ohres rot und die des linken Ohres blau. Pro Ohr (pro Farbe) sind dabei zwei voneinander getrennte Linien aufgezeichnet. Die Linien mit den x-en werden mit mehrsilbigen Zahlwörtern gewonnen und die Linien mit den Kreisen (o) werden mit Einsilbern gemessen. Das wichtigste Kriterium für die Hörgeräteentscheidung ist das "Einsilberverstehen bei Zimmerlautstärke". "Zimmerlautstärke": das ist eine Lautstärke von 65 dB. Dort kann man an der Lage der Messlinie ablesen, wie viel Prozent der Einsilber richtig verstanden wurden. In diesem Beispiel beträgt das Einsilberverstehen bei 65 dB rechts 60 % und links 20 %. Lassen Sie sich nicht verwirren: Die Messwerte wurden bei 60 dB, bei 80 dB und bei 100 dB gewonnen. Die "Zwischenwerte" bei 65 dB wurden nicht gemessen, sondern berechnet.

Hörgeräte sollte man bekommen – und natürlich auch annehmen! – wenn das Einsilberverstehen bei 65 dB beidseits nicht mehr als 80 % beträgt. Das ist in diesem Beispiel der Fall: 20 % ist nicht mehr als 80 % und 60 % ist auch nicht mehr als 80 %! Nun mag eine Entscheidungsgrenze von 80 % ziemlich hoch gegriffen zu sein. Man bekommt "scheinbar" schon recht schnell, um nicht zu sagen "vorschnell" Hörgeräte verschrieben. So ist das aber nicht! Die Messungen werden allesamt in einem schallarmen Prüfraum durchgeführt. Unsere akustische Umwelt ist aber gerade nicht schallarm! Da man den Hintergrundlärm nicht für die Messungen vereinheitlichen – "standardisieren" – kann, hilft man sich, indem man im schallarmen Raum ohne Hintergrundgeräusche misst und dafür die Hörgerätegrenze entsprechend anpasst.

Wenn man nun Hörgeräte bekommt, dann müssen sie individuell eingestellt werden. An den oberen Linien erkennt man, dass das Hörvermögen im Tieftonbereich noch relativ gut, im Hochtonbereich aber relativ schlecht ist. In den Tonhöhen dazwischen ist das Hörvermögen mittelschlecht. Die Hörgeräte dürfen also gar nicht alle Töne gleichermaßen verstärken, sondern müssen auf die Tonhöhe reagieren! Tiefe Töne brauchen überhaupt nicht verstärkt zu werden, mittlere mittelstark und hohe stark. Dafür benötigen die Hörgeräte verschiedene Kanäle! Jeder Kanal ist für einen bestimmten Frequenzbereich zuständig und kann einen eigenen Verstärkungsfaktor bekommen. Die Anzahl der Kanäle ist abhängig von der Form der Hörkurven. Ist die Zahl der Kanäle zu gering, dann kann man die Hörgeräte nur grob einstellen – zu grob für einen Hörgewinn. Die richtige Anzahl der Kanäle zu finden und einzustellen, ist die Kunst des Hörgeräteakustikers!

Hörgeräte müssen aber noch mehr berücksichtigen! Patienten mit Innenohrschwerhörigkeit haben einen eingeschränkten Dynamikbereich. Leise Töne werden nicht gehört, aber laute Töne werden zu laut wahrgenommen – lauter als es Hörgesunde empfinden. Hörgeräte dürfen also – selbst bei ein und derselben Tonhöhe! – nicht alle Töne gleichermaßen verstärken! Die leisen Töne müssen mehr verstärkt werden, die ohnehin schon lauten Töne dürfen aber nicht mehr so stark verstärkt werden. Die Hörgeräte haben also noch Schaltungen, die das Ausgangssignal in Abhängigkeit vom Eingangssignal unterschiedlich stark verstärken!

Ein weiterer wichtiger Punkt ist das Rückkopplungspfeifen. Verlässt das verstärkte Signal das Hörgerät, dann wird der Schall am Trommelfell reflektiert und in das Mikrofon des Hörgerätes zurück geworfen! Danach läuft das Signal ein 2. Mal, ein 3. Mal und immer so weiter durch das Hörgerät, wobei es sich zu einem unerträglichen Pfeifen aufschaukelt. Hier hilft wieder die Technik: Die modernen Hörgeräte haben alle eine digitale "Architektur", so wie Computer.

Digitale Hörgeräte kennen ihre Schwachstelle und rechnen das Pfeifen heraus. Musste man bei den alten Analoggeräten die Gehörgänge komplett verschließen, um das Rückkopplungspfeifen zu unterbinden, so dürfen die Gehörgänge heute offen bleiben! Die meisten Hörgeräte haben nur noch kleine, praktisch unsichtbare Schläuche, die mit Hilfe kleiner Plastik-"Körbchen" im Gehörgang fixiert werden. Der Vorteil liegt klar auf der Hand: Der Klang ist völlig natürlich. Man hat kein Verschlussgefühl im Ohr. Man hört weder seine Kaugeräusche noch seinen Trittschall.

Wir leben in einer akustischen Umwelt. Dort gibt es nicht nur eine Schallquelle, sondern viele: Eines ist die Nutzschallquelle, der Rest sind Störschallquellen. Trägt man nur ein Hörgerät, dann kommen sowohl Nutz- als auch Störschall in dasselbe Ohr und das Gehirn muss beide voneinander trennen. Das ist schwer, oftmals unmöglich. Trägt man jedoch zwei Hörgeräte, dann hat man ein volles "Stereo"-Gefühl. Alle Schallquellen sind akustisch voneinander getrennt. Man kann Nutz- und Störschallquellen leicht voneinander unterscheiden! Mit zwei Hörgeräten hört man nicht bloß doppelt so gut wie mit einem! Nein, man hört 2000 mal so gut wie mit einem!

Da die Hörgeräte nur die Frequenzen anheben, die den Schwerhörigen fehlen (meistens also die hohen Töne), empfindet man beim Tragen der Hörgeräte nicht, dass sich alles lauter anhört. Es hört sich klarer an! Mit den hohen Tönen kehrt die "Brillanz" zurück! Das ist aber etwas, an das man sich gewöhnen muss! Nicht nur die menschliche Sprache klingt anders – auch alle anderen Geräusche klingen anders! Es ist also nicht sinnvoll, die Hörgeräte zur in menschlicher Gesellschaft zu tragen! Auch, wenn man allein zu Haus ist, sollte man die Hörgeräte tragen. Wie sonst will man sich je daran gewöhnen?

Hörgeräte sollen die akustische Umwelt so naturgetreu wie möglich wiedergeben – man sagt auch "abbilden". Nun kann folgendes passieren: Wenn ein Hörgesunder in eine Fabrik geht, dann sagt der Hörgesunde: "Mir ist es hier zu laut!". Der Hörgeräteträger wird auf seine Hörgeräte schimpfen und behaupten, dass diese zu laut eingestellt seien! Und geht ein Hörgesunder in eine Bibliothek, dann sagt der Hörgesunde: "Mir ist es hier zu leise!". Der Hörgeräteträger wird wiederum auf seine Hörgeräte schimpfen und behaupten, dass sie nun zu leise eingestellt seien! Beides stimmt nicht! Wenn man mit Hörgeräten in ein Sinfoniekonzert geht, dann muss man trotzdem die Pianissimo-, Piano-, Mezzoforte-, Forte- und Fortissimostellen voneinander unterscheiden können. Hörgeräte, die jede Lautstärke auf "mittel" setzen, taugen nichts.

Wenn man so gewappnet zum Akustiker geht, sich beraten lässt und vorurteilsfrei die Hörgeräte anpassen lässt – immer mit gutem "Feed back" über das Ergebnis -, dann kann man praktisch sicher sein, dass man mit den neuen Geräten zufrieden sein wird. Und wenn man dann zufrieden ist, dann versteckt man noch die kleinen Geräte hinter den Ohren und unter den Haaren und erzählt niemandem von der neuen Errungenschaft. Ist man aber nachlässig in der Anpassung, lustlos und allem und jedem negativ gegenüber eingestellt, dann bleibt das gute Ergebnis sehr wahrscheinlich aus. Diese Patienten werden später überall erzählen, dass Hörgeräte allesamt untauglich seinen! Treffen Sie also auf einen Menschen, der über seine Hörgeräte klagt, dann müssen Sie wissen, dass Sie dem Phänomen der "selektiven Wahrnehmung" begegnet sind! Die unzufriedenen Hörgeräteträger machen ihre Kritik öffentlich, die zufriedenen Hörgeräteträger behalten ihr Lob für sich im Geheimen! Unzufriedene Hörgeräteträgerinnen gibt es nur wenige, zufriedene gibt es reichlich! Aber nur die wenigen Unzufriedenen lassen von sich hören!

Und jetzt wünschen wir Ihnen viel Erfolg bei der Anpassung Ihres modernen Hörsystems. Moderne Hörsysteme können übrigens noch viel mehr als ich hier dargestellt habe. Ich habe Ihnen ohnehin schon einen sehr langen Text zugemutet. Wenn Sie noch mehr wissen möchten, dann fragen Sie uns oder Ihren Hörgeräteakustiker! Wir stehen Ihnen zur Verfügung!

Hörminderung bei Kindern
Ein häufiges Thema in Medizinforen betrifft die Hörminderung bei Kindern. Eine wichtige Frage und ihre Beantwortung stelle ich hier vor:

Frage:
bei meiner fast 4 jährigen Tochter wurde im Kindergarten ein Hörtest durchgeführt. Ich habe jetzt einen Zettel in die Hand gedrückt bekommen, in welchem steht, dass eine eventuelle Hörminderung am linken Ohr vorliegt. Testergebnis: Linkes Ohr bei 4 kHz und 8 kHz je 40 dB; 6 kHz 45 dB. Ich möchte gerne wissen, was dieses Ergebnis aussagt. Wie sicher oder unsicher ist dieser Test. Wie wahrscheinlich ist die Möglichkeit einer Hörminderung und vor allem: Wie gravierend ist diese Hörverminderung?

Antwort:
Bei Screeningtests gibt es „grünes Licht", wenn bei 40 dB Reizstärke „Antworten" aus dem Hörsystem aufgezeichnet werden können. Allerdings muss man sagen, dass die objektiven „Antworten" (also elektrische Spannungsänderungen bei BERA-Untersuchungen) um ca. 10 bis 15 dB schlechter liegen, als die subjektiven. Das heißt, wenn man eine objektive Hörschwelle bei 40 dB misst, dann kann man davon ausgehen, dass die Patienten bei 30 oder 25 dB bereits die Prüftöne tatsächlich hören.

Wenn nun keine objektive, sondern eine subjektive Methode verwendet wurde (also die Kinder tatsächlich gefragt wurden, ob sie einen Ton hören oder nicht), dann kann man diese 10 bis 15 dB natürlich nicht mehr abziehen! Dann wären 40 dB Hörschwelle als geringgradige Hörminderung einzustufen.

Nun ist es ein bekanntes Phänomen, dass die Hörschwellen bei der Hörprüfung umso schlechter liegen, je jünger die Kinder sind. Das ist darauf zurückzuführen, dass die Kinder oftmals unkonzentriert sind (oder sehr konzentriert, aber auf andere Dinge!). Bei jüngeren Kindern eine schlechtere Hörschwelle zu messen, bedeutet also nicht unbedingt, dass das Kind tatsächlich schlechter hört. Es kann sich auch um eine Messungenauigkeit handeln.

Linkes Bild: BERA mit Normalbefund

In speziell diesem Fall kommt hinzu, dass Hörminderungen oberhalb 4 kHz und damit außerhalb des Hauptsprachbereiches liegen; das Sprachverstehen wird dadurch nicht dramatisch beeinträchtigt.

Und einen weiteren Gesichtspunkt gibt es noch zu berücksichtigen! Bei allen Screeningtests (also „Such"-Tests) macht man Fehler! Die Fehler sind einkalkuliert! Wenn man in kurzer Zeit sehr viele Kinder testen will, dann kann das nicht ohne Fehler bleiben!

Es gibt zwei Sorten von Fehlern: erstens die „falsch negativen" und zweitens die „falsch positiven" Befunde. Bei einem „falsch negativen" Befund wird ein schwerhöriges Kind fälschlicherweise als normalhörend eingestuft. Das ist katastrophal, weil dann keine weiteren Untersuchungen mehr folgen und man den Fehler erst spät – zu spät! – bemerkt.

Bei einem „falsch positiven" Ergebnis wird ein normalhörendes Kind fälschlicherweise als schwerhörig eingestuft. Das belastet zwar die Eltern, schadet aber dem Kind nicht! Nicht ein einziges Kind wird allein schon dadurch schwerhörig, indem man es als „schwerhörig" bezeichnet! Aber bei einem „falsch positiven" Test folgen weitere Untersuchungen nach – wie jetzt auch im Fall Ihrer Tochter! So kann es also gut sein, dass bei der genauen Nachprüfung durch den HNO-Arzt festgestellt wird, dass Ihre Tochter überhaupt nicht schwerhörig ist!

Da man also bei Screeningtests notwendigerweise Fehler macht und die „falsch negativen" Befunde schlechter sind als die „falsch positiven", sind die Screeningtests so konzipiert, dass die „falsch positiven" Ergebnisse häufig vorkommen und die „falsch negativen" nach Möglichkeit überhaupt nicht.

Umgekehrt heißt dass, dass man bei einem „positiven" Befund (der also schlecht ist für die Patienten, weil er eine Schwerhörigkeit signalisiert) nicht wissen kann, ob das Ergebnis „echt positiv" oder „falsch positiv" ist! Da es gottlob nur wenige schwerhörige Kinder gibt, ist die Zahl der „falsch positiven" Testergebnisse viel höher als die Zahl der „echt positiven" Testergebnisse! Die Wahrscheinlichkeit für ein „falsch positives" Ergebnis ist durchaus hoch!

Das heißt wiederum, dass Sie sich zunächst mal keine Sorgen machen sollten!

Wenn Sie aber auf die Idee kommen sollten, aufgrund meiner Ausführungen die Nachuntersuchungen beim HNO-Arzt abzusagen, dann muss ich Sie davor warnen! Es gibt einen Grundsatz (zur Sicherheit für die Kinder!), der besagt: „Jedes Kind gilt solange als schwerhörig, bis das Gegenteil bewiesen ist!"

Eine übersehene und nicht diagnostizierte Schwerhörigkeit beeinträchtigt die Entwicklung der Kinder ganz erheblich! Deshalb ist es enorm wichtig, die wirklich schwerhörigen Kinder frühzeitig mit Hörgeräten zu versorgen! Wir HNO-Ärzte wissen, dass etwa eines von 1000 Kindern schwerhörig auf die Welt kommt. Und diese Kinder müssen frühzeitig gefunden werden, damit sie versorgt werden können!

Der Preis dafür ist, dass viel mehr als dieses eine von 1000 Kindern in den Verdacht geraten, schwerhörig zu sein!

Die Screeningtests sind so konzipiert, dass die als „normalhörend" bezeichneten Kinder tatsächlich praktisch alle wirklich normalhörend sind. Und von den als „schwerhörig" bezeichneten Kindern sind vielleicht 1 bis 2 Prozent wirklich schwerhörig; die anderen 98 % bis 99 % sind trotzdem „normalhörend".

Aber noch mal ganz deutlich: nur eine genaue Kontrolle ist in der Lage zu entscheiden, ob das positive Screeningergebnis „echt positiv" oder „falsch positiv" ist. Sie sollten also keinesfalls auf diese Kontrolle beim HNO-Arzt verzichten! Sie können allerdings bis zum Endergebnis gelassen bleiben!

Hörprüfungen bei Kindern

Eine weitere wichtige Frage beschäftigt sich damit, wie man bei Kindern überhaupt das Hörvermögen messen kann:

Frage:
Meine Tochter ist 3 Jahre alt und spricht noch nicht viel. Der HNO-Arzt sagt, sie sei auf einem Ohr schwerhörig. Er hat von "OAE" gesprochen und von "BERA". Und dann hat er noch eine "Impedanzmessung" gemacht. Meine Tochter ist erkältet und hat einen Paukenerguss. Außerdem ist eine Ohrmuschel nicht so ausgebildet wie die andere. Kann man überhaupt bei einem Paukenerguss feststellen, wie das "eigentliche Hörvermögen" ist? Sind bei einem Paukenerguss die OAE- oder die BERA-Werte überhaupt verwendbar? Oder kann das schlechte Hörvermögen an der schlechter ausgebildeten Ohrmuschel liegen? Mir schwirrt der Kopf! So viele Begriffe! So viele Untersuchungsmöglichkeiten! Jetzt weiß ich gar nichts mehr...

Antwort:
Es gibt eine ganze Reihe von Hörprüfungen, die sich ergänzen; gerade bei Kindern, die noch so klein sind, dass sie nicht kooperieren können, ist man darauf angewiesen, soviel Information wie möglich zu bekommen.

Zum besseren Verständnis sollte man zunächst die Hörprüfungen bei Erwachsenen unter die Lupe nehmen.

Das Ohr hat aus funktioneller Sicht zwei wesentliche Anteile: Außen- und Mittelohr übertragen den Schall und das Innenohr wandelt den Schall um in elektrische Nervenimpulse.

Man mag sich vielleicht fragen, warum man überhaupt ein Mittelohr zur Schallübertragung braucht, denn wenn es nicht vorhanden wäre, würde der Schall ja direkt auf das Innenohr treffen und das Mittelohr müsste dann auch nichts mehr übertragen. Also: die reine Schallübertragung ist nicht das wichtigste Funktion des Mittelohres! Das Mittelohr muss den Schallwiderstand der Luft dem des Wassers anpassen (das Innenohr enthält ja "Wasser" – Lymphflüssigkeit). Als unsere Vorfahren noch im Meer lebten, brauchten sie in der Tat kein Mittelohr. Das "Seitenlinienorgan" der Fische z. B. nimmt die Schallwellen im Wasser direkt wahr. Als die Lebewesen später das Land eroberten, brauchten sie ein Mittelohr, weil Schallwellen in der Luft zu schwach sind, die Innenohrflüssigkeit direkt zum Schwingen zu bringen. Der wissenschaftliche Name für einen Wellenwiderstand ist "Impedanz". Das Mittelohr ist ein "Impedanzwandler".

Die normale "Impedanzmessung" ist also eine reine Mittelohrfunktionsprüfung. Sie sagt nichts über die Innenohrfunktion aus.

Man kann mit Hilfe einer Art "erweiterter" Impedanzmessung aber auch Reflexantworten aus dem Mittelohr prüfen: der "Musculus stapedius" (ein kleine Muskel im Mittelohr) zieht sich reflektorisch zusammen, wenn der Schall sehr laut wird – möglicherweise zum Schutz des Innenohres). Dieser Reflex wird über das Innenohr ausgelöst. Die Muskelzuckung verändert kurzzeitig die Impedanz. Verändert sich also auf einen lauten Prüfton hin die Impedanz, dann hat der Muskel gezuckt und das Innenohr hat folglich zuvor den Ton auch gehört (an ertaubten Ohren lässt sich der Reflex nicht nachweisen). – Die Reflexauslöse-Schwelle ist aber ziemlich hoch, sodass man die Hörschwelle keineswegs bestimmen kann.

Die Impedanzwandlung im Mittelohr bewirkt also, dass der Schalldruck angepasst wird und die Schallempfindung im Innenohr verstärkt wird. Fällt das Mittelohr aus, dann kommt nur ein Bruchteil der Schallinformation in das Innenohr: eine Schwerhörigkeit ist die Folge. Diese Schwerhörigkeit zeichnet sich dadurch aus, dass alle Frequenzen (Tonhöhen) gleichermaßen betroffen sind. Wenn der Schallübertragungsweg gestört ist, dann gilt das für die tiefen und die hohen Töne gleichermaßen. Außerdem kann man das kranke Mittelohr "austricksen": man kann einen "Knochenleitungshörer" direkt auf den Knochen hinter dem Ohr ("Warzenfortsatz") aufsetzen. Der Schall umgeht dann das kranke Mittelohr und gelangt direkt in das Innenohr: plötzlich scheint die Schwerhörigkeit dann behoben zu sein! Anders ausgedrückt: zwischen der (schlechten) Luft- und der (guten) Knochenleitungsschwelle ist ein gewisser Abstand (den man "GAP" nennt) vorhanden. Diese beiden Eigenschaften: gleichmäßiger Schwellenverlauf über alle Frequenzen und Luftleitungs-Knochenleitungs-GAP kennzeichnen die sogenannte "Schallleitungs-Schwerhörigkeit" (SLS). Eine SLS funktioniert wie das Dämpferpedal am Klavier: die akustische Information ist zwar abgeschwächt, aber grundsätzlich noch vorhanden.

Fallen Sinneszellen im Innenohr aus, dann sind nur die Frequenzen betroffen, für die diese Sinneszellen zuständig waren. Die Hörschwellen bei einer Innenohrschwerhörigkeit ("Schallempfindungs-Schwerhörigkeit", SES) sind also im gesamten hörbaren Frequenzband bei unterschiedlichen Frequenzen unterschiedlich. Außerdem lässt sich die Innenohrschwerhörigkeit nicht mit Hilfe des Knochenleitungshörers "austricksen": der GAP ist nicht vorhanden. Eine SES ist vergleichbar einem Klavier, bei dem mehrere Seiten gerissen sind. Die akustische Information wird "verstümmelt". In gewissem Maße kann man die fehlende Information durch intelligente Hörgerätetechnik zurückgewinnen – aber es lässt sich nicht jeder Verlust ausgleichen.

Bei kooperativen Erwachsenen kann man also einen guten Überblick über das Hörvermögen gewinnen, wenn man bei unterschiedlichen Tonhöhen sowohl die Luft- als auch die Knochenleitungsschwelle misst.

Mit Hilfe dieser "konservativen" Audiometrie kann man also auch die Leistungsfähigkeit des Innenohres messen, selbst wenn ein Paukenerguss vorliegt: dann findet man eben eine "kombinierte" Schwerhörigkeit! Der SLS-Anteil ist dann z. B. durch einen Paukenerguss bedingt und rückbildungsfähig. Der SES-Anteil muss dann meistens mit Hörgeräten ausgeglichen werden.

Je jünger die Patienten sind, desto schwieriger die konventionelle Audiometrie. Kleine Kinder lassen sich mitunter durch eine "Spielaudiometrie" locken: jedes Mal, wenn sie einen Ton gehört haben, dürfen sie einen Bauklotz aus einem Eimerchen in ein anderes Eimerchen legen (oder Bildchen oder oder oder ...). Das ist aufwändig, weil die Kinder erst einmal Vertrauen fassen müssen zur Untersucherin. Sie müssen auch erst einmal lernen, was sie tun sollen. Diese Methoden gehören zur "Pädaudiologie".

Sind die Kinder noch jünger, funktioniert das auch nicht mehr. Dann müssen objektive Messmethoden her.

Eine wichtige Methode ist die Messung der "otoakustischen Emissionen" ("OAE"). Die OAE werden von den äußeren Haarzellen ausgelöst – aber nur von lebenden! Die äußeren Haarzellen sind ja kleine Muskelzellen, die im Rhythmus des Schalls schwingen und so mithelfen, die Basilarmembran im Innenohr "aufzuschaukeln". Sind die OAE nachweisbar, dann müssen die äußeren Haarzellen lebend und gesund sein. Findet man die OAE nicht, dann darf man keineswegs im Umkehrschluss annehmen, dass die äußeren Haarzellen alle abgestorben seien! Schlechte Messbedingungen können die OAE regelrecht "verstecken"! Die sind dann zwar vorhanden, aber niemand weiß das! – Mittelohrfunktionsstörungen sind z. B. solche schlechten Messbedingungen. Bei einem Paukenerguss kann man keine OAE finden. Also kann man mit den OAE bei einem Paukenerguss nicht viel anfangen.

Die OAE sind übrigens nicht zur genauen Schwellenmessung geeignet. Man kann nur sagen, dass der Hörverlust nicht größer als 30 dB sein kann, wenn man die "transitorischen" OAE ("TOAE", eine Unterform der OAE) findet. Sind die "Distorsionsprodukte" ("DPOAE", eine andere Unterform der OAE) vorhanden, kann der Hörverlust nicht größer als 50 dB sein.

Die OAE erlauben aber eine gewisse Frequenzabschätzung eines eventuellen Hörverlustes. Dabei ist das Frequenzband aber leider nicht allzu üppig breit. Findet man z. B. bei 1 und 2 kHz TOAE, oberhalb von 2 kHz aber nicht mehr, dann weiß man, dass die Messbedingungen gut waren und die fehlenden OAE im Hochtonbereich sehr wahrscheinlich auf einen Hochtonverlust hindeuten!

Eine weitere Methode ist die Ableitung der durch Schallwellen ausgelösten ("akustisch evozierten") elektrischen Aktivität ("Potenziale"). Das Innenohr wandelt ja den Schall in elektrische Nervenimpulse um (s. o.). Diese kann man dann zu verschiedenen Zeiten nach der Auslösung messen. Die interessierenden Potentiale haben übrigens eine Stärke im Bereich von nanoVolt (ein Milliardstel Volt). Die von Muskeln, EKG und EEG ausgehenden "Stör-"Spannungen haben eine Größenordnung von milliVolt (tausendstel Volt). Die Störspannungen sind also eine Million mal größer als die Nutzspannungen. Um die Nutzspannungen dennoch messen zu können, braucht man leistungsfähige Computer. Die Potentiale werden durch Mittelwertbildung ("Averaging") aus dem Hintergrundrauschen hervorgehoben – nur ein Computer kann das in Echtzeit berechnen!

Man nennt diese Form der Audiometrie auch "Hirnstamm-Audiometrie", weil die akustisch evozierten Potentiale zum großen Teil im Hirnstamm entstehen. "Hirnstammaudiometrie" heißt auf englisch: "brainstem electric response audiometry" – abgekürzt "BERA").

Die Auslösung der akustisch evozierten Potentiale ("AEP") erfolgt durch clicks. Clicks enthalten mehr oder weniger alle Frequenzen zwischen 1 und 3 kHz. Eine Frequenzabschätzung ist also auch nur eingeschränkt möglich.

Im Gegensatz zu den OAE kann man aber auch bei Paukenergüssen die AEP ableiten und also auch die Innenohrleistung abschätzen!

Das wichtigste Potential der AEP ist die sogenannte "Welle V" (römische 5). Diese Welle kommt recht stabil immer nach der selben Zeit nach dem auslösenden click. Diese Zeit heißt "Latenzzeit" und sie ist abhängig von der Reizstärke. Reduziert man die Reizstärke, dann nimmt die Latenzzeit zu. Findet man jetzt z. B. bei einer Reizstärke von 80 dB eine Welle V mit einer Latenzzeit, die für 50 dB typisch ist, dann kann man etwa abschätzen, dass die fehlenden 30 dB im Mittelohr verloren gegangen sein müssen!

In der Praxis ist das natürlich nicht immer so einfach! Je geringer die Reizstärke, desto unsicherer wird auch die Welle V. Und bei Hörverlusten habe ich als Untersucher von vornherein weniger Reizstärken zur Verfügung als bei einem normalen Hörvermögen! Aber irgendwo muss ja auch noch ein wenig Raum sein für die ärztliche Kunst und Erfahrung!

Da alle Methoden theoretisch bedingte Messunsicherheiten haben, ist man oftmals auf mehrere Messungen angewiesen! Es ist nichts schwieriger, als *mittelgradige* Schwerhörigkeiten bei Kindern nachzuweisen! Ein normales Hörvermögen: kein Problem! Eine Ertaubung: auch kein Problem (beim Nachweis). Aber die mittelgradigen Schwerhörigkeiten dazwischen: das geht nur durch mehrfache Kontrollen.

Ein gutes Hörvermögen ist für die richtige Sprachentwicklung absolut notwendig. Nur über ein gutes Gehör kann man die eigene Aussprache kontrollieren! (Man kann auch nicht schön schreiben, wenn die Augen verbunden sind!) Wenn Menschen taub sind, sind sie in der Folge auch stumm ("Taubstummheit"). – Aber umgekehrt gilt das wieder nicht: Menschen die nicht richtig sprechen können, müssen nicht schwerhörig sein! Es gibt auch andere Gründe, warum die Worte manchmal nicht so glatt aus dem Mund fließen! Dann muss man eben Sprechen üben. Dazu gibt es dann die Logopädinnen und Logopäden.

Man kann nicht flächendeckend bei allen Menschen das Hörvermögen überprüfen. Deshalb "stürzt" man sich auf die "Schlechtsprecher", weil man dann mit einem geringeren Aufwand eine höhere "Findequote" hat – ohne dass man die "Gutsprecher" vernachlässigt oder gefährdet.

Zur Ohrmuschel: eigentlich ist eine nicht gut ausgebildete Ohrmuschel nicht automatisch ein Grund für ein schlechtes Hörvermögen. Wenn die Ohrmuschel regelrecht missgebildet ist, muss man aber nachsehen und untersuchen, wie weit die Missbildung geht. Ist der Gehörgang geöffnet? Kann man das Trommelfell sehen? Wenn ja, ist es unwahrscheinlich, dass das Innenohr missgebildet ist. Die unübliche Schallreflexion an einer missgebildeten Ohrmuschel wirkt sich im Audiogramm praktisch nicht aus – wenn Mittelohr und Innenohr in Ordnung sind.

Paukenröhrchen
Auch Paukenröhrchen bieten immer wieder Anlass, genauer nachzufragen. Es besteht oftmals noch ein erheblicher Informationsbedarf:

Frage:
Bei meinem Sohn ist jetzt wieder eine Paukenröhrchen-OP geplant.

Drei Fragen hätte ich noch:
1. Bei meinem Sohn werden wie beim letzten Mal Goldröhrchen eingesetzt. Wären T-Röhrchen sinnvoller (hat meine Nichte, mit Widerhaken, müssen entfernt werden), da mein Sohn anatomisch superanfällig für Paukenergüsse zu sein scheint?
2. Ich habe gelesen, dass Lasern eine schonende Alternative zu Röhrchen sein kann. Würden Sie dem zustimmen? Vorteile? Nachteile?
3. T-Röhrchen: Wie werden T-Röhrchen entfernt (Klinik ambulant oder HNO-Praxis)? Ist das schmerzhaft?

Antwort:
Die Art der Paukenröhrchen (PR) ist zunächst mal nicht so "wahnsinnig" ausschlaggebend; Paukenröhrchen werden von mehreren Herstellern auf den Markt gebracht und sie erfüllen alle ihren Zweck: nämlich die Mittelohren zu belüften.

In seltenen Fällen reagieren Patienten mal allergisch auf bestimmte Kunststoffe, dann stoßen sich die Paukenröhrchen, die aus diesen Kunststoffen gefertigt sind, früh ab und man muss dann wieder neue legen. Durch einen Wechsel auf ein anderes Material kann man in solchen seltenen Fällen Vorteile gewinnen.

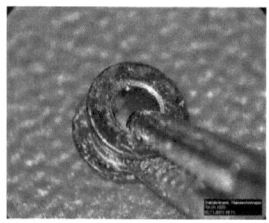

Paukenröhrchen vor dem Einsatz. Blick und Aufnahme durch das OP-Mikroskop.

Die Goldröhrchen sind normalerweise gut verträglich. Ich habe da nie Probleme gesehen. Es sind aber keine ausgesprochenen "Langzeit-Paukenröhrchen". Die Goldröhrchen bleiben so im Durchschnitt 1 bis 3 Jahre liegen. Ich habe aber auch schon Fälle erlebt, da waren die PR nach drei Wochen wieder draußen! Abgestoßen im Rahmen einer akuten Mittelohrentzündung.

Die T-Röhrchen sind aus einem "butterweichen" Kunststoff. Die "Widerhaken" (dieses Wort im gleichen Atemzug mit "Trommelfell" genannt: da läuft es mir kalt den Rücken herunter) sind lediglich kleine "Flügelchen" die sich im Mittelohr aufspreizen und an die Innenseite des Trommelfells zu liegen kommen. Die Entfernung ist eigentlich nicht schmerzhaft. Wenn die Kinder sehr ängstlich sind, kann man auch eine oberflächliche Sprayanästhesie durchführen. Eine Narkose ist sicher nur in absoluten Ausnahmefällen erforderlich.

Aber: die T-Röhrchen will man ja eigentlich gar nicht so früh wieder ziehen! Es wäre ja auch irgendwie unsinnig, Langzeitröhrchen zu legen und diese dann schnell wieder zu entfernen. Mein Ziel ist es immer, die Röhrchen bis jenseits des 10. Lebensjahres liegen zu lassen, danach kann man neu entscheiden, ob und wann man die T-Röhrchen entfernen will. "Langzeit"-PR sind übrigens auch keine "Ewigkeits"-PR! Auch Langzeit-PR werden irgendwann abgestoßen.

Bei der Laser-Parazentese werden überhaupt keine PR eingelegt! Während eine "normale", also mit einem Messer gesetzte, Parazentese (PZ; so heißt der kleine Schnitt in das Trommelfell) innerhalb weniger Tage (meistens innerhalb der ersten Woche) abheilt, bleibt ein mit dem Laser "geschossenes" Loch länger offen. Die Wundränder sind bei der Laseranwendung sofort verkautert, so dass der Heilungsvorgang länger dauert (so 2 bis 3 bis 5 Wochen). Danach ist auch die Laser-PZ wieder verheilt und das Trommelfell wieder geschlossen. Schmerzhaft ist beides. Bei Kindern würde ich das immer in Kurznarkose machen (selbst wenn eine Oberflächenanästhesie ausreichen würde: die Kinder "hampeln" bei der OP immer herum, drehen den Kopf weg und reklamieren zögerlich, dass sie keine Lust mehr haben. Wenn man nicht in Ruhe "zielen" kann, kann man auch nicht gut treffen!).

Also, folgende zeitlichen Reihenfolge kann man aufstellen:
1. Normale Parazentese: sie bleibt wenige Tage offen.
2. Laser-Parazentese: sie bleibt wenige Wochen offen.
3. Normales Paukenröhrchen: es bleibt einige Monate bis wenige Jahre liegen.
4. T-Röhrchen: es bleibt einige Jahre liegen.

Zu welcher Methode man sich entscheidet, hängt also nicht wenig auch vom Alter des Kindes ab, weiß man doch, dass Kinder, die älter als 7 bis 10 Jahre alt sind, nur noch in sehr seltenen Fällen PR benötigen. Und es hängt vom Ohrbefund ab. Ich selbst lege zum Beispiel die T-Röhrchen niemals als erste Röhrchen: ich weiß ja gar nicht, ob das Kind überhaupt Langzeit-PR braucht! Vielleicht ist dem Kind ja mit normalen PR schon gut geholfen!

Ich will auch nicht verschweigen, dass es bei sehr kleinen Kindern mit ihren sehr engen Gehörgängen auch mitunter sehr schwierig ist, PR zu legen – und die T-Röhrchen benötigen eine noch anspruchsvollere OP-Technik als die normalen PR! T-Röhrchen bei engen Gehörgängen zu legen ist nicht trivial!

Paukenröhrchen im Größenvergleich. Blick und Aufnahme durch das OP-Mikroskop.

Frage:
Auch aus Ihrer Zusammenfassung scheinen die Gold-PR die Methode der Wahl für meinen Sohn zu sein (oder wie unser Kinderarzt es so nett formulierte: "Das schlimmste an einer PR-OP sind eigentlich die Eltern…"). Hinsichtlich der OP vertraue ich unserem HNO sehr. Würden Sie eher länger medikamentös behandeln (ich weiß, nahezu unmöglich, ohne das Ohr gesehen zu haben: Befund: Mittelohrentzündung mit Erguss? – Mich macht die Vollnarkose immer unruhig, aber sie ist ja sehr kurz. Gibt es eine Möglichkeit, die Kinder beim Aufwachen etwas zu unterstützen oder muss man da durch (bei der letzten OP mit Polypenentfernung hat mein Sohn, eben sehr desorientiert, laut geweint und war eigentlich nicht zu beruhigen – das greift einen schon an)?

Antwort:
Eine medikamentöse Behandlung der immer wieder auftretenden oder langfristig bestehenden Paukenergüsse ist "irgendwann" vorbei! Dann ist es einfach nicht mehr sinnvoll, weiterhin Medikamente zu geben und vergeblich auf Besserung zu hoffen, währenddessen das Hörvermögen schlecht bleibt! Paukenergüsse, die länger als 3 Monate bestehen bleiben, werden von mir praktisch ohne Ausnahme einer Operation zugeführt.

Ihre Angst vor der Vollnarkose ist verständlich, aber dennoch im Wesentlichen unnötig. Die Narkosedauer richtet sich immer nach der Operationsdauer – und die ist nun mal vergleichsweise sehr kurz bei den Paukenröhrcheneinlagen.

Die Kinder (alle Patienten!) "wachen" im Narkoseausleitungsraum "auf"; da können Sie normalerweise nicht anwesend sein (der Ausleitungsraum gehört zum sterilen OP-Bereich). Ich habe das Wort "Aufwachen" absichtlich in Gänsefüßchen gesetzt, weil es für uns Ärzte, speziell für die Anästhesisten, bedeutet, dass die Atmung und die Schutzreflexe wieder einsetzen und vorhanden sind und die Patienten "ansprechbar" sind (ansprechen kann man sie immer – auch während der OP – nur: nach der Ausleitung reagieren sie auch wieder auf die "Ansprache"). Lässt man die Patienten dann aber in Ruhe, schlafen sie sofort wieder ein. Später kann sich auch kaum jemand an diese unmittelbar auf das OP-Ende folgende Ausleitungsphase erinnern ("Amnesie"). Da kann es folglich auch keine psychischen Schäden geben.

Nach der Narkoseausleitung werden die Kinder in den Aufwachraum verlegt. Dort stehen sie unter der fachkundigen Beobachtung durch geschultes Anästhesiepersonal. In unserem Krankenhaus werden die Eltern in den Aufwachraum gebeten, um die Aufwachphase der Kinder zu begleiten. Ich denke, in anderen Krankenhäusern ist das ähnlich.

Dass die Kinder in der Aufwachphase zunächst sehr unruhig sind, ist für die Mütter natürlich ein einschneidendes Erlebnis – aber gleichwohl harmlos. Es ist eine praktisch kaum zu vermeidende Narkosefolge. Es handelt sich um das so genannte "Excitationsstadium". Dieses Stadium wird bei der Narkoseeinleitung übrigens in umgekehrter Reihenfolge auch regelmäßig durchlaufen – bloß viel schneller, da die Medikamente in der Einleitung schneller "anfluten" als sie später wieder "abfluten". Es hängt damit zusammen, dass das autonome Nervensystem mit "Sympathikus" und "Parasympathicus" nicht nur einen "Antreiber", sondern auch einen "Bremser" besitzt. Bei der Narkoseeinleitung fällt der "Bremser" zuerst aus – die Patienten sind unruhig ("excitiert"). Bei der Narkoseausleitung kommt der "Bremser" als letzter wieder: auch da ist der "Antreiber" also eine Weile allein tätig. In diesem Unruhestadium sind die Patienten aber noch nicht voll wieder orientiert. Sie sind nicht aus böser Absicht unruhig. Und sie können sich später auch an dieses Stadium kaum erinnern. Das Excitationsstadium kann man im Aufwachraum medikamentös allerdings recht gut abfedern.

Also seien Sie stoisch und sitzen Sie das Excitationsstadium einfach aus...

Kommentare
Frage:
Meine Frage: Wenn ein Loch im Trommelfell verbleibt, nachdem sich die Paukenröhrchen abgestoßen haben, handelt es sich dann um eine Folge der Paukenröhrcheneinlage? Und wie lange sollte man dem Trommelfell Zeit geben, bis es sich von allein verschließt? Wie groß ist die Gefahr, dass es wieder zur Mittelohrentzündung kommen könnte, wenn das Trommelfell offen ist.

Antwort:
Die Mittelohren müssen belüftet sein. Bei Belüftungsstörungen werden die Mittelohren krank. Erst gibt es einen (noch) harmlosen Tubenkatarrh, dann (weniger harmlose) Paukenergüsse. Sollten Bakterien in den Paukenerguss gelangen, dann gibt es eine schmerzhafte akute Mittelohrentzündung. Wenn die Belüftungsstörungen sehr lange bestehen, dann bilden sich auch "chronische" Mittelohrentzündungen aus. Chronische Mittelohrentzündungen gehen immer mit Löchern im Trommelfell (Trommelfellperforationen) einher. Je nachdem, wo die Perforationen sind, sind die Risiken mal größer, mal kleiner. Zentrale Perforationen findet man bei Schleimhauteiterungen. Randständige Perforationen zeigen eine Knocheneiterung an. Knocheneiterungen sind gefährlich und können zu Cholesteatomen führen. Schleimhauteiterungen können, Knocheneiterungen müssen operiert werden.

Kinder haben noch kleine Köpfe. In kleinen Köpfen gibt es nur enge Luftwege. Das bedeutet: Kinder haben häufiger Belüftungsstörungen der Ohren als Erwachsene. Wenn Paukenergüsse länger als 3 Monate bestehen bleiben, dann muss man Paukenröhrchen legen.

Wenn die Paukenröhrchen herausfallen, dann gibt es wieder mehrere Möglichkeiten. Üblicherweise verschließen sich die Trommelfelle spontan und von allein. Bei Ihrer Tochter scheint das ja auch so abgelaufen zu sein. Wenn die Kinder zwischen 7 und 10 Jahre alt sind, bleiben die Pauken danach meistens auch ohne Paukenröhrchen belüftet, sodass man keine neuen Paukenröhrchen legen muss. Sollte der Erguss nachlaufen, dann sind neue Paukenröhrchen fällig.

Manchmal bleibt aber nach der Abstoßung der Paukenröhrchen eine Perforation bestehen. Dann kommt es darauf an, wie alt die Kinder sind. Sind die Kinder noch unter 10 Jahre (mit "Sicherheitszuschlag" unter 12 bis 14 Jahre), dann würde ich die Perforation nicht operativ verschließen. Wenn man Pech hat, flickt man das Trommelfell – und dann führt eine neue Belüftungsstörung zu einem neuem Paukenerguss und man muss gleich wieder einen Schnitt in den "Flicken" machen, um ein neues Röhrchen zu legen. Länger bestehen bleibende Perforationen sind, wenn sie keine Beschwerden machen, wie "natürliche Paukenröhrchen". Man sollte das ausnutzen. Paukenröhrchen werden schließlich nur gelegt, damit sich die künstlich angelegten Trommelfellschnitte ("Parazentesen") nicht gleich wieder spontan verschließen. Und wenn man mal einen solchen "Glücksfall" hat, dass sich die Löcher nicht spontan verschließen, dann darf man sich darüber freuen, dann man keine Paukenröhrchen benötigt. Was sollte das auch für eine Strategie sein: In geschlossene Trommelfelle lege ich Paukenröhrchen, damit sie offen bleiben – und in offene Trommelfelle lege ich einen "Flicken", damit sie geschlossen werden und später wieder künstlich geöffnet werden müssen? Nein – erst einmal Ruhe bewahren!

Sollten die Perforationen nach dem 12. bis 14. Lebensjahr immer noch bestehen bleiben, dann kann man immer noch über einen operativen Trommelfellverschluss nachdenken.

Übrigens: Wenn jahrelange Belüftungsstörungen der Ohren zu Trommelfellperforationen führen (Stichwort "chronische Mittelohrentzündung") und die Paukenröhrchen eine Behandlung der Belüftungsstörungen sind, dann kann man auch annehmen, dass Paukenröhrchen Trommelfellperforationen verhindern. Wenn nach dem Herausfallen von Paukenröhrchen noch Löcher im Trommelfell verbleiben: Sind diese Löcher dann "wegen" der Paukenröhrchen entstanden oder "trotz" der Paukenröhrchen? Ich sage: Trotz der Paukenröhrchen!

Wenn wir heute alte Patienten sehen, die in den Kriegsjahren ihre Ohrprobleme hatten ohne die Möglichkeit, kleine Paukenröhrchen zu bekommen, dann sehen wir sehr häufig "verkrüppelte" Mittelohren: Große Löcher und Vernarbungen. Wenn wir heute junge Erwachsene sehen, die als Kinder mal für ein paar Jahre Paukenröhrchen bekommen haben, dann sehen wir vollkommen unauffällige Trommelfelle!

Ohr – Gleichgewichtsorgan

Schwindelgefühl – Ein Fall für die Hals-Nasen-Ohrenheilkunde?
Das Gleichgewichtssystem
Das Gleichgewichtssystem des Körpers ist ein sehr wichtiges Steuerungssystem! Es ist sozusagen unser "Navi"! Es steuert unsere Bewegung durch Raum und Zeit. Es sagt dem Gehirn,

welche Haltung der Körper einnimmt, ob er sich bewegt oder bewegungslos verharrt. Und nicht nur das: Das System registriert nicht nur, sondern reagiert auch! Schnellste Reaktionen auf kleinste Änderungen unseres Gleichgewichts sind gefragt, wenn wir aufrecht gehen und Stürze vermeiden wollen. Und auch für so banale Dinge wie das Greifen eines Apfels oder eines Bechers Wasser kommen wir ohne Gleichgewichtssystem nicht aus! Das Gehirn muss jederzeit genau wissen, wo sich unsere Hand befindet und ob sie auf dem richtigen Weg ist! Die Hand darf nicht schon zugreifen, wenn der Apfel noch in weiter Ferne liegt! Und sich darf nicht einfach weiter nach vorn schnellen und dabei den Becher Wasser umstoßen! Was sich so einfach anhört, ist in Wahrheit höchst kompliziert! Das Ziel ist klar und einfach. Der Weg dorthin nicht!

Wie schafft es das Gleichgewichtssystem, all diese Aufgaben zu erfüllen?

Das Gleichgewichtsorgan

Zuerst benötigt das Gleichgewichtssystem Messfühler – "Sensoren" -, die den "Ist-Zustand" feststellen. Fangen wir gleich beim wichtigsten Sensor an: Das Gleichgewichtsorgan (auch "Vestibularorgan" genannt) liegt direkt neben den Innenohren tief im Inneren des Schädels in einem dicken Knochen ("Felsenbein"). Und das ist der Grund, weshalb sich die HNO-Heilkunde überhaupt mit dem Gleichgewichtssinn beschäftigt! Wenn ich schreibe "Das Gleichgewichtsorgan" ist es eigentlich schon eine Vereinfachung! Es sind funktionell bereits zwei Gleichgewichtsorgane, die allerdings strukturell – anatomisch – als eine Einheit erscheinen. Der Aufbau des Gleichgewichtsorgans ist einigermaßen kompliziert; der Name "Labyrinth" deutet zweifelsohne darauf hin! Und dann ist das Organ auch noch doppelt vorhanden! Rechts und links! – Der erste Teil des Labyrinths ist für die sogenannten "Linearbeschleunigungen" zuständig und der zweite Teil für die sogenannten "Winkelbeschleunigungen". Anders ausgedrückt: Der erste Teil misst hauptsächlich die Erdanziehungskraft und der zweite Teil Drehbewegungen des Körpers.

Die Erdanziehungskraft wird in zwei kleinen Blasen gemessen, die lustige Namen haben: "Sacculus" und "Utriculus". In diesen kleinen Blasen befinden sich kleine wasserunlösliche Kristalle – Steinchen, sogenannte "Otolithe". Diese kleinen Steine haben die gleiche Tendenz wie große Steine: Sie fallen immer nach unten! Und bei Beschleunigungen jedweder Art (auch die Erdanziehung – "Gravitation" – ist eine Form von Beschleunigung) haben sie das Bestreben, möglichst in Ruhe zu verharren. Dabei zerren sie dann an kleinen Sinneshärchen und signalisieren dem Gehirn die Beschleunigung.

Für die Registrierung von Drehbewegungen – Winkelbeschleunigungen – sind die sogenannten Bogengänge zuständig. Bogengänge sind praktisch kreisförmige Schläuche, die mit Flüssigkeit ("Endolymphe") gefüllt sind und paarweise aufeinander senkrecht stehen. Man kann sich das an einer Zimmerecke veranschaulichen: Ein Schlauch liegt in der einen Eckwand, der andere in der anderen Eckwand und der dritte liegt im Boden. Dreht sich der Körper um die Achse eines Bogenganges, dann bleibt die Flüssigkeit aus Trägheitsgründen zurück: Genau wie die Otolithe hat nämlich auch die Endolymphe bei Beschleunigung das Bestreben, in Ruhe zu verharren! Und dabei zerrt sie an kleinen Sinneshärchen in der "Cupula" des Bogenganges so wie die Otolithe an kleinen Sinneshärchen in Sacculus und Utriculus zerren! Wenn das passiert, dann weiß das Gehirn über die Drehbewegung Bescheid!

Egal, um welche Achse der Körper rotiert: Mindestens ein Bogengang spricht auf die Drehbewegung an! Steht die Drehachse "schief", dann sprechen auch mehrere Bogengänge an. Aus den Meldungen aller drei Bogengänge errechnet das Gehirn die korrekte Drehachse und die korrekte Winkelbeschleunigung. Aber es sind auch noch viele andere Sensoren notwendig!

"Augenblicke" und Propriozeptive Sensoren
Unsere Augen zum Beispiel. Auch mit den Augen können wir Drehbewegungen wahrnehmen! Wir *sehen* sie einfach! Im Gegensatz zu den Gleichgewichtsorganen selbst, die nur *Beschleunigungen* wahrnehmen – "detektieren" – können, können unsere Augen auch die *Geschwindigkeit* sehen – wenn sie denn zum Vergleich auch etwas Unbewegtes, wie zum Beispiel eine Landschaft, sehen. Außerdem benötigen wir die Augen, um die Vertikale zu erkennen; Bäume stehen vertikal und Häuserwände auch! Straßenlaternen und Mobilfunkmasten – alle stehen sie vertikal.

Unsere Muskeln "füttern" das Gehirn ebenfalls mit Informationen! In den Muskeln gibt es kleine Messfühler für die Muskelspannung. Wenn ein Muskel aktiv kontrahiert wird, melden die "Muskelspindeln" das dem Gehirn. Wird ein Muskel passiv auseinandergezogen, melden die Muskelspindeln das auch! Drehe ich z. B. meinen Kopf nach rechts, dann meldet der rechte Kopfnickermuskel ("Musculus sternocleidomastoideus" – ja ich habe meine Anatomielektionen gelernt!), dass er sich aktiv kontrahieren muss und der linke Musculus sternocleidomastoideus meldet dem Gehirn, dass er sich gerade passiv auseinanderziehen lassen muss.

Sogar unsere Haut hilft mit! Beim Sitzen fühlt sie unser Körpergewicht auf der Sitzfläche und beim Stehen oder Gehen spürt sie es auf der Fußsohle. Fällt das Gefühl mal aus – wer hatte noch nie "eingeschlafene Füße"? – dann merkt man, wie unsicher man beim Stehen oder Gehen ist!

Sinnesorgane, die im Körper (Muskeln, Haut…) sitzen und die uns nicht über die Außenwelt, sondern die Körperinnenwelt informieren, nennt man auch "propriozeptive" Sensoren.

Nervenknoten und Stellglieder
Bis jetzt haben wir nur die Sensoren erwähnt! Zum Gleichgewichtssystem gehören aber auch noch Rechenzentren, die diese große Informationsflut auswerten und ausrechnen, wie jetzt unser Körper im Raum steht oder sich bewegt. Im Hirnstamm gibt es mehrere Nervenknoten ("Vestibulariskerne"), die kompliziert verschaltet sind und unermüdlich ausrechnen, wie unser Körper steht oder geht und was man tun muss, damit er nicht umfällt. Und dann muss es auch noch "Motoren" geben – "Stellglieder", – die Ausgleichsbewegungen durchführen! Diese "Motoren" sind natürlich unsere Muskeln!

Alle drei Teilsysteme – Sensoren, Rechenzentrum und Motoren – bilden zusammen das Gleichgewichtssystem: Geradezu ein "Orchester mit vielen Ohren, vielen Instrumenten und einem Dirigenten" unter den Funktionssystemen! Und das System funktioniert! Es funktioniert sogar ausgezeichnet! – Meistens wenigstens! Solange es gesund ist!

Nystagmus

Nehmen wir zum Beispiel eine einfache Drehung um unsere Körperlängsachse. Sobald wir uns drehen, würden wir, wenn die Augen unbeweglich im Kopf verankert wären, nur noch verschwommene Bilder sehen. Wir verlören sehr schnell die Orientierung. Keine Sorge – es passiert ja nicht! Unsere Bogengänge erfassen die Drehbewegung und melden sie an das Gehirn. Das Gehirn steuert sofort – sozusagen "online"! – die Augenmuskeln an. Die Augenmuskeln drehen nun die Augen mit der gleichen Drehgeschwindigkeit des Körpers in die *Gegenrichtung!* Schon bleibt das Bild auf der Netzhaut stabil! Okay – das kann jetzt nicht "ewig" so weitergehen: Irgendwann erreicht die Ausgleichsbewegung der Augen einen Endpunkt. Dann werden die Augen blitzschnell in die andere, die Drehrichtung, gezogen, sodass sie wieder einen langen Weg bis zum Endpunkt haben und für eine ganze Zeit erneut "langsam" in die Gegenrichtung bewegt werden können. Es erscheint dann natürlich nicht mehr dasselbe Bild auf der Netzhaut, aber wenigstens ist auch das neue Bild stabil! Und während die Augen "nach vorn" springen? In dieser kurzen Zeit ist das Bild total verschwommen auf der Netzhaut! Damit es uns nicht verwirrt, rechnet das Gehirn diese kurze Zeit des Verschwommensehens einfach heraus! Unser Gehirn macht uns für Bruchteile von Sekunden "blind", damit wir nicht stolpern! Faszinierend nicht wahr? – Übrigens: Stoppt die Drehung abrupt, dann kehrt sich die Nystagmusrichtung um!

Eine solche Augenzitterbewegung mit einer langsamen Komponente entgegen der Drehrichtung und einer schnellen Komponente in Drehrichtung nennt man "Nystagmus". Zeichnet man einen Nystagmus auf – Augenbewegungen nach rechts werden nach oben, Augenbewegungen nach links werden nach unten dargestellt -, so erscheint eine Zackenlinie mit schrägen dreieckigen Zacken! Diese Zackenlinie ähnelt einem Sägeblatt.

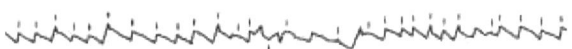

Rechtsnystagmus bei Rechtsdrehung, schnelle Komponente nach rechts (oben im Diagramm, mit Strichen markiert)

Linksnystagmus bei Linksdrehung, schnelle Komponente nach links (unten im Diagramm, mit Strichen markiert)

Je nachdem, ob ich mich nach rechts oder links drehe, läuft die Sägerichtung des Sägeblattes nach links oder rechts! Die Richtung des Nystagmus wird traditionell nach der schnellen Komponente benannt, obwohl die langsame Komponente die physiologisch sinnvolle ist: Die schnelle Komponente ist einfach am leichtesten erkennbar! Nystagmen kommen normalerweise nur bei Bewegungen vor. Auch bei einer linearen Bewegung kommen sie vor: Berühmt ist der sogenannte "Eisenbahn-Nystagmus", den man bei jeder Zugfahrt bei jedem Mitreisenden, der versonnen aus dem Fenster schaut, beobachten kann. Ist unser Körper in Ruhe, gibt es keine Nystagmen – es sei denn, das Gleichgewichtssystem ist erkrankt! Ruhenystagmen sind immer ein Zeichen einer Gleichgewichtsstörung!

Störungen und die Folgen

Unser Gleichgewichtssystem mit seinen zahlreichen Messfühlern ist sehr auf Sicherheit ausgelegt. Darin liegt aber auch eine gewisse Gefahr: Alle Messergebnisse müssen untereinander plausibel sein! Mathematisch gesprochen muss unser Gleichgewichtssystem ein Gleichungssystem mit vielen Unbekannten lösen. Es hat aber auch viele Gleichungen zur Verfügung – jeder Sensor liefert eine Gleichung -, die bei der Lösung helfen. Bleiben wir bei der mathematischen Betrachtung: Das Gleichungssystem ist "*überbestimmt*": Es stehen mehr Gleichungen (= Informationen) zur Verfügung als man für die Lösung benötigt. Das wiederum ist gut für die "Selbstheilung", wie wir weiter unten noch sehen werden!

Aber: Auch, wenn das Gleichgewichtssystem gewissermaßen "luxuriös" mit Informationen versorgt wird, sollten diese Informationen in sich widerspruchsfrei sein! Unser Gehirn erwartet das – zu Recht! Wir können nur auf eine Weise im Raum stehen – nicht auf zwei Weisen gleichzeitig! Wenn sich unser Kopf nach rechts dreht, kann er sich nicht gleichzeitig auch nach links drehen. Wenn wir uns langsam hinlegen, können wir uns nicht gleichzeitig auch schnell hinlegen!

So simpel diese Erkenntnis auch ist: Sie setzt gesunde Sensoren, gesunde Motoren und ein gesundes Rechenzentrum voraus! Es ist wie im richtigen Leben: Je mehr Einzelteile eine Maschine hat, desto eher kann auch mal etwas kaputtgehen! Ist zum Beispiel die Durchblutung in einem der beiden Gleichgewichtsorgane gestört, dann kann dieses Gleichgewichtsorgan nicht mehr richtig messen. Das Gehirn bekommt nun zwei Messwerte mitgeteilt: einen korrekten Messwert aus dem gesunden und einen falschen Messwert aus dem kranken Labyrinth. Beide Messwerte widersprechen sich! Das Gehirn ist – zunächst mal – völlig verwirrt! Genau diese Verwirrung ist es, die wir als "Schwindel" empfinden! Je größer der Widerspruch ist, desto heftiger ist der Schwindel. Bei großen Diskrepanzen zwischen den Messwerten treten auch noch sogenannte "vegetative Symptome" auf – dazu zählen Übelkeit, Erbrechen und Kaltschweißigkeit.

Paradebeispiel "Seekrankheit" und "Reisekrankheit" ("Kinetose")

Widersprüche zwischen den Messergebnissen mehrerer Sensoren kommen aber durchaus auch bei Gesunden vor. Gesundheit schützt nicht vor Schwindel! Nehmen wir als Beispiel die "Seekrankheit". Ein Passagier, der sich unter Deck aufhält, spürt in seinen Gleichgewichtsorganen die Schiffsbewegungen – die Labyrinthe reagieren ja auf Beschleunigungen. Gleichzeitig signalisieren die Augen des Passagiers aber seine absolute Ruhe! Dieses Signal aus den Augen ist natürlich falsch! Es entsteht lediglich dadurch dass sich der Raum – das Schiff – in gleichem Maße bewegt wie der Passagier! Die *Relativbewegung* zwischen Schiff und Passagier ist null – und nur die hätten die Augen wahrnehmen können! Die *Absolutbewegung* des Passagiers ist natürlich nicht null – und genau das merken die Labyrinthe. Bei starkem Wellengang kann die Diskrepanz zwischen Augensignal und Labyrinthsignal so groß sein, dass vegetative Symptome auftreten! Bei der Reisekrankheit verhält es sich ganz ähnlich. Der Fahrer eines Wagens spürt seine eigene Bewegung und sieht sie auch. Er wird nicht reisekrank. Die Fahrgäste auf der Rückbank können die Straße als Bezugspunkt nicht so gut sehen – besonders, wenn sie während der Fahrt lesen oder spielen. Sie spüren den Widerspruch zwischen den Informationen aus den Labyrinthen und denen aus den Augen: Es kommt zur Reisekrankheit.

Zum Glück haben Schwindelgefühle normalerweise die Tendenz, im Laufe der Zeit schwächer zu werden oder sogar ganz zu verschwinden. Natürlich ist der Schwindel sofort vorbei, wenn die Schwindelursache beseitigt ist. Aber selbst, wenn die Ursache nicht zu beseitigen ist, lässt der Schwindel meistens trotzdem nach. Das ist zwar sehr schön, wirft aber Fragen auf: Warum lässt der Schwindel nach? Was passiert da?

Es liegt an unserem Rechenzentrum! Am Gehirn! Das Gehirn ist unser einziges Organ, das nicht dumm ist! Unser Gehirn ist "plastisch". Es kann sich selbst programmieren! Es ist lernfähig! Bei den meisten Menschen jedenfalls…

"Anti-Schwindel-Training"
Stellen Sie sich folgende Situation vor: Sie haben zwei Uhren am Handgelenk. Eine Uhr zeigt 15:10 Uhr an, die andere 18:52 Uhr. Tja – jetzt sind Sie verwirrt! Vermutlich geht eine Uhr richtig und die andere falsch. Aber welche Uhr geht richtig? Sie grübeln über diese Frage nach, die Zeit verrinnt und Sie grübeln immer noch. Irgendwann stellen sich "ganz von allein" Erkenntnisse ein: Jetzt wird es draußen hell, jetzt wird es draußen dunkel, jetzt habe ich Hunger und jetzt bin ich müde. Und wenn Sie diese Situationen mit den Uhren abgleichen, dann wissen Sie welche Uhr richtig geht und welche falsch!

"Abgleich" ist das Zauberwort! Wenn im Gleichgewichtssystem ein Sensor ausgefallen ist oder erkrankt ist, dann ist es nur eine Frage der Zeit, bis dass Gehirn das herausfindet! Das Gehirn gleicht ständig alle Informationen aus allen Sensoren ab und stellt irgendwann fest, dass "alle bis auf einen" der Sensoren ein plausibles Bild liefern. Nur ein einziger Sensor liefert Informationen, die nicht in dieses Bild passen. Damit ist der Sensor identifiziert. Anschließend ist es ein Leichtes für das Gehirn, den Istwert aus dem fehlerhaften Sensor mit dem Erwartungswert aus allen anderen Sensoren zu vergleichen und einen entsprechenden Korrekturausgleich vorzunehmen. Diesen "Selbstheilungsmechanismus" nennt man *zentrale Kompensation*. Das Gehirn kompensiert in seiner Zentrale einen Fehler, der in der Peripherie aufgetreten ist. Genial! – Die Möglichkeit der *"zentralen Kompensation"* ist nur gegeben, weil das oben erwähnte mathematische Gleichungssystem mit den vielen Unbekannten und noch mehr Gleichungen *"überbestimmt"* ist:

Fällt eine Gleichung (ein Sensor) aus, dann lässt sich die Lösung durch die restlichen Gleichungen immer noch eindeutig bestimmen!

Kann man den Mechanismus der zentralen Kompensation therapeutisch beeinflussen? Also beschleunigen? Damit der Schwindel schneller verschwindet?

Man kann! Die Therapiemethode heißt "Anti-Schwindel-Training"! Jawohl, man kann Schwindel wegtrainieren! Was muss man tun, um den Schwindel wegzutrainieren? Welche Bewegungen sind richtig und geeignet? Knappe Antwort: Alle Bewegungen, die zu einem Schwindelgefühl führen, sind geeignet, den Schwindel wegzutrainieren! "Leider" ist es so: Wenn man den Schwindel im Training besiegen will, dann muss man Bewegungen ausführen, bei denen Schwindel auftritt. Ich weiß: Jeder Schwindelpatient "fährt" eine "Vermeidungsstrategie". Schwindelauslösende Bewegungen werden vermieden. Das ist aber nicht sinnvoll: Die zentrale Kompensation dauert dann nur um so länger! Mit anderen Worten: Man kann seinen Schwindel nicht wegtrainieren, indem man Briefmarken sammelt...

Wenn ein Gewichtheber trainiert, dann hilft es nicht weiter, wenn er Bleistifte und Radiergummis hochhebt. Es muss schon eine Hantel sein! Während des Trainings muss sich der Sportler "schlapp" fühlen – sonst ist es kein Training. Den Trainingserfolg merkt der Sportler nicht daran, dass seine "Schlappheit" zurückgeht, sondern daran, dass er immer schwerere Hanteln verwenden muss, damit sich dieses Gefühl der Schlappheit einstellt.

Und wenn man seinen Schwindel wegtrainieren will, dann hilft es nicht, die schwindelauslösenden Bewegungen so langsam durchzuführen, dass erst gar kein Schwindel auftritt. Nein – es muss schon Schwindel auftreten, sonst ist kein Trainingsreiz vorhanden! Der Schwindel muss nicht heftig sein – vegetative Symptome wie Übelkeit oder gar Erbrechen sind für den Übungsfortschritt nicht erforderlich. Aber es muss ein Schwindel sein! Den Trainingserfolg kann man nicht am Schwindelgefühl ablesen, das bei der Übung auftritt, sondern daran, dass die Bewegungen, die den Schwindel auslösen, immer schneller werden müssen, um überhaupt einen Schwindel hervorzurufen! Wenn für die Auslösung eines Schwindels der Trainingsreiz so heftig sein muss wie er im täglichen Leben überhaupt nicht vorkommt – dann ist man im täglichen Leben wieder schwindelfrei.

Klar: Wird der Reiz wieder stärker, stellt sich auch wieder Schwindel ein! Wir kennen das alle: Fahrgeschäfte auf der Kirmes bieten gegen Geld "Trainingsreize" an, die ziemlich sicher zum Schwindelgefühl führen! Aber auch bei den Fahrgeschäften gilt: Bei regelmäßigem Training mit derart hohen Trainingsreizen, wird das Schwindelgefühl während der Fahrt immer schwächer. Und auch Seefahrer werden nach jahrelangem Seefahren nicht mehr seekrank! Seekrankheit ist etwas für Landratten!

Und jetzt klärt sich auch das Fragezeichen aus der Überschrift auf: Schwindelgefühl ist nur dann ein Fall für die HNO-Heilkunde, wenn es ungewollt und krankhaft auftritt! Leute, die sich ein Schwindelgefühl gegen Geld einkaufen (Kirmes) benötigen weder unsere Hilfe noch unser Mitleid...

Gleichgewichtsuntersuchung

Schwindelgefühle kommen häufig vor! Alle Organe – Sinnesorgane, Nerven, Gehirn, Muskeln – die am Gleichgewichtsgefühl beteiligt sind, können im Falle ihrer Störung zu Beeinträchtigungen des Gleichgewichtsgefühls führen. Dementsprechend vielfältig sind die Krankheiten, die Schwindelgefühle verursachen können. Und dementsprechend vielfältig sind auch die notwendigen Untersuchungsmethoden.

Ein großer Teil der Schwindelerkrankungen hat Ursachen, die nicht in den Gleichgewichtsorganen selbst liegen. Jeder weiß, dass man zum Beispiel bei zu niedrigem Blutdruck schwindelig werden kann! Grundsätzlich können alle Stoffwechselerkrankungen zu Schwindel führen. Herzkrankheiten, Hormonstörungen, Erkrankungen des Nerven- und Muskelsystems auch. Besonders im Sommer kommt es immer wieder zu Schwindelbeschwerden, weil viele Leute einfach zu wenig trinken! – Diese genannten Erkrankungen gehören nicht zur HNO-Heilkunde und müssen in den entsprechenden Fachrichtungen untersucht und behandelt werden.

Aber bei einem wichtigen Teil der Schwindelerkrankungen liegen die Ursachen in den Gleichgewichtsorganen selbst! Und da die Gleichgewichtsorgane an die Innenohren angekoppelt sind und sich sogar den "Hör- und Gleichgewichtsnerven" ("Nervus stato-acusticus") teilen, ist die HNO-Heilkunde normalerweise die erste Anlaufstation bei Schwindelerkrankungen.

Gleichgewichtsorgan, Vestibularorgan

Die Gleichgewichtsorgane haben zwei Messsysteme. Ein Messsystem besteht aus zwei kleinen "Blasen", die aufeinander senkrecht stehen. Diese "Blasen" haben lustige Namen: "Sacculus" und "Utriculus". In ihnen befinden sich kleine Steinchen ("Otolithe", Kristalle), die der Schwerkraft folgend nach unten sinken und dabei kleine Sinneshärchen in Richtung Erdmittelpunkt auslenken. Dieses System wird dementsprechend auch "Otolithensystem" oder "Otolithenapparat" genannt. Dann gibt es noch drei nahezu kreisförmig gebogene "Bogengänge". In den Bogengängen befindet sich eine träge Flüssigkeit – "Endolymphe" – die bei Drehungen in ihrer Trägheit verharren "will" und dabei ebenfalls Sinneshärchen auslenkt. Die drei Bogengänge stehen jeweils paarweise aufeinander senkrecht, sodass jede Drehbewegung – egal wie die Drehachse im Raum liegt – eine Kombination aus einem oder mehreren Bogengängen anspricht und somit absolut sicher identifiziert werden kann. Dieses Messsystem wird entsprechend "Bogengangsystem" genannt. Der Otolithenapparat misst – physikalisch gesprochen – "Linearbeschleunigungen" und das Bogengangsystem misst – physikalisch gesprochen – "Winkelbeschleunigungen".

Wie kann man als Arzt in diesem "Dschungel" unzähliger möglicher Ursachen sein Ziel – die richtige Diagnose – finden? Wie immer in der Medizin – und nicht nur dort! – gibt es meistens ein passendes "Handwerkszeug".

Diagnostik

Ein wichtiger Teil der Informationsgewinnung ist die Krankengeschichte, die "Anamnese". Allein aus der Beschreibung des Schwindels kann man schon ziemlich gut erkennen, welche Erkrankungen in Frage kommen und welche nicht. Eine – wichtige! – Einteilung der Schwindelgefühle in "systematische" und "nicht-systematische" Schwindelformen bringt uns der Diagnose schon sehr viel näher! Wenn zum Beispiel einer der Bogengänge nicht richtig funktioniert, dann treten Störungen auf bei allen Drehungen, die die Achse des gestörten Bogenganges ansprechen. Die Folge ist ein "Drehschwindel". Je nach betroffenem Bogengang kann die Drehrichtung des Drehschwindels variieren. Und wenn die Störung im Otolithenapparat liegt, dann hat man Probleme auch dann, wenn man sich nicht dreht! Dann hat man plötzlich das Gefühl, die Vertikalen seien nicht mehr vertikal und der Boden stehe schief. Oder man hat das Gefühl, mit dem Aufzug aufwärts oder abwärts zu fahren. "Dreh-, Schwank- oder Liftschwindel" gehören zu den "systematischen" Schwindelformen. "Nicht-systematische" Schwindelformen wie z. B. allgemeine Unsicherheitsgefühle, Benommenheitsgefühle, Gefühle wie "auf Watte gehen" oder "auf Wolken schweben", "Sternchensehen", "Schwarzwerden vor Augen" oder gar Bewusstlosigkeiten haben meistens Ursachen, die nicht in den Gleichgewichtsorganen liegen.

Auch der zeitliche Ablauf ist von wesentlicher Bedeutung. Durchblutungsstörungen (z. B. die "Neuritis vestibularis" oder der "Morbus Menière") im Gleichgewichtsorgan sind länger anhaltend als zum Beispiel rein mechanische Störungen ("Benigner paroxysmaler Lagerungsschwindel"). Auch lassen sich Durchblutungsstörungen meistens nicht durch falsche Bewegungen auslösen (es gibt Ausnahmen!), mechanische Störungen wie beim benignen paroxysmalen Lagerungsschwindel aber schon. Auch Störungen des venösen Blutrückflusses in den Beinen ("Orthostase-Syndrom") lassen sich durch bestimmte Bewegungen auslösen.

Und dann folgen die eigentlichen Untersuchungen!

Nystagmus
Bei einem Drehschwindel hat man also das Gefühl, als drehe man sich im Raum. Da man sich tatsächlich jedoch in Ruhe befindet, handelt es sich um eine *scheinbare* Drehung. Nichtsdestoweniger empfindet das Gehirn diese *scheinbare* Drehung als *real*. Das Gehirn führt die Augen den *vermeintlich* aus dem Blickfeld laufenden Gegenständen nach, wodurch es zu einer Augenbewegung kommt. Dieses "Nachführen" der Augen geschieht bei Gesunden sehr schnell! Es ist ein Reflex: "Vestibulo-Oculärer-Reflex" ("VOR" – Reflex von den Bogengängen zu den Augenmuskeln). Natürlich können sich die Augen nicht im Kopf um einen vollen Kreis drehen: irgendwo ist ein Endpunkt, der nicht überschritten werden kann. An diesem Endpunkt werden die Augen blitzschnell zurückgeführt und die langsamere Nachführbewegung der Augen beginnt von vorn. Diese "Augenzitterbewegung" mit einer langsamen (= physiologischen) Komponente und einer schnellen (= Rückstellbewegungs-) Komponente nennt man "Nystagmus": wir haben den Nystagmus bereits weiter oben beschrieben.

Die Untersuchung der Nystagmen ist also ein wichtiger Bestandteil jedweder Untersuchung der Gleichgewichtsorgane. Liegt überhaupt ein Ruhenystagmus ("Spontannystagmus") vor? Oder kann man einen Nystagmus durch bestimmte Bewegungen provozieren? Reagieren die Gleichgewichtsorgane auf Drehbewegungen – oder überhaupt! – seitengleich oder seitendifferent mit der "Produktion" eines Nystagmus?

Und wie kann man das alles untersuchen?

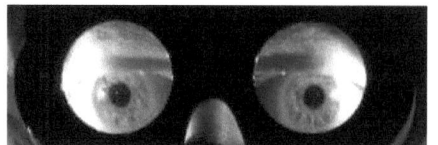

Nystagmusuntersuchung mit Frenzelbrille

Es geht ganz einfach – und es geht auch komplizierter (aber dafür genauer)!

Bei der einfachen Untersuchung schaut man sich die Augen der Patienten einfach an: Haben sie einen Nystagmus oder nicht? Da sich Nystagmen unterdrücken lassen (durch Fixation eines festen Bildpunktes mit den Augen), muss man eine Fixation ausschließen. Außerdem hat man als Arzt mit bloßen Augen Schwierigkeiten, kleine Nystagmen zu erkennen. Schon vor langer Zeit hat deshalb Professor Dr. Frenzel eine Brille entwickelt, mit deren Hilfe man gut Nystagmen untersuchen kann. Die *Frenzelbrille* hat dicke Gläser von + 15 Dioptrien. Bei dieser Brillenstärke kann kein Patient einen festen Punkt im Raum fixieren. Gleichzeitig sieht der Arzt die Nystagmen durch ein Vergrößerungsglas von 15 Dioptrien. Und dann ist die Brille von innen noch beleuchtet! Man kann also den Untersuchungsraum etwas abdunkeln, sodass die Patienten erst recht nichts aus der Umgebung erkennen können und gleichzeitig sieht der Arzt auf die beleuchteten Augen! Eine geniale Erfindung!

Computernystagmograph (CNG)

In neuerer Zeit gibt es technische Methoden, die die Nystagmusuntersuchung und -auswertung erleichtern. Etwas älter ist die Methode, elektrisch Nystagmen aufzuzeichnen: Unsere Augen sind kleine elektrische Dipole – also vergleichbar kleinen Batterien. Mit Geräten, die ähnlich funktionieren wie ein EKG kann man die Nystagmen registrieren. Diese Untersuchung heißt dann entsprechend *"Elektronystagmographie"* und wird "ENG" abgekürzt. Moderner ist die Erfassung der Augenbewegungen unter einer Abdunkelung mit Hilfe einer kleinen Infrarotkamera. Diese Untersuchungsmethode heißt *"Videookulographie"* und wird "VOG" abgekürzt. Wird der Nystagmusbefund anschließend noch durch Computer analysiert, dann spricht man von *"Computer-Nystagmographie"* ("CNG").

Neben den Untersuchungen auf Spontan- und Provokationsnystagmus möchte man aber gerne noch die Funktion der Gleichgewichtsorgane ("Labyrinthe") testen. Der natürlichste Test besteht darin, dass man die Patienten dreht. Am besten auf einem Drehstuhl. Am besten mit einem Elektromotor. Am besten noch mit elektronischer Regelung, sodass die Drehbeschleunigung und die Drehgeschwindigkeit exakt einzustellen sind. Bei einer Drehung nach rechts werden die Augen langsam nach links geführt und die schnelle Rückstellbewegung ist dann wieder nach rechts – also in Drehrichtung. Eine Drehung nach rechts macht einen Nystagmus nach rechts. Eine Drehung nach links macht einen Nystagmus nach links. Beim plötzlichen Anhalten des Drehstuhls kehren sich die Nystagmen um.

Bei einer "normalen" Drehstuhluntersuchung werden aber immer beide Gleichgewichtsorgane gemeinsam geprüft! Es ist dann nicht möglich herauszufinden, welches der beiden Labyrinthe gestört ist. Allerdings ist es sehr wohl möglich herauszufinden, ob die Rechts- und die Linksnystagmen in der Stärke gleich oder unterschiedlich sind. Unterschiedliche Stärken deuten auf Störungen in den höheren Rechenzentren des Gleichgewichtssystems hin. Will man auch noch die Labyrinthe einzeln testen, dann ist ein viel größerer Aufwand bei den Drehstühlen erforderlich! Dann muss man die Drehachse außermittig ("exzentrisch") legen! Am besten stellt man die Drehstühle so ein, dass die Drehachse genau in einem Labyrinth liegt! Derartig aufwändige Drehstühle sind teuer und deshalb in HNO-Praxis praktisch nie vorhanden. Es sind Untersuchungsmethoden, die speziellen HNO-Kliniken (mit Schwerpunkt "Schwindeldiagnostik") bzw. Universitätskliniken vorbehalten sind.

Aber es geht auch einfacher!

Thermische (kalorische) Vestibularisprüfung

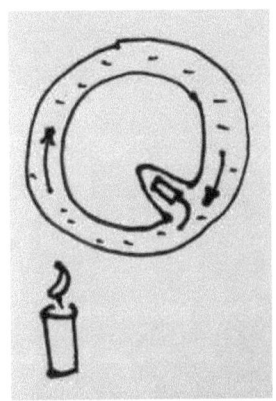

Aus dem Physikunterricht der Mittelstufe wissen wir noch, dass warme Flüssigkeiten aufsteigen und kalte Flüssigkeiten absinken! Wenn ein liegender Patient seinen Kopf um 30 ° anhebt, dann steht sein "horizontaler Bogengang" senkrecht. Führen wir dann dem Gleichgewichtsorgan Wärme zu (warmes Wasser, warme Luft), dann steigt die Flüssigkeit im äußeren Bogengangsanteil auf und im inneren Bogengangsanteil ab. Das Gehirn kann diesen thermischen Reiz nicht von einer Drehbewegung in Richtung des geprüften Ohres unterscheiden: Es entsteht in beiden Fällen ein Nystagmus in Richtung des geprüften Ohres! Kühlen wir das Gleichgewichtsorgan ab, dann kehrt sich die Nystagmusrichtung um. Es gilt ein einfacher Merkspruch: Beim H̲eißreiz schlägt der Nystagmus in die g̲leiche Richtung, beim K̲altreiz in die a̲ndere Richtung. Da wir zwei Gleichgewichtsorgane haben und jedes Gleichgewichtsorgan einmal warm und einmal kalt gereizt werden kann, haben wir 4 verschiedene thermische Untersuchungen zur Verfügung, die relativ einfach durchzuführen sind und die – besonders in Kombination mit automatischen Aufzeichnungsverfahren wie "ENG" und "VOG" – gute Diagnosemöglichkeiten bieten!

Man kann zum Beispiel sehr gut Seitendifferenzen zwischen den Labyrinthen erkennen und feststellen, welches Labyrinth das schlechter erregbare – kranke – Labyrinth ist. Aber ebenso gut kann man erkennen, ob die Rechtsnystagmen stärker sind oder die Linksnystagmen! Und man kann erkennen, ob das "Richtungsüberwiegen" einer Nystagmusrichtung auf eine "Enthemmung" der überwiegenden Nystagmen oder eine "Hemmung" der anders gerichteten Nystagmen beruht! Und das alles lässt wiederum Rückschlüsse auf die Läsionen zu und auf den Ort der Schädigung.

Um die Nystagmusstärke zu beurteilen, hat man drei verschiedene Messwerte zur Verfügung. Man kann die *"Nystagmusfrequenz"* bestimmen: das ist die Zahl der Nystagmusschläge in den 30 Sekunden, in denen die Reaktion am heftigsten ist. Dann kann man noch die *"Geschwindigkeit der langsamen Phase"* *("GLP")* bestimmen: der Wert wird in Grad pro Sekunde (°/s) angegeben. Und man kann die sogenannte *"Gesamtamplitude"* bestimmen: das ist die Augenabweichung insgesamt, wobei die Nystagmusrücksprünge herausgerechnet werden und so eine freie Drehmöglichkeit der Augen im Kopf simuliert wird. Trägt man die Messwerte des rechten Ohres links und die des linken Ohres rechts ein, dann hat man die gleiche Situation, wenn man dem Patienten gegenübersitzt und der Patient den Arzt anschaut. Trägt man dann noch die Warmreizung rechts und die Kaltreizung links nach oben ein – und die beiden anderen nach unten – dann zeigen die Rechtsnystagmen nach oben und die Linksnystagmen nach unten. Wenn wir jetzt noch die 4 Normbereiche der 4 thermischen Reizungen grau einfärben, dann haben wir das berühmte "Schmetterlings-Schema" – ganz einfach, weil es ein bisschen wie ein Schmetterling von oben aussieht.

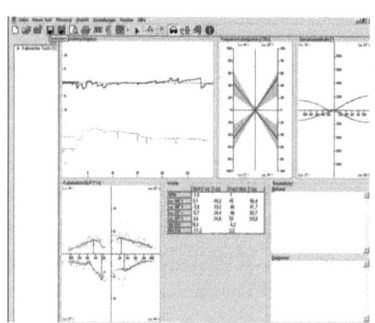

Normaler Nystagmusbefund bei der VOG

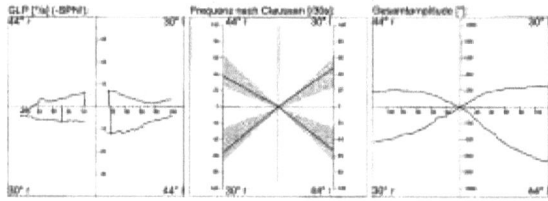

Schmetterlings-Schema: Normbefund

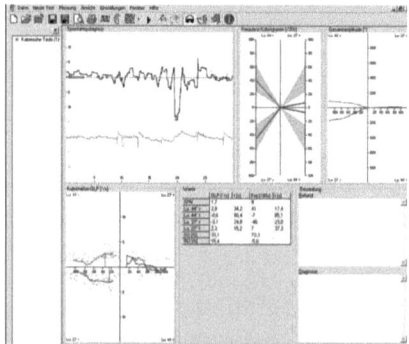

Computernystagmographie (CNG): Labyrinthausfall links

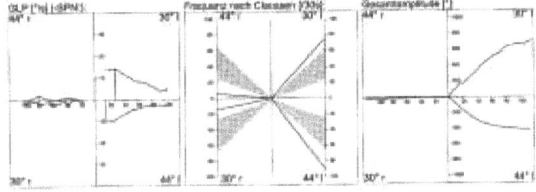

Schmetterlings-Schema: Ausfall des rechten Labyrinths

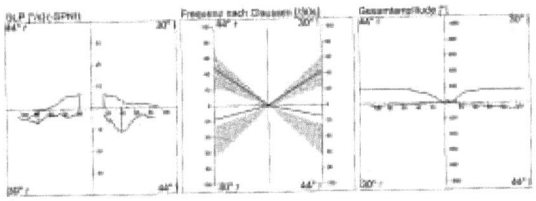

Schmetterlings-Schema: Hemmungsrichtungsüberwiegen nach rechts

Kopfimpulstest (KIT) nach Halmagyi

Eine moderne Untersuchungsmethode der Bogengänge nutzt den "Vestibulo-Oculären-Reflex" genial aus! Eine kurze, schnelle Kopfdrehung zur Seite ("Kopfimpuls") aktiviert sofort den entsprechenden Bogengang und dieser wiederum die entsprechenden Augenmuskeln. Die Augen springen sofort zurück zum Ausgangspunkt. Das geschieht bei Gesunden so schnell, dass das Auge des Untersuchers diesen Vorgang nicht beobachten kann. Ist ein Bogengang ausgefallen, dann ist der Reflex unterbrochen. Eine kurze, schnelle Kopfdrehung zur kranken Seite wird nicht "reflektorisch" ausgeglichen: Die Augen des Patienten drehen sich mit dem Kopf und schauen anschließend in eine andere Richtung. "Irgendwann" (nach ein paar "langen" Millisekunden!) merkt das Gehirn des Patienten, dass sich das Bild geändert hat. Der Punkt, den die Augen fixieren sollten, ist verschwunden! Jetzt beginnt eine Art "Suchvorgang": Die Augen springen etwas zurück, in der Hoffnung, den Punkt wiederzufinden. War die Rückstellbewegung zu klein, wiederholt sich der Vorgang: Optische Kontrolle, Rücksprung, optische Kontrolle, Rücksprung ... Erstens ist dieser ganze Vorgang viel langsamer als die reflektorische Bildstabilisierung durch den VOR und zweitens kann der Untersucher die vielen kleinen Zitterbewegungen der Augen oftmals sehen: sie heißen "Saccaden" (eigentlich sind Saccaden auch Nystagmen, aber beim VOR hat sich der Name "Saccaden" eingebürgert). Saccaden, die man als Untersucher sehen kann, heißen "ouvert" Saccaden (= offen sichtbar). Es gibt aber auch Saccaden, die so schnell sind und derartig vom Kopfimpuls überlagert sind, dass man sie nicht sehen kann, heißen "covert" Saccaden. Covert Saccaden kann man nur technisch sichtbar machen.

Ein technisches Untersuchungsgerät, welches die Saccaden der Augen nach einem Kopfimpuls messen kann, muss hohe Ansprüche erfüllen! Erstens muss es eine Kamera besitzen, um die Saccaden aufzeichnen zu können. Diese Kamera muss schnell sein: 24 Bilder pro Sekunde reichen nicht! Es müssen mehr als 150 Bilder pro Sekunde sein! Zweitens muss der Kopfimpuls gemessen werden. Dazu benötigt man "Gyroskope" (Beschleunigungsmessgeräte, wie sie u. a.

auch in Navigationsgeräten oder modernen Smartphones verbaut sind). Die "normalen" Gyroskope reichen nicht aus: Sie sind zu langsam! Auch das Gyroskop muss den Kopfimpuls etwa 150 mal pro Sekunde messen. Lange Zeit gab es weder derartige Kameras noch derartige Gyroskope. Inzwischen gibt es sie und die modernen Messgeräte für den "Kopfimpulstest nach Halmagyi" ("KIT" oder englisch "HIT" für "head impulse test") haben Einzug in die Vestibularisdiagnostik gehalten. Die statistischen Methoden, um aus mehreren Einzelmessungen sichere Ergebnisse – und keine Zufallsergebnisse! – zu liefern, sind schon länger im Einsatz; allerdings: Ohne Computer geht es nicht!

Endlich können wir die Reflexantworten (oder eben das Fehlen derselben) des VOR mit dem KIT registrieren und diagnostische Hinweise erhalten. Von besonderem Vorteil ist es, dass nicht nur die beiden horizontalen Bogengänge einzeln überprüft werden können, sondern auch die beiden vorderen vertikalen und die beiden hinteren vertikalen Bogengänge. Die 6 Bogengänge (3 pro Seite) heißen RL (rechts lateral = rechts seitlich = rechts horizontal), LL (links lateral), RA (rechts anterior = rechts vorn), LA (links anterior), RP (rechts posterior = rechts hinten) und LP (links anterior). Dabei stehen immer zwei Bogengänge aus beiden Gleichgewichtsorganen parallel zueinander und alle drei Bogengänge einer Seite stehen paarweise aufeinander senkrecht. Es ergeben sich drei Ebenen, die von den Bogengängen "auf Drehbewegungen überwacht" werden. Die Ebenen heißen RLLL, RALP und LARP. – Die Namen verdeutlichen noch mal, dass der rechte vordere (RA) Bogengang und der linke hintere (LP) parallel verlaufen: RALP. Und der linke vordere Bogengang verläuft zum rechten hinteren Bogengang parallel: LARP. Kopfimpulse in jeder dieser 3 Ebenen können Defizite in jedem einzelnen der 6 Bogengänge entdecken!

Den Gleichgewichtsnerv kann man übrigens auch noch durch Hörprüfungen untersuchen: Wie wir oben schon gelesen haben, teilen sich ja Innenohr und Labyrinth den Nerven! Eine Erkrankung des Nerven wirkt sich meistens auch auf das Hörvermögen aus!

Und hohe Lautstärken können sogar direkt das Labyrinth reizen! Bei hohen Lautstärken zucken die Halsmuskeln reflektorisch etwas zusammen; dieser Reflex wird nicht vom Innenohr, sondern vom Labyrinth ausgelöst. Auch diesen Reflex kann man elektrophysiologisch (wie bei einer BERA-Untersuchung) untersuchen. Die Reflexantworten heißen "VEMP" ("Vestibulär evozierte myogene Potenziale"). Für die VEMPs sind spezielle Untersuchungsgeräte erforderlich.

Die moderne HNO-Medizin bietet insgesamt ein großes Arsenal an Untersuchungsmethoden – insbesondere auch für das Gleichgewichtssystem. Einige dieser Methoden sind so aufwändig, dass sie nur in auf Gleichgewichtsstörungen spezialisierten Praxen, Kliniken oder Universitätskliniken angeboten werden. Die hier vorgestellten Methoden sind nicht alles, was wir haben! Aber diese Methoden reichen für die allermeisten Fälle aus!

Wenn Sie einen Termin für die Vestibularisprüfung bekommen haben:
Der Zeitbedarf für diese Untersuchung ist nicht gering: Jede thermische Reizung dauert 30 Sekunden und anschließend wird noch über eine Zeitdauer von 2 Minuten der Nystagmus auf-

zeichnet. Bei insgesamt 4 thermischen Reizungen (zwei Seiten mit je zwei Temperaturen) sind das allein 10 Minuten Untersuchungsdauer. Man kann aber die Reizungen nicht unmittelbar hintereinander durchführen: Schließlich brauchen die Gleichgewichtsorgane noch einige Minuten, um wieder in den Ausgangszustand zurück zu gelangen. Außerdem haben wir schon gesagt, dass eine Hörprüfung zur Gleichgewichtsprüfung gehört. Auch die Hörprüfung braucht Zeit. Wenn man sicherheitshalber dann noch ein paar Minuten Wartezeit einkalkuliert, dann kommt man auf einen Zeitbedarf für die Vestibularisprüfung von einer bis eineinhalb Stunden allein für eine Patientin / einen Patienten. Allein schon aus organisatorischen Gründen ist es also nicht möglich, quasi "notfallmäßig" jeden Patienten mit akutem Schwindel sofort mit einer thermischen Vestibularisprüfung zu untersuchen; es gibt aber noch viel gewichtigere Gründe, die in der zu hohen Patientenbelastungen einer thermischen Untersuchung im Schwindelanfall liegen. Ist das schlimm? Nein! Bei akutem Labyrinthausfall sieht man ja einen Spontannystagmus – und der allein kann schon zur Diagnose führen! Außerdem haben wir ja noch den Kopfimpulstest ("KIT"), den man auch im akuten Schwindelanfall durchführen kann!

Und noch eine Bitte: Kommen Sie bitte ohne Restalkohol zur Gleichgewichtsprüfung! Sie wissen ja vielleicht, dass man unter Alkoholeinfluss ziemlich gut torkeln kann. Es wäre ja zu ärgerlich, wenn Sie als Untersuchungsergebnis einen nicht zu verwertenden Phantasiebefund erhielten...

Gutartiger anfallsweise auftretender Lagerungsschwindel

Beim gutartigen (= „benignen") anfallsartig auftretenden (= „paroxysmalen") Lagerungsschwindel (BPL) handelt es sich um einen Anfallsschwindel, der besonders bei schnellen Lagewechseln auftritt. Die Ursache liegt im Gleichgewichtsorgan tief im Schädelinneren. Dort befinden sich die flüssigkeitsgefüllten Bogengänge, die jede Kopfdrehung registrieren. Neben den Bogengängen, die die Kopfdrehungen messen, gibt es noch zwei kleine zentrale Blasen ("Sacculus" und "Utriculus") im Gleichgewichtsorgan, in der die Erdanziehungskraft gemessen wird. Hierzu benötigt das Gleichgewichtsorgan kleine "Gewichte" (Steinchen, Kristalle, "Otolithe": Weil diese stets nach unten fallen, "weiß" das Gleichgewichtsorgan, wo unten ist!). Gelangen nun einige dieser Otolithe in einen Bogengang, dann entsteht ein BPL. Bei der Kopfdrehung um die Achse des betroffenen Bogenganges fallen die Otolithe im sich drehenden Bogengang ständig nach unten, bis sie an der tiefsten Stelle liegen bleiben. Während des Fallens treiben sie die Bogengangsflüssigkeit zusätzlich an, so dass das Gehirn einen völlig falschen – viel zu starken! – Eindruck von der Schnelligkeit der Kopfdrehung bekommt! Da die Otolithe meistens nur in einem der beiden Gleichgewichtsorgane Unruhe stiften, ist das Gehirn ziemlich verwirrt, wenn es für eine einzige Bewegung *zwei* sich widersprechende Messwerte erhält!

Wieso gelangen die Otolithe überhaupt in einen Bogengang? Erste Voraussetzung ist, dass sich die Otolithe mechanisch aus dem Gelkissen lösen. Bei einem trockenen Gelkissen passiert das leichter! Zweitens muss der Kopf außerdem eine bestimmte Bewegungsfolge durchführen, damit die Steinchen im Bogengang landen. Meistens ist der hintere vertikale Bogengang betroffen, weil er etwas tiefer liegt als die anderen beiden!

Man kann den Schwindelspuk vertreiben, wenn man diese Bewegung rückwärts laufen lässt! Sie kennen das Geduldsspiel mit der Maus und der Falle? Mit einem bestimmten Bewegungsablauf führen Sie die Maus in die Falle. Wird dieser Bewegungsablauf in umgekehrter Richtung durchgeführt, dann kommt die Maus aus der Falle wieder heraus.

Bei den Otolithen ist es ähnlich! Mit Hilfe ganz spezieller Bewegungsabläufe (sogenannter "Befreiungsmanöver") gelingt es oftmals, die Otolithe aus dem Bogengang wieder zurückzuführen in die zentralen Blasen des Gleichgewichtsorgans – dort, wo sie hingehören. Diese Bewegungsabläufe werden auf einer Liege durchgeführt. Sie heißen "Epley-Manöver" (benannt nach seinem "Erfinder" Dr. Epley aus USA) und "Semont-Manöver" (benannt nach seinem "Erfinder" Dr. Semont aus Frankreich). Beide Verfahren sind gleichwertig. Beide Verfahren erfordern eine Kopfdrehung um 45° zur betroffenen Seite bei der Durchführung.

Voraussetzung für die Durchführung des Epley- oder Semontmanövers ist, dass man die betroffene Seite kennt! Und dazu wiederum bedient man sich der sogenannten "Dix-Hallpike-Lagerung". Bei einem BPL findet man nämlich bei der Lagerung des Oberkörpers nach hinten, wobei der Kopf 45° schräg nach rechts oder links (zur betroffenen Seite!) bis zu 20° Hängelage erreicht ("Dix-Hallpike-Lagerung"), eine vorübergehende charakteristische Augenzitterbewegung mit rotatorischer Komponente, die die Patienten nicht unterdrücken können.

Ist jedoch trotz Dix-Hallpike-Lagerung – zum Beispiel bei einem schon etwas länger dauernden Schwindelgeschehens – nicht sicher zu erkennen, welche Seite betroffen ist, dann kann man auf die Kopfdrehung nach schräg rechts oder links verzichten und den Kopf statt dessen gerade halten. Die Wirksamkeit der Behandlung ist dann zwar um etwa 30 % abgeschwächt, aber immer noch vorhanden! (Der Wirkungsverlust hängt damit zusammen, dass der Cosinus von 45° etwa 0,7 entsprechend etwa 70 % beträgt und der Wirkungsverlust dementsprechend etwa 30 %. Diese Mathematik müssen Sie sich aber nicht merken!). Das Befreiungsmanöver ohne Kopfdrehung ist also unspezifisch und für beide Seiten durchführbar, allerdings mit abgeschwächter Wirksamkeit. Es heißt "Brand-Daroff-Manöver".

Epley-, Semont- und Brand-Daroff-Manöver sind harmlos, können aber während der Übung zu Schwindel führen. Bei starkem Schwindel können Sie vor dem Befreiungsmanöver eine Beruhigungstablette erhalten. Nach einer Beruhigungstablette sind Sie nicht mehr verkehrstüchtig; sie müssen sich dann abholen lassen oder mit dem Taxi nach Haus fahren. Anhand von Übungsbögen kann man ein Semont-Manöver auch in Eigenregie zu Hause durchführen. Manchmal gibt es neben dem eigentlichen Lagerungsschwindel noch länger anhaltende Unsicherheitsgefühle im Sinne von "Nachhall-Effekten". Diese Nachhall-Effekte kann man gut medikamentös behandeln.

Wenn Sie unter hohem Blutdruck leiden, schon mal eine Netzhautablösung des Auges hatten oder Probleme mit der Wirbelsäule (insbesondere der Halswirbelsäule) haben, dann sollten die Befreiungsmanöver nicht oder nur mit großer Vorsicht durchgeführt werden!

Menière'sche Erkrankung

Die Menière'sche Erkrankung (mit dem Fachwort "Morbus Menière") ist eine unangenehme Erkrankung des Innenohres. Größtenteils ist immer nur ein Ohr betroffen, selten auch mal beide. Der Name geht zurück auf den französischen HNO-Arzt Prosper Menière, der diese Erkrankung zum ersten Mal beschrieben hat.

Das Innenohr hat *zwei* Aufgaben: Die Schnecke (Cochlea) im Innenohr ist das eigentliche Hörorgan. Und das Labyrinth im Innenohr ist für den Gleichgewichtssinn zuständig. Die Menière'sche Erkrankung betrifft beide Teile des Innenohres und so treten bei dieser Erkrankung sowohl Störungen des Hörvermögens als auch Störungen des Gleichgewichtssinns auf.

Das eigentliche Hörorgan in der Schnecke ist das "Corti-Organ". Es besteht aus einer dünnen Blase, die eine Flüssigkeit ("Endolymphe") enthält sowie die Haar-Sinneszellen. Diese Blase findet sich aber nicht nur in der Schnecke, sondern auch im Labyrinth. Sie schwimmt ihrerseits wiederum in einer Flüssigkeit, die "Perilymphe" heißt. Die beiden Flüssigkeiten unterscheiden sich voneinander: Die Perilymphe enthält viel Natrium und wenig Kalium. In der Endolymphe ist es umgekehrt.

In allen Hohlräumen des Körpers findet ein Stoffaustausch statt! Das gilt auch für das Innenohr! Der Endolymphraum ist keine Bierflasche: Einmal abgefüllt, bleibt das Bier solange in der Flasche, bis diese wieder geöffnet wird. Nein – die Endolymphe im Innenohr wird – ebenso wie die Perilymphe – ständig ausgetauscht. Das heißt: In einer Region des Innenohres wird die Endolymphe gebildet und in einer anderen Region des Innenohres wird sie wieder "resorbiert" – in das Blutgefäßsystem zurückgeführt. Es ist klar, dass die zufließende Menge Endolymphe und die abfließende Menge Endolymphe genau gleich sein müssen!

Das ist auch meistens genauso der Fall. Aber eben nicht immer! Wenn die Resorption der Endolymphe aus irgendwelchen Gründen behindert ist, dann stimmen die Mengen nicht mehr überein! Dann wird mehr Endolymphe gebildet als abfließt. Und dann liegt ein Morbus Menière vor!

Anfangs, wenn die Differenz zwischen Zufluss und Abfluss noch gering ist, passiert auch noch nicht so viel. Der Druck nimmt zu im Cortiorgan. Viele Patienten verspüren das noch gar nicht. Der höhere Druck treibt nun etwas mehr Endolymphe in das Blutgefäßsystem zurück, sodass sich ein neues Flüssigkeits-Gleichgewicht einstellt – allerdings auf einem etwas höheren Druck-Niveau.

Bei größer werdender Diskrepanz zwischen Zufluss und Abfluss bleibt das Flüssigkeits-Gleichgewicht auch noch erhalten: Nur das Druckniveau im Innenohr steigt. Irgendwann kann man das auch spüren! Die ersten Symptome betreffen meistens das Hörvermögen.

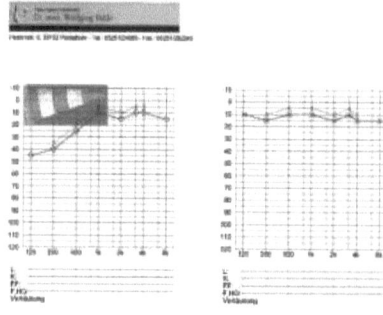

Das Corti-Organ hat einen dreieckigen Querschnitt, der sich aber in der Tiefe des Innenohres etwas ändert. Bildlich kann man sich das vorstellen wie kleine "Verkehrs-Hütchen" – nur nicht mit rundem, sondern mit dreieckigem Querschnitt. Und das "dicke Ende" das Hütchens liegt bei den tiefen Tönen, das "dünne und spitze Ende" des Hütchens liegt bei den hohen Tönen. Wenn nun der Druck im Inneren des "Hütchens" zunimmt, dann wird das Hütchen dicker! Und zwar mehr im Bereich der tiefen Töne als im Bereich der hohen Töne! Die tiefen Töne kann man dann nicht mehr so gut hören! Also: Eine sogenannte "Tieftonsenke" ist oftmals ein Zeichen für einen erhöhten Druck im Innenohr, für eine Labyrinthüberwässerung, für einen "Labyrinthhydrops".

Wird die Diskrepanz zwischen Zufluss und Abfluss noch größer, dann kann der Labyrinthraum natürlich nicht beliebig lange dem steigenden Druck standhalten! Irgendwann reißt die dünne Haut und die Endolymphe fließt nicht mehr in das Blutgefäßsystem ab, sondern in den Perilymphraum. Es kommt zu einer Strömung im Innenohr. Die Strömung in der Schnecke kann man als "Rauschen" wahrnehmen. Und die Strömung in den Bogengängen nimmt man als "Körper-Drehung" wahr! Da aber nur ein Ohr diese scheinbare Drehung wahrnimmt, das andere Ohr aber nicht, ist das Gehirn verwirrt. Diese Verwirrung nennen wir "Schwindel". Und meistens ist der Schwindel so heftig, dass noch "vegetative Symptome" auftreten: Übelkeit und Erbrechen! Durch die Vermischung von Endo- und Perilymphe – also durch die Störung des Natrium- und Kaliumgleichgewichts – ist zusätzlich auch noch das Hörvermögen beeinträchtigt! Wenn also der Endolymphraum einreißt, dann treten drei Symptome auf: Schwindel, eine einseitige Hörminderung und ein einseitiges Ohrenrauschen der gleichen Seite. Es ist ein "Menière'scher Anfall" aufgetreten!

Irgendwann ist der überhöhte Druck im Innenohr dann natürlich abgebaut. Die Leckstelle im Endolymphraum schließt sich wieder. Die Elektrolytgleichgewichte im Endo- und Perilymphraum stellen sich wieder ein. Die Strömung kommt zum Stillstand. Schwindel, Hörminderung und Ohrgeräusch (Tinnitus) sind wieder vorbei. Der Spuk hat – nach typischerweise 30 Minuten bis 3 Stunden – ein Ende.

Hat er ein Ende?

Natürlich nicht! Die Ursache ist ja nicht beseitigt! Es fließt ja nach wie vor weniger Endolymphe ab als zufließt! Der Druck baut sich wieder auf. Irgendwann ist es wieder soweit: Der nächste "Menière'sche Anfall" tritt auf.

Zu der oben beschriebenen "Symptomen-*Trias*" (aus *drei* Symptomen) gesellt sich noch ein weiteres Krankheitszeichen hinzu: Die Anfälle wiederholen sich in relativ regelmäßigen Abständen!

Das, was hier gerade beschrieben worden ist, ist das "Vollbild" des Morbus Menière. Der Morbus Menière hat aber leider etwas von einem Chamäleon! Er muss nicht immer *typisch* sein! Die *atypischen* Formen sind sogar häufiger! Oben haben wir schon erklärt, dass als Vorstufe eines Morbus Menière auch mal nur eine Tieftonsenke auftreten kann, gelegentlich auch mal ein uncharakteristisches Schwindel- oder Unsicherheitsgefühl wechselnder Dauer! Einem atypischen Morbus Menière können zudem ein oder mehrere Symptome fehlen! Nicht jeder Menière-Patient leidet unter Schwindel oder Gleichgewichtsstörungen, nicht jeder verspürt eine Hörminderung, nicht jeder einen Tinnitus. Und wenn Schwindel und Gleichgewichtsstörungen auftreten, dann können sie auch mal ungewöhnlich kurz (wenige Minuten) oder ungewöhnlich lang (viele Stunden) sein. Und wenn es zu Wiederholungen ("Rezidiven") kommt, dann können die freien Intervalle zwischen den Anfällen mal ungewöhnlich kurz oder mal ungewöhnlich lang sein! – Und noch etwas ist wichtig: Zum Morbus Menière gehören zwar die Rezidive, die Wiederholungen der Anfälle – eine "Anfalls-Serie"! Aber jede Serie hat einen Anfang! Jede Perlenkette hat eine erste Perle! Zu Beginn einer Serie kann man noch nicht sagen, ob wir es mit einer Serie zu tun haben oder mit einem Einzelereignis! Und dabei ist es ja nicht so, dass die Menière'sche Erkrankung die einzige Erkrankung des Labyrinths ist! Nein – es gibt auch andere Erkrankungen, deren Symptome denen des Morbus Menière durchaus ähnlich sind! Manchmal wird ein Morbus Menière auch mit einem Hörsturz verwechselt!

Kurz und knapp: Atypische Formen des Morbus Menière bereiten naturgemäß diagnostische Schwierigkeiten! Nicht immer kann man aus einem "Querschnitt" aller Befunde (alle Befunde, die zu einem bestimmten Zeitpunkt vorliegen – quasi wie ein Blitzlichtfoto) die Diagnose bereits stellen! Manchmal benötigt man einen "Längsschnitt" (Befunde, die sich im Laufe der Zeit ändern – quasi wie im Film). Bitte also nicht böse sein, wenn der Doktor beim ersten Besuch die Diagnose "Morbus Menière" noch nicht stellt – insbesondere, wenn die Symptome auch noch unspezifisch und untypisch sind!

Was kann man gegen den Morbus Menière tun?

Es gibt zum Glück Medikamente dagegen. "Betahistin" ist ein Präparat, das die Durchblutung an der Resorptionsstelle des Innenohres verbessert und damit die Menge der resorbierten Endolymphe wieder erhöht. Die Diskrepanz zwischen Zufluss und Abfluss wird kleiner. Die "freien Intervalle" zwischen den Schwindelanfällen werden länger. Die Schwindelanfälle selbst werden kürzer und schwächer. Wird die Diskrepanz noch kleiner, hören die Anfälle ganz auf und es bleiben vielleicht nur noch unspezifische Symptome zurück oder eine Tieftonsenke. Wird die Therapie noch besser, dann bildet sich auch die Tieftonsenke zurück und im Idealfall ist man dann beschwerdefrei! Bitte keine voreiligen Jubelausbrüche: Nach Absetzen des Medikamentes können alle Beschwerden wieder auftreten. Leider hat Betahistin keine Dauerheilwirkung!

Sollte eine medikamentöse Therapie mit Tabletten nicht zum Erfolg führen, gibt es noch andere Möglichkeiten bis hin zum chirurgischen Eingriff. Diese Optionen sollten dann aber im Einzelfall in der Praxis besprochen werden. – Eine falsche Behandlungsstrategie wäre es jedoch, wenn man jeden einzelnen Menière'schen Anfall wie einen Hörsturz mit Infusionen behandelt und nach dem Anfall wieder "die Hände in die Tasche steckt" und auf den nächsten Anfall wartet! Der Morbus Menière wird nicht in den Anfällen behandelt, sondern zwischen den Anfällen!

Betahistin hat eine relativ große *"therapeutische Breite"*. Vom Betahistin-Hydrochlorid (eines der beiden Salze, die als Medikamente eingesetzt werden – das andere ist Betahistin-Dimesilat) reichen manchmal 8 mg pro Tag aus, aber manchmal auch 5x 24 mg pro Tag nicht! Wenn die Höchstdosis von 5x 24 mg nicht ausreicht, dann muss man sich um andere Behandlungsmethoden kümmern.

Welche Dosis jetzt genau die richtige für die einzelne Patientin oder den einzelnen Patienten ist, ist natürlich nicht primär bekannt! Die richtige Dosis steht ja nicht im Personalausweis... Die muss man erst ermitteln! Man beginnt mit einer mittleren Dosis und behält sich vor, diese Dosis bei Bedarf auch mal zu erhöhen. Wenn aber bereits die mittlere Dosis zu einer völligen Beschwerdefreiheit geführt hat, dann sollte man auch den Mut haben, die Dosis zu verringern! Andernfalls könnte es ja sein, dass man eine unnötig hohe Dosierung verwendet und würde das nie bemerken! Dabei lautet der Wahlspruch doch: So viel wie nötig, so wenig wie möglich!

Wenn man die Dosis anpasst, dann muss man sich dafür viel Zeit nehmen! Bei freien Intervallen von 14 Tagen wäre es Unsinn, nach 15 Tagen die Dosis zu reduzieren oder die Behandlung ganz einzustellen! Es könnte ja sein, dass die Anfälle durch die Behandlung nicht vollständig aufgehört haben, sondern lediglich die freien Intervalle von 14 Tagen auf 4 oder 6 Wochen oder auf 3 oder 4 Monate zugenommen haben! Erst nach mehreren Monaten kann man vorsichtig die Dosis reduzieren! Und auch im anderen Fall sollte man einige Anfälle abwarten, bevor man die Dosis erhöht! Sollten die freien Intervalle von 14 Tagen auf 21 Tage zunehmen, dann kann es ja sein, dass das nächste freie Intervall trotzdem noch größer als 21 Tage ist. Man beginnt ja auch mit der Therapie nicht gleich im Anfall, sondern frühestens nach der Diagnosestellung. Bis dahin können ein paar Tage ins Land gegangen sein... Hilfreich ist es in jedem Fall, ein Anfallstagebuch zu führen! – Wer Spaß am "computern" hat, kann seine Anfälle in ein Tabellenkalkulationsprogramm eintragen! Wenn man neben dem Anfallstag (Datum) die Anfallsdauer (in Minuten) und die Anfallsstärke (gedachte Skala von 1 bis 10) einträgt, dann kann man später automatisch die Dauer der freien Intervalle berechnen lassen und ebenso automatisch – "auf Knopfdruck" – ein Diagramm erstellen. Mit solchen Diagrammen kann man sehr schön den Behandlungserfolg sehen!

Nach einigen Jahren Beschwerdefreiheit oder -armut kann man es mal riskieren, die Therapie auszusetzen. Manchmal "brennt" ein Morbus Menière "aus". Dann sind weitere Therapien nicht erforderlich. Manchmal muss man später aber trotzdem mit der Therapie wieder neu beginnen. Aber dann kennt man ja bereits seine individuelle Dosis.

Nase

Allergischer Schnupfen

Das Wesen der Allergie

Wieso wird man eigentlich allergisch? Ist jeder allergisch? Wird jeder allergisch? Und wie wird man eine Allergie wieder los? Spannende Fragen!

Allergien bringt man nicht mit auf die Welt. Allergien sind nicht angeboren: Man „erwirbt" sie sich.

Allergien sind Störungen in unserem Immunsystem. Jeder Mensch – nein, alle Lebewesen – haben ein Immunsystem. Das Immunsystem hat die Aufgabe, fremde Eindringlinge – seien es andere Lebewesen (Mikroorganismen wie Bakterien, Viren, Pilze, aber auch Einzeller und Parasiten) oder seien es unbelebte Fremdkörper – zu bekämpfen und unschädlich zu machen. Dabei ist das Immunsystem durchaus einer Armee vergleichbar! Das Immunsystem ist hochkomplex und hochkompliziert. Da gibt es sowohl eine *unspezifische* als auch eine *spezifische* Abwehr. Die unspezifische Abwehr wirkt von Geburt an schnell und gegen alle Eindringlinge, aber nicht so effizient wie die spezifische Abwehr. Dafür steht die spezifische Abwehr nicht von Geburt an zur Verfügung. Die spezifische Abwehr muss sich erst entwickeln. Das spezifische Immunsystem ist lernfähig. Wenn es einen Eindringling erst einmal kennengelernt hat, dann haben es nachfolgenden Eindringlinge gleicher Sorte enorm schwer, den Körper zu „überfallen". Meisten wirkt das Immunsystem im Verborgenen, ohne dass wir es spüren.

Zum unspezifischen Immunsystem gehören sogenannte „Fresszellen" (sie gehören zu den Leukozyten). Nun ja, was sie tun, muss man nicht näher erklären… Zum spezifischen Immunsystem gehört eine „zelluläre Abwehr" (sogenannte „T-Lymphozyten" oder „T-Zellen") und eine „humorale Abwehr" (das hat nichts mit „Humor" zu tun – es handelt sich um frei im Blut schwimmende, gelöste Antikörper). Diese Antikörper werden aus den „B-Lymphozyten" freigesetzt.

Eine detaillierte Aufschlüsselung des Immunsystems würde diesen Aufsatz sprengen, quasi zur Detonation bringen… Die „Landkarten" der verschiedenen Immunreaktion werden – der Forschung sei Dank! – immer größer und komplexer. Als Patient muss man das nicht alles wissen.

Aber interessant und wichtig ist Folgendes: Die Antikörper gehören zu den sogenannten „Immunglobulinen", das sind Eiweiße (Proteine). Und von ihnen gibt es verschiedene Typen, die mit Buchstaben bezeichnet werden. Die ersten beiden Buchstaben „Ig" bedeuten einfach nur „Immunglobulin", danach kommt ein weiterer, charakteristischer Kennbuchstabe.

Zu den ganz wichtigen Immunglobulinen gehören die „IgG". Die IgG vermitteln eine ganz normale Immunabwehr. Wie bereits gesagt: Meistens spüren wir von dieser Immunabwehr nichts. Sollte es sich um einen massiven „Angriff" handeln, dann braucht das Immunsystem zwar etwas länger, aber immer noch eine nur kurze Zeit (auch ein paar Tage sind – im Vergleich zu unserem ganzen Leben – kurz) bis die „Angreifer" besiegt sind. Bei massiven „Abwehrschlachten" spürt man die Immunreaktion allerdings schon: Man fühlt sich schlichtweg krank und abgeschlagen. Manchmal hat man dann auch Fieber und Schmerzen. So unangenehm es auch werden kann: Normalerweise wird das Immunsystem in kurzer Zeit mit den Eindringlingen „fertig".

Wenn Eindringlinge unseren Körper aber nur in winzigen Mengen „besuchen kommen", dann kann es sein, dass das normale Abwehrsystem – das „IgG-vermittelte Immunsystem" – nicht „lernen" kann. Dann „springt" ein anderes – ein paralleles – Immunsystem „an". Das parallele Immunsystem wird über andere Immunglobuline vermittelt, nämlich um Immunglobuline vom Typ „IgE". Und diese „IgE-vermittelte Immunantwort" bezeichnet man als „Allergie". In dem Wort „Allergie" steckt der gleiche Wortstamm wie im Wort „parallel". – Fremdsubstanzen, die Allergien auslösen, nennt man „Allergene".

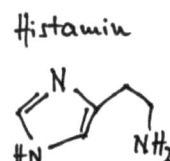

Die IgE führen zu verschiedenen unangenehmen Reaktionen im Körper. Eine wichtige Reaktion ist: Die sogenannten „Mastzellen" werden veranlasst, das in ihrem Inneren gespeicherte Gewebshormon „Histamin" freizusetzen. Histamin macht die unangenehmen Reaktionen in der Haut und Schleimhaut wie z. B. Schwellung, Juckreiz, Niesen, Augentränen, Naselaufen…

Symptomatische Behandlung

Die einfachste Behandlung ist die „Allergenkarenz". Man vermeidet es einfach, sich einer Belastung mit Allergenen auszusetzen. Keine Allergene, keine allergische Reaktion. – Nun ja, nicht jeder kann Allergene vermeiden. Als unterstützende Maßnahme kommt das manchmal in Frage: Wer gegen Katzen allergisch ist, sollte sich keine anschaffen. Aber was ist, wenn man schon eine hat? Man kann auch sein eigenes Bett gegen Milben abdichten („*Encasing*"), aber was ist im Urlaub im Hotel? Oder im Krankenhaus? Die Allergiekarenz soll an dieser Stelle nur der Vollständigkeit halber aufgeführt werden.

Medikamentös gibt es mehrere Möglichkeiten, wie man diese unangenehmen Reaktionen behandeln kann. Es gibt zum Glück Medikamente, die das Histamin gewissermaßen abfangen und unwirksam machen. Medikamente, die so etwas machen, heißen „Antihistaminika". Sie sind wirksam, haben aber auch Nebenwirkungen. „Müdigkeit" ist z. B. eine berühmte Nebenwirkung. Die „alten" Antihistaminika machen mehr müde, die „neuen" Antihistaminika aus der jüngsten Forschung machen weniger müde und sind stärker wirksam. „Histamin" und „Anti-Histaminika" sind Gegenspieler.

Alle Antihistaminika haben einen Vorteil. Und alle haben einen Nachteil.

Der Vorteil ist: Sie wirken bei jeder Allergie. Sie wirken immer. Man muss nicht wissen, wogegen man allergisch ist: Antihistaminika sind unspezifisch wirksam und damit „Generalisten".

Der Nachteil ist: Das Histamin verschwindet nicht für den Rest des Lebens aus dem Körper. Wenn das Antihistaminikum vom Körper ausgeschieden wurde, dann kann das von den Mastzellen erneut freigesetzte Histamin wieder völlig ungehindert sein „böses Spiel" treiben. Antihistaminika haben keine Dauerwirkung. Sie wirken lediglich „symptomatisch" und zeitlich befristet. Antihistaminika haben keine „Heilwirkung". Sie „knüppeln" lediglich die Symptome nieder.

Mit Antihistaminika kann man sich schnell und wirksam helfen. Als Dauerbehandlung sind sie aber nicht gut geeignet.

Dann gibt es Medikamente, die setzten einen Schritt früher an. Diese Medikamente (Abkömmlinge der „Cromoglycinsäure") stabilisieren die Mastzell-Membranen, sodass die Mastzellen ihren Inhalt – das gespeicherte Histamin – nicht mehr ausschütten können. Diese Medikamente wirken aber genauso unspezifisch und symptomatisch wie die Antihistaminika. Nach Absetzen der Medikamente werden die Mastzellmembranen wieder durchlässig und die Beschwerden kommen wieder zurück. Diese Medikamente machen nicht so müde, haben aber als Nachteil, dass die Wirkung nur langsam einsetzt (es dauert seine Zeit, bis die Zellmembran stabil geworden ist). Dafür lässt die Wirkung nach Absetzen der Medikamente nicht so schnell nach (es dauert seine Zeit, bis die Zellmembran wieder durchlässig geworden ist). Dieser Nachteil lässt sich in dem Begriff „schlechte Steuerbarkeit" zusammenfassen.

Ursächliche Behandlung

Schön wäre es, wenn es Möglichkeiten gäbe, Allergien zu heilen. Schön ist, dass es zumindest Möglichkeiten gibt, allergische Beschwerden dauerhaft unter eine – sogar relativ geringe – Toleranzschwelle zu drücken!

Der Schlüssel für den Erfolg liegt in der Dosis. Allergene in niedrigen Dosen lösen Allergien aus. Eine „unterschwellige" Dosis ist wie ein „leichtes Kitzeln mit einer Feder": Der Juckreiz kann unerträglich werden. Eine hohe Dosis jedoch ist wie ein derbes „Kratzen": Der Juckreiz verschwindet. Im Immunsystem passiert folgendes: Die T-Zellen schalten unter hohen Allergendosen um und produzieren anstatt der IgE nunmehr IgG: Man nennt das einen „T-Zell-Switch". Wenn die T-Zellen diesen „switch" gelernt haben, ist die Allergie „vorbei". Na ja, „vorbei" und „geheilt" sind heere und hochanspruchsvolle Vorhaben. Einen „hundert-komma-null-null-null-prozentigen" Erfolg wird man nie erzielen können. Für die genannte Allergiebehandlung mit Dauererfolg haben wir den alten Namen „Desensibilisierung" (Herabdrücken der Sensibilität auf Null) verlassen und verwenden nun den Namen „Hyposensibilisierung" (Herabdrücken der Sensibilität auf etwas oberhalb der Null). Heutzutage verwenden wir den Begriff *„Spezifische Immuntherapie"* („*SIT*"). In diesem Begriff tritt auch die Nähe zu den Impfungen zu Tage! Tatsächlich sprechen wir auch manchmal von *„Allergieimpfungen"*!

Die Behandlungsmethode ist im Prinzip sogar relativ einfach. Die Schwierigkeiten liegen im Detail.

Erstens: Die Behandlung ist nicht mehr unspezifisch, sondern spezifisch. Das heißt: Für jede Allergie gibt es ein eigenes „Therapie-Allergen". Therapie-Allergene der Sorte „Frühblüher" wirken nicht gegen Allergien auf Gräser. Therapie-Allergene der Sorte „Frühblüher" wirken nur gegen Frühblüherallergien. Und umgekehrt kann man Frühblüherallergien nur mit Therapieallergenen der Sorte „Frühblüher" behandeln.

Voraussetzung für die SIT: Allergietest

Diese Spezifität ist der Grund dafür, dass wir eine genaue Allergiediagnostik durchführen müssen, bevor wir mit der Therapie beginnen können. Wir erinnern uns: Um ein Antihistaminikum ("Generalist") einnehmen zu wollen, benötigt man keinen Allergietest!

Für den Allergietest wiederum benötigt man „Test-Allergene". Test-Allergene sind keine Therapie-Allergene! Um das zu verstehen, muss ich ein wenig ausholen. Allergene sind meistens hochkomplexe und große Eiweißmoleküle. Diese Moleküle haben unterschiedliche Regionen – so wie die Erdkugel Kontinente hat. Die Regionen auf dem Allergen-Molekül heißen nun nicht „Kontinent", sondern „Epitop". Es gibt Epitope, die lösen die krankhafte IgE-vermittelte Allergiereaktion aus (*„allergene Epitope"*). Und es gibt Epitope, die führen zum T-Zell-Switch und damit zur erwünschten IgG-vermittelten Immunantwort (*„immunogene Epitope"*). Ein Test-Allergen muss natürlich *allergene Epitope* aufweisen – sonst bekommt man keine verräterische Reaktion, die wir für die Diagnosestellung so dringend benötigen.

Wie läuft so ein Allergietest eigentlich ab? Da es verschiedene Allergietypen gibt, gibt es auch unterschiedliche Testverfahren. In der HNO-Heilkunde haben wir es mit Allergien im Bereich der Atemwegs-Schleimhäute zu tun. Und deshalb möchte ich mich auf diese Allergien – man nennt sie *„Allergien vom Sofort-Typ"* oder auch *„Typ I Allergien"* – beschränken.

Der entsprechende Allergietest wird als *„Prick-Test"* an der Haut durchgeführt (bei Hautallergien vom *„Spät-Typ"* muss man einen *„Epicutan-Test"* durchführen – aber das machen die Hautärzte). Pricktest heißt: Es wird ein kleiner Tropfen des Testallergens auf die Haut gebracht und mit einer kleinen Lanzette in die oberste Hautschicht gepiekst. Keine Angst: Es tut nicht weh. Und es blutet auch nicht. Wenn eine Allergie vorliegt, dann entwickelt sich nach etwa 20 Minuten eine Schwellung mit Rötung: eine *„Quaddel"*. Je heftiger die Allergie, desto größer die Quaddel. Um die Quaddel überhaupt einschätzen zu können – Größe und Rötungsgrad sind durchaus bei jedem Menschen anders! – benötigen wir 2 Vergleichstests. Ein Pricktest-Punkt wird mit Histamin durchgeführt. Sie erinnern sich: Es ist das Gewebshormon, das bei einer Allergie ausgeschüttet wird und die allergische Reaktion „produziert". Wenn wir nun direkt Histamin in die Haut quaddeln – ohne "Umweg" über die Allergie-Reaktionen –, dann *muss* die Reaktion positiv (also „allergie-anzeigend") sein. Ein zweiter Pricktest-Punkt wird mit einfacher Kochsalzlösung durchgeführt. In Kochsalzlösung ist kein Allergen enthalten. Die Reaktion *muss* negativ sein. Wenn diese beiden Voraussetzungen nicht erfüllt sein sollten, dann wäre das Testergebnis nicht zu gebrauchen.

Nun gehen wir mal davon aus, dass diese Voraussetzungen vorlagen und das Testergebnis korrekt ermittelt wurde. Dann zeigt eine Quaddel an, dass Histamin ausgeschüttet wurde. Und als Ursache kann nur das Allergen in Frage kommen. Also: Bei einer positiven Reaktion liegt – ja, was liegt dann eigentlich vor? Eine Allergie? Nicht unbedingt! Zunächst einmal liegt dann nur eine positive Hautreaktion vor!

Wir dürfen nämlich nicht vergessen, dass unser Testorgan, die Haut, nur ein „Nebenkriegs-Schauplatz" ist! Wir HNO-Ärzte sind ja den Schleimhautallergien auf der Spur! Und da ist es keineswegs selbstverständlich, dass eine positive Hautreaktion automatisch eine Schleimhautallergie anzeigt!

Eine Allergie ist nämlich – wie bereits gesagt – eine *spezifische* Reaktion. Es ist eine *„Schlüssel-Schloss-Reaktion"*. Zu jedem Schlüssel passt genau eine Sorte Schlösser. Und zu jedem Schloss passt genau eine Sorte Schlüssel. Wir unterstellen gerne automatisch, dass „Schlösser", die in der Haut vorkommen, auch in der Schleimhaut vorkommen. Und so glauben wir an eine Schleimhautallergie, wenn ein Hauttest ein positives („allergie-anzeigendes") Ergebnis liefert. Meistens liegen wir damit ja auch richtig. Aber eben nicht immer!

Die Pricktests an der Haut haben eine *hohe Zuverlässigkeit* hinsichtlich der Diagnosestellung, aber eben keine *hundertprozentige Zuverlässigkeit*! Negative Ergebnisse sind meistens *„richtig negativ"*, selten aber auch mal *„falsch negativ"*! Und positive Ergebnisse sind meistens *„richtig positiv"*, selten aber auch mal *„falsch positiv"*! Wie entkommen wir dem Dilemma? Nun, außer dem Pricktest ist noch die *Anamnese* (Krankengeschichte) wichtig. Schlicht gesagt: Es muss der Beschwerdekalender zum Blühkalender passen. Wenn beim Pricktest eine Quaddel auf Birkenallergene entsteht, dann kommt es darauf an: Sind im April (Blütezeit der Birke) allergische Beschwerden der Nase (aller Schleimhäute des Atemsystems) vorhanden oder nicht? Wenn ja, liegt eine allergische Schleimhauterkrankung gegen Birkenallergene vor. Wenn nein, dann nicht.

Probleme bereiten jetzt nur noch die Hausstaub-Milben. Milben haben nämlich keinen „Blühkalender"! Milben kommen praktisch immer und überall vor. Um die Pricktest-Verdachtsdiagnose zu beweisen oder zu widerlegen, müssen wir uns eines Tricks bedienen. Wir sprühen die Milbenallergene (nicht die lebenden Tierchen selbst) in die Nase – also auf die Schleimhaut und damit direkt auf das sogenannte „Erfolgsorgan"). Bei einer Schleimhautallergie gegen Milben schwillt dann die Schleimhaut an und die Nase wird – messbar – enger. Liegt keine Schleimhautallergie vor, dann reagiert die Nasenschleimhaut nicht und der Atemwegswiderstand bleibt unverändert. Diesen „Trick" nennen wir: *„nasalen Provokationstest"*. Wir provozieren also die Nase selbst und schauen, wie sie reagiert.

Für alle diese *Testungen* benutzen wir – wie bereits oben erwähnt – die „Test-Allergene" – also Moleküle mit *„allergenen Epitopen"*.

Spezifische Immuntherapie SIT

Für die *Therapie* sind solche *allergene Epitope* jedoch völlig unerwünscht – da brauchen wir die *immunogenen Epitope*. Auf natürlichen Allergenen kommen immer beide Typen vor. Aber: Es ist den Medikamentenherstellern gelungen, aus den natürlichen Allergenen die allergenen Epitope herauszuschneiden und die immunogenen Epitope zu belassen. Das war eine große Leistung! Erst mit diesen „maßgeschneiderten" Molekülen sind wir in der Lage, die Hyposensibilisierung durchzuführen ohne gravierende Nebenwirkungen! Mit natürlichen Allergenen könnten wir niemals die erforderlichen hohen Dosierungen erreichen; die Nebenwirkungen wären schon bei viel zu niedrigen Dosen viel zu stark.

Erst jetzt, da uns die erforderlichen Therapieallergene zur Verfügung stehen, können wir mit der Behandlung beginnen. Wir müssen jetzt „nur noch" die Therapieallergene in den Körper bekommen. Und wir sollten nicht gleich mit der höchsten Konzentration beginnen: Man weiß ja nie! Es kann immer noch sein, dass – trotz des Herausschneidens der allergenen Epitope – die maßgeschneiderten Therapieallergene unerwünschte Reaktionen verursachen. Es empfiehlt sich also, die Dosierung mehr oder weniger langsam zu steigern. Jede Hyposensibilisierungstherapie hat also eine „Steigerungsphase" und eine „Plateauphase". In der Plateauphase bleibt die Dosierung gleich. Für einen guten Therapieerfolg ist es notwendig, dass die *Einzeldosis* in der „Plateauphase" hoch genug liegt. Falls man bei extrem empfindlichen Patienten jeweils nur sehr niedrige Einzeldosen verabreichen kann, wird die Wirkung nicht eintreten. Für einen guten Therapieerfolg ist aber auch die *„kumulative Gesamtdosis"* wichtig! Dabei handelt es sich um die Summe aller Einzeldosen, die während der gesamten Behandlungsdauer verabreicht werden. Eine hohe kumulative Gesamtdosis erzielt man nur bei ausreichend langer Behandlung (drei Jahre!) und ausreichend häufigen Einzeldosen!

Spritzen oder Tropfen oder Tabletten?
Und wie bekommen wir die Allergene nun in den Körper? „Essen" (also Tablettenschlucken) ist keine gute Idee. Allergene sind Eiweiße. Und Eiweiße verdaut unser Verdauungssystem hervorragend und ohne Probleme: Darauf ist es schließlich trainiert. In normale Tabletten eingepackte Therapieallergene, die man „einfach so" schluckt, sind „verfrühstückt", bevor sie wirken können.

Es gibt aber bessere Möglichkeiten, Therapeutika unter Umgehung des Verdauungssystems in den Körper zu bringen. Am einfachsten geht das mit Injektionen (bei Allergiebehandlungen immer unter die Haut – „*subcutan*"). Auch, wenn die „Spritzen" nicht beliebt sind: Wirksam sind sie allemal.

Seit einigen Jahren gibt es aber tatsächlich eine Möglichkeit, die Allergene ohne Spritzen in den Körper zu bringen und dennoch den Verdauungstrakt zu umgehen. Die Mundschleimhaut ist auf die Aufnahme von Allergenen spezialisiert! Die Mundschleimhaut – besonders unter der Zunge – ist die Schleimhautregion, die am nächsten an der Außenwelt ist. In der Darmschleimhaut kommen kaum noch Allergene an. Aber an der Mundschleimhaut müssen alle Allergene vorbei. Und dort findet dann auch der erforderliche „Immunkontakt" statt, der die Therapieallergene in den Körper bringt. In der Mundschleimhaut gibt es spezielle Zellen: "Allergenpräsentierende Zellen". Sie binden die Allergene an sich und "präsentieren" sie den T-Zellen (wie Polizisten: diese fangen den Einbrecher und stellen ihn dem Richter vor...).

Was ist nun besser: Spritzen unter die Haut („*Subcutane Immuntherapie*", „*SCIT*") oder der Weg über die Mundschleimhaut (Tropfen oder Tabletten unter der Zunge – „*Sublinguale Immuntherapie*", „*SLIT*")? Früher konnte man die Frage eindeutig beantworten: Lange Zeit war die SCIT die absolut beste Therapiemethode. Inzwischen hat die SLIT deutlich aufgeholt: Man kann nicht mehr genau sagen, was besser ist. Beide Methoden führen zum Erfolg und beide Methoden haben ihre Berechtigung.

Es gibt verschiedene Hersteller von Therapieallergenen. Die „Feinauswahl" des für Sie am besten geeigneten Medikamentes entscheiden wir gemeinsam in einem individuellen Therapiegespräch.

Mehrfachallergien
Es gibt noch andere wichtige Gesichtspunkte (es hat uns niemand versprochen, dass das Leben einfach ist…): Sehr oft nämlich liegen Allergien gegen mehrere Allergene vor. Wie gehen wir damit um?

Die simple Lösung: „Wir packen alle positiv getesteten und durch die Anamnese bestätigten Allergene in die Therapielösung", ist keine gute Idee. Je mehr Allergene wir „vermischen", desto geringer wird der Anteil eines einzelnen Allergens an der Lösung. Wenn jemand 100 positive Reaktionen hätte und wir würden alle 100 Allergene in eine Therapielösung packen, dann hätte jedes Allergen nur 1 % Anteil an der Lösung. Da könnte man gleich destilliertes Wasser spritzen…

Kreuzreaktionen, Kreuzallergien
Die bessere Lösung ist: Wir beschränken uns auf die wichtigsten Allergene. Dabei kommt uns zu Hilfe, dass Pflanzen, die untereinander verwandt sind, meistens auch die gleichen Allergene produzieren. Und aus diesem glücklichen Umstand entstehen die „Kreuz-Allergien", die wir bei der Therapie ausnutzen können! Alle Gräser – und Getreide sind biologisch auch Gräser! – haben ein Hauptallergen (*„Major-Allergen"*) mit dem schönen Namen *„Phleum pratense 5"*. (Sie müssen sich diese Namen nicht merken.) *Phleum pratense 5* (Kurzform *Phle p5*) hat seine höchste Konzentration im Wiesenlieschgras.

Tatsache ist, dass man bei einer Allergie mit dem Allergen Phle p5 nicht nur eine Allergie gegen Wiesenlieschgras behandeln kann, sondern auch gegen alle andern Gräser und gegen die Getreide wie z. B. Roggen als den wichtigsten Getreidevertreter (nicht wegen seiner wirtschaftlichen Bedeutung in der Landwirtschaft, sondern wegen seine aggressiven Pollen!).

Ähnlich geht man bei den Frühblüher-Allergien vor. Das Birkenallergen Bet v1 kommt auch in den Erlenpollen und in den Haselnusspollen vor. Und die Allergene d1 und d2 kommen in den Hausstaubmilben vor.

Mit diesem „Entgegenkommen der Natur" können wir die meisten Allergien in wenige wichtige Gruppen zusammenfassen. Diese Zusammenfassung fängt bereits bei der Testung an (wir testen nicht gegen Myriaden von Allergien) und zieht sich bis zur Therapie hin.

Die wichtigsten Allergen-Gruppen sind die
Frühblüher (Birke, Erle, Hasel),
Gräser und Getreide,
Kräuter (Beifuß, Spitzwegerich),
Schimmelpilze (ganzjährig: Aspergillus fumigatus, Penicillium notatum oder saisonal: Alternaria alternata und Cladosporium),

Hausstaubmilben (Dermatophagoides pteronyssinus und Dermatophagoides farinae) und Tierallergene (Katzenhaare, Hundehaare, Pferdehaare, Vogelfedern).

Allergene aus diesen Gruppen sind bei uns in Deutschland für etwa 95 % der Allergien verantwortlich!

Eine große Bedeutung haben auch die Allergien gegen Insektengifte. Diese Allergien werden aber häufig in den Kliniken behandelt.

Von geringerer, aber doch zunehmender Bedeutung sind noch weitere Milbenarten („Vorrats-Milben").

Auch das Traubenkraut („Ambrosia", engl. „Ragweed") gewinnt in Deutschland an Bedeutung – vor einigen Jahren gab es in Deutschland kein Traubenkraut, inzwischen verbreitet es sich langsam, aber unaufhaltsam. Die Allergene des Traubenkrautes gehören zu den aggressivsten Allergenen überhaupt. Man vermutet, dass jeder, der mit Ambrosia in Berührung kommt, eine Allergie gegen die Pflanze entwickelt!

In anderen Ländern sind natürlich andere Allergien von Bedeutung. In den südeuropäischen Ländern sind Allergien gegen die Olivenbäume sehr häufig – in Deutschland spielen sie praktisch keine Rolle.

Oftmals sind Pollenallergien auch mit Nahrungsmittelallergien kombiniert. Frühblüher-Allergiker haben oftmals auch Probleme, wenn sie Kernobst oder Steinobst essen. Aber die Nahrungsmittelallergien (von großer Bedeutung ist die Erdnuss-Allergie, besonders in Amerika) haben keinen direkten Bezug zum Fachgebiet der HNO-Heilkunde. Sie seien deshalb hier nur am Rande erwähnt.

Folgekrankheiten bei Allergien
Warum ist es so wichtig, Allergien zu behandeln? Es handelt sich doch nur um „ein Schnüpfchen". Völlig falsch gedacht! Eine Allergie ist eine Erkrankung eines gesamten Systems! Wenn eine Schleimhautallergie vorliegt, dann beschränkt sich die Allergie nicht immer „freiwillig" nur auf die Nase! Eine Allergie in den Bronchien führt zum „allergischen Asthma bronchiale" – und das kann lebensbedrohend sein! Ein Allergiker hat ein etwa 10 mal so hohes Risiko, Asthma zu bekommen, wie ein Nicht-Allergiker! Eine symptomatische Therapie mit Antihistaminika senkt dieses Asthmarisiko nicht, eine Hyposensibilisierungsbehandlung aber schon! Das ist auch der Grund dafür, dass die Hyposensibilisierungsbehandlungen von den Krankenkassen bezahlt werden, obwohl sie sehr teuer sind: Sie sind immer noch billiger für die Krankenkassen als eine lebenslängliche Asthma-Therapie! Wie schön, wenn die finanziellen Interessen der Krankenkassen sich mit den gesundheitlichen Interessen der Patienten decken!

Aber gerade, weil die Therapieallergene sehr teuer sind, appellieren wir an alle Patientinnen und Patienten, die Therapie nicht leichtfertig abzubrechen und die Medikamente „verfallen" zu lassen. Eine gewisse Ausdauer bei der Therapie ist erforderlich. Man bekommt ja schließlich auch einen Gegenwert! Und drei Jahre sind nicht so lange, wie man glauben könnte, zumal sich die Belastung durch die Therapie in Grenzen hält.

Können sich Allergien auch ohne Therapie bessern?
Ja, das ist möglich. Eine Besserung kommt aber nur in etwa 10 % der Fälle vor (von einem Jahr zum nächsten Jahr).

In 30 % der Fälle verschlechtert sich eine Allergie von einem Jahr zum nächsten Jahr. Verschlechterungen gibt es in dreierlei Hinsicht: 1. Die Reaktionen können heftiger werden (im ersten Jahr 5 mal niesen pro Anfall, im zweiten Jahr 30 mal niesen pro Anfall), 2. Das Allergenspektrum kann sich ausdehnen (im ersten Jahr Allergie gegen die Frühblüher, im zweiten Jahr auch gegen die Gräser) und 3. Das Organsystem kann sich ausweiten (im ersten Jahr nur allergischer Schnupfen, im zweiten Jahr auch allergisches Asthma bronchiale).

In den übrigen 60 % der Fälle passiert von einem Jahr zum nächsten Jahr gar nichts und alles bleibt wie es war.

Kontraindikationen
Kann man eine Hyposensibilisierungstherapie uneingeschränkt bei allen Menschen durchführen?

Nein – es gibt Einschränkungen. Dabei sind die Einschränkungen nicht unmittelbar, sondern nur mittelbar auf die Hyposensibilisierung zurückzuführen. Es gibt nämlich ein kleines „Restrisiko": Nach einer Injektion kann ein allergischer Schock auftreten. Allergische Schocks treten sehr, sehr selten auf. Aber wenn sie auftreten, dann liegt ein absoluter Notfall vor, der auch notärztliche behandelt werden muss! Dieses kleine "Restrisiko" ist auch der Grund dafür, dass man nach jeder Spritze noch 30 Minuten unter der Obhut des Arztes verbringen muss. In der Praxis sind alle Notfallmedikamente vorhanden. Draußen nicht!

Auch wenn das Risiko eines allergischen Schocks klein ist: Wegen dieser – geringen – Schockgefahr ist eine Fortsetzung der Hyposensibilisierung während der Schwangerschaft nicht erlaubt. Nicht, dass eine einzelne Spritze dem Embryo schaden würde. Aber ein Schock der Mutter wäre ganz schlecht für den Embryo!

Und die Schockgefahr – sei sie auch noch so klein – ist der Grund dafür, dass man Patienten, die Betablocker bekommen, ebenfalls nicht behandelt. Bei einem Schock fällt der Blutdruck bedrohlich ab und man muss wirksame Medikamente verabreichen, die den Blutdruck wieder ansteigen lassen. Und genau diese Medikamente werden durch die Betablocker „geblockt", sodass sie unwirksam bleiben und die Blutdruckwerte bedrohlich niedrig.

Im Übrigen ist die Therapie sehr problemarm und mit einer hohen Erfolgsquote „gesegnet". *Hohe Erfolgsquote* heißt: Die Erfolgsquote ist hoch, aber nicht hundertprozentig. Es gibt keine 100,00prozentige Garantie und es gibt kein 0,00prozentiges Risiko!

Wenn man das akzeptiert, dann sind die Hyposensibilisierungen ein Segen für viele Patientinnen und Patienten!

Die Nase spülen

Die Nase läuft und läuft... Und dagegen soll eine Nasenspülung helfen? Warum soll eine Nasenspülung besser sein als das normale Schneuzen der Nase ins Taschentuch? Reicht nicht auch eine Inhalation? Oder das Einsprühen von Meerwasserspray? Wir machen es täglich: Naseputzen. Besonders, wenn wir einen Schnupfen haben, merken wir, wie sehr wir eine freie Nase und freie Atemwege zu schätzen wissen. Und ein beherztes Schneuzen befreit die Nase – mehr oder weniger – für längere oder kürzere Zeit... Was dabei passiert, ist ja wohl ganz klar: Die entzündete Nasenschleimhaut hat wieder einmal reichlich Schleim produziert – sie heißt ja auch "Schleimhaut" – und diesen Schleim pusten wir nach vorn heraus ins Taschentuch. Nur manchmal wundern wir uns vielleicht, dass so eine kleine Nase so viel Schleim produziert... Wo kommt der ganze Schleim nur her???

Aber so einfach ist es nicht: Es ist nicht nur die Nase selbst – die "Nasenhaupthöhle" -, die eine Schleimhaut hat! Auch alle anderen Hohlräume im Kopf sind mit einer Schleimhaut ausgekleidet. Diese anderen Hohlräume sind untereinander und mit der Nasenhaupthöhle durch offene Verbindungen "vernetzt": Es sind die berühmten "Nasennebenhöhlen" (NNH). Gut, dass wir Nasennebenhöhlen haben! Wären all diese Hohlräume mit kompaktem Knochen ausgefüllt und unser Schädel ein massiver Knochen – wir könnten ihn kaum tragen! Wir müssten Nackenmuskeln haben in der Größe unserer Oberschenkel! Die Evolution hat aber die knöchern leichteren Köpfe mit dem eingebauten NNH-System bevorzugt. Allerdings muss dieses Hohlraumsystem sauber gehalten werden (man kennt das ja von zu Hause...). Zu diesem Zweck wurde die Schleimhaut erfunden... besser gesagt: hat sich entwickelt. Die Schleimhaut produziert ständig kleine und kleinste Tröpfchen Schleim, die die Schleimhaut befeuchten und kleine Fremdkörper, wie zum Beispiel Schmutzpartikel, festkleben. Und zusätzlich hat die Schleimhaut noch einen Flimmerhaarbesatz, der den Schleim und den Schmutz nach außen abtransportiert. Dieser Prozess läuft kontinuierlich ab; aber weil es sich um sehr geringe Mengen handelt, merken wir es nicht. Wenn wir gesund sind, ist alles in Ordnung. Der Schleim aus den Kieferhöhlen wird sogar "bergauf" transportiert! Der Ausgang der Kieferhöhle ist – anders als ein studierter Ingenieur es konstruiert hätte – nicht an der tiefsten Stelle, sondern relativ hoch im Bereich des mittleren Nasenganges gelegen.

Man kann das sehr schön am Schädelmodell erkennen: Auf der linken Schädelmodellseite (da der Kunststoffkopf uns "anschaut", ist die linke "Patientenseite" dort, wo wir als Zuschauer –

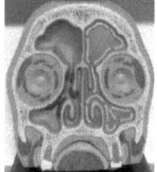

oder HNO-Ärzte – unsere rechte Hand haben) zeigen die blauen Pfeile den freien Weg für den Schleim an.

Also: Solange wir gesund sind, merken wir von dem ständigen Selbstreinigungsmechanismus des NNH-Systems gar nichts. Es gibt aber zwei Gründe, warum das NNH-System manchmal vom Schleim überflutet wird: Erstens kann im Rahmen eines Atemwegsinfektes ("Schnupfen") die Schleimproduktion massiv erhöht sein und zweitens kann – z. B. durch das Altern der Schleimhaut – der Flimmerhaarbesatz abnehmen und damit auch die Reinigungskraft (die sogenannte "mukoziliare Clearence" – Namen sind nicht wichtig!) der Schleimhaut, was übrigens nicht nur die Schleimhaut des NNH-Systems betrifft, sondern auch die des Bronchialsystems!

Wie man am Schädelmodell außerdem sehr schön sieht, liegt der Schleim der Nasennebenhöhlen *nicht* im "normalen" Luftweg zwischen der Nasenspitze und dem letzten Lungenbläschen. Wenn man heftig Luft durch die Nase "schießt", sollte die Luft dann doch eigentlich trocken und der Schleim in den NNH liegen bleiben! Aber nein: Wir alle haben die Erfahrung gemacht, dass man beim Naseputzen auch die Nasennebenhöhlen ausleeren kann! Es ist gerade so, als wenn man durch das tangentiale Vorbeiführen einer starken Luftströmung die Nasennebenhöhlen absaugen könnte! Es ist, als ob…? – Nein: Es ist tatsächlich!

Das ist sie! Die Erklärung! Eine Strömung, die an einer Engstelle vorbeigeführt wird, erhöht an dieser Engstelle ihre Strömungsgeschwindigkeit – und sie senkt den Druck! Jeder würde intuitiv erwarten, dass der Druck an der Engstelle steigen würde – aber nein: er fällt! Es entsteht ein Sog! Diese physikalische Gesetzmäßigkeit wurde von Daniel Bernoulli (1700 – 1782) gefunden und in einem physikalischen Gesetz beschrieben, das seinen Namen trägt. Der "Bernoulli-Effekt" hat eine große Bedeutung in der gesamten Aerodynamik. Es ist die Kraft, die das Flugzeug in der Luft hält! Der Auftrieb eines Flugzeugs entsteht an den Tragflächen durch die Ausnutzung des Bernoulli-Effektes!

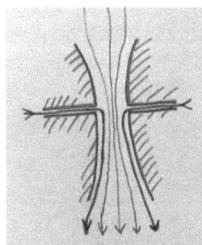

Naseputzen (Luft) – Nasenspülung (Abfluss-Seite)

Und damit ist klar: Es ist der Bernoulli-Effekt, der die Nasennebenhöhlen beim Naseputzen leersaugt! Der ganze Schleim, der durch den Infekt in großer Menge im NNH-System produziert wird, wird beim Naseputzen erst in die Nasenhaupthöhle hineingesaugt und dann mit Schwung… und so weiter…

Der Bernoulli-Effekt funktioniert natürlich unabhängig von der Strömungsrichtung! Flugzeuge können nicht nur nach Westen fliegen… Sie können auch nach Osten fliegen!

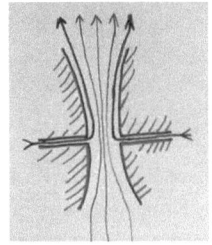

Nasehochziehen (Luft) – Nasenspülung (Zufluss-Seite)

Und das Leersaugen der Nasennebenhöhlen funktioniert auch nicht nur beim Naseputzen! Es funktioniert auch beim "Nasehochziehen"! In jedem Fall kommt der Schleim aus den Nasennebenhöhlen heraus. Nur die "Endlagerstätte" des Schleims ist unterschiedlich: Mal ist es das Taschentuch, mal der Magen…

In jedem Fall ist es eine Entlastung für das NNH-System. Aus Sicht des

NNH-Systems ist es also ziemlich irrelevant, ob wir die Nase putzen oder hochziehen! Der Schleim im NNH-System ist nicht nur infiziert – er ist aus infektiös! Eine Entsorgung des Schleims ist beim Infekt sehr wichtig, da hierdurch die "Keimlast" gesenkt und das Immunsystem entlastet wird.

Aus "Sicht" der Ohren sieht die Sache schon wieder anders aus! Beim Naseputzen entsteht ein Überdruck im Nasenrachenraum – und über die "Eustachische Röhre" auch im Mittelohr. Und beim Hochziehen der Nase entsteht ein Unterdruck im Nasenrachenraum – und über die Eustachische Röhre auch im Mittelohr. Ein Überdruck ist nicht schlimm: Wenn Luft im Mittelohr ist, ist dort wenigstens kein Wasser, kein Erguss, kein Eiter. Und das Hörvermögen bleibt gut. Ein Unterdruck hingegen ist gar nicht gut: Der Unterdruck im Mittelohr saugt erst das Trommelfell an, dann später noch Wasser (Körperwasser! Kein Badewasser! In einer Brandblase ist auch Körperwasser und kein Badewasser!) – "Paukenerguss" – und bei bakterieller Besiedlung auch Eiter! Nicht nur, dass Unterdrucke in den Mittelohren zur Hörminderung führen: Sie bergen auch ein hohes Risiko einer Mittelohrentzündung in sich! – Und aus Sicht unserer lieben Mitmenschen gilt das Nasehochziehen eher als "unfein"…

Wie bekommen wir denn jetzt den Übergang hin zur Nasenspülung? Was hat das Spülen der Nase mit dem Naseputzen zu tun? Nun, ganz einfach: Alles!

Die Strömung für den Bernoulli-Effekt wird lediglich im Wasser – dem Spülwasser – erzeugt und nicht in der Luft. Und weil Wasser eine höhere Dichte hat als Luft, ist die Sogkraft bei einer Nasenspülung mit Wasser stärker als beim Naseputzen mit Luft. Mit einer "Wasserstrahlpumpe" kann man kräftiger absaugen als mit einer "Luftstrahlpumpe". Und jetzt verstehen wir auch, warum U-Boote kürzere und kleinere "Flügel" benötigen als Flugzeuge…

Ein einfaches "Schnüffeln" von Wasser am Waschbecken aus der hohlen Hand erzeugt hingegen keine Strömung! Die Nase wird lediglich von innen nass gemacht! Ein wirklicher Reinigungseffekt ist damit nicht verbunden!

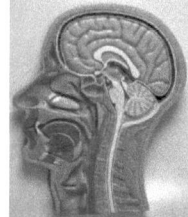

Die grünen Markierungen zeigen den Strömungsweg an

Unsere Nase hat immer die gleiche innere Form; die "Flügel" bleiben gleich groß. Da saugt das Wasser also viel besser ab als die Luft. Wie wir oben schon gesehen haben, ist die effektvolle Entleerung der Nase wichtig, weil dadurch die Keimlast für das körpereigene Abwehrsystem gesenkt wird. Und dabei ist es dem Körper herzlich egal, ob die Keime durch Antibiotika abgetötet werden oder ob sie von sanfter Hand und hartem Strahl in den Abfluss befördert werden! Weg ist weg! Nasenspülungen sind effektvolle Therapiemaßnahmen!

Der Rest ist jetzt einfach und schnell erzählt. Das Spülwasser für die Nasenspülungen darf natürlich nicht salzfrei sein! Unser Körperwasser enthält nämlich Salz in der Konzentration von Meerwasser: Schließlich sind unsere Vorfahren noch Meeresbewohner gewesen. Da ist ein

Überleben nur möglich, wenn die Salzkonzentration innen im Körper ziemlich exakt der Salzkonzentration außerhalb des Körpers entspricht! Salz zieht bekanntlich Wasser an. Und wenn zu beiden Seiten einer Membran (in diesem Fall der Nasenschleimhaut) eine unterschiedliche Salzkonzentration vorliegt, dann wird die Schleimhaut durch die Wasseranziehungskraft des Salzes asymmetrisch belastet: Es treten "osmotische Kräfte" auf. Das kann einem dann schon mal die Feuchtigkeit in die Augen treiben! Also: eine zu hohe Salzkonzentration im Nasenspülwasser schmerzt. Aber ein zu geringe Salzkonzentration schmerzt auch! Im ersten Fall wird der Schleimhaut Wasser entzogen, im zweiten Fall quillt die Schleimhaut auf. Die Salzkonzentration in unserem Körperwasser liegt (es gibt Ausnahmen) bei 0,9 %. In 100 ml Wasser sollten 0,9 g Salz gelöst werden. In einem Liter entspricht das 9 g und in einem viertel Liter (die Nasenduschen haben ein Füllvolumen von 250 ml) 2,25 g. Diese Menge Kochsalz gibt es – gereinigt, genau abgewogen und einzeln verpackt – als Nasenspülsalz in Apotheken und Drogerien käuflich zu erwerben. Wenn man allerdings eine genaue Waage hat…

Es empfiehlt sich auch, etwa 10 Minuten vor einer geplanten Nasenspülung – jedenfalls gilt das für den Fall eines Atemwegsinfektes – die Schleimhäute medikamentös mit Nasenspray abzuschwellen! Durch die Abschwellung erhöht sich die Strömungsgeschwindigkeit des Spülwassers in der Nase und damit die Reinigungskraft. Und außerdem werden die Abflüsse aus dem NNH-System weit geöffnet, sodass der Schleim aus dem NNH-System überhaupt erst abfließen kann!

Bei Infekten ist es wichtig, dass die Nasenschleimhäute feucht gehalten werden. Für die "Feuchtigkeit" sollte man eine "physiologische Kochsalzlösung" verwenden – das ist eine Kochsalzlösung mit einer Konzentration von 0,9 %. Auch Meerwasser ist geeignet. Die Verneblung muss mit einem Inhaliergerät erfolgen. Verdampfen der Kochsalzlösung hilft natürlich nicht weiter, denn das Salz gelangt ja bekanntlich nicht in die Dampfphase, sondern verbleibt im Siedetopf. Diese Methode wird ja seit Jahrhunderten zur Salzgewinnung verwendet! In jeder Saline wird das Wasser verdampft und damit die Salzkonzentration im zurückbleibenden Wasser erhöht und das Salz quasi eingedickt. Zum Inhalieren mit Salz eignet sich eine Verdampfung also definitiv nicht!

Bei einer Inhalation von Kochsalzlösung oder dem Einsprühen von Meerwasser-Nasenspray wird die Schleimhaut also befeuchtet und auch erwärmt. Das kann die Nasenspülung natürlich auch! Auch bei der Nasenspülung gelangt warmes Salzwasser in die Nase. Aber die Nasenspülung kann noch mehr: Sie kann noch absaugen! Und darin liegt der große Vorteil!

Wie oft soll man die Nase spülen?

Da gibt es keine Regel. Wenn man einen Infekt hat, darf man – und sollte man! – immer dann die Nase spülen, wenn man das Bedürfnis hat, die Nase wieder frei zu bekommen. Bei Infekten und nach Nasenoperationen sollte man ruhig 4 bis 5 mal täglich die Nase ausspülen. Andererseits, wenn man gesund ist, muss man die Nase nicht ausspülen. Man darf sich auch in diesem Fall wieder voll und ganz auf sein Körpergefühl verlassen…

Kommentare

Frage:
Ich frage mich, ob ich durch Nasenspülung auch eine Re-Infizierung der Nebenhöhlen riskiere und sie daher besser aussetzen sollte. Wie ist Ihre Einschätzung dazu?

Antwort_
Ein "Nullrisiko" gibt es natürlich nicht! Dennoch bin ich beim Abwägen von Risiko und Nutzen der Meinung, dass der Nutzen überwiegt.

Das Naseninnere ist niemals keimfrei ("steril"). Und im Trinkwasser sind – in unseren Landen – krankmachende ("pathogene") Keime in relevanter Anzahl nicht zu erwarten. Das Herausspülen von Sekreten senkt in jedem Fall die "Keimlast". Und wenn man immer frisches Wasser verwendet, sollte das auch so bleiben.

Vielleicht ist Ihnen aber auch schon mal aufgefallen, dass selbst Stunden nach einer Nasenspülung unvermittelt Wasser aus der Nase läuft, wenn man sich mal bückt, um sich z. B. die Schuhe zuzubinden. Dieses Wasser hat dann zuvor offenbar längere Zeit in einer der Nasennebenhöhlen verbracht wie in einer Schüssel. Erst beim Umdrehen der Schüssel ist es dann herausgeflossen. Wasser-"Pfützen", die längere Zeit in den Nasennebenhöhlen stehen, können möglicherweise durch die Feuchtigkeit und die Wärme ein neues Keimwachstum begünstigen. Bei der nächsten Spülung werden die Keime dann aber wieder entfernt.

Man sollte also nach einer Nasenspülung immer den Kopf weit nach vorn beugen und auch dabei mal den Kopf zu beiden Seiten drehen, damit das Wasser vollständig herausfließen kann. Wenn beim Zubinden der Schuhe die Schnürsenkel trocken bleiben, haben Sie alles richtig gemacht …

Vielen Dank für Ihren Hinweis, der mit die Gelegenheit gibt, auf diesen Punkt noch etwas genauer einzugehen!

Frage:
vielen Dank für diese lehrreiche Erklärung zum Thema Nasenspülung. Eine kleine Zusatzfrage: Ich spüle mir regelmäßig die Nase. Zum einen mit einer mittels Nasendusche zum anderen aber auch durch den Rachen abfließend. Jetzt sehe ich, dass bei letztere Methode einiges an Sekret herausgespült wird, weshalb ich bis dato dachte, dass diese Methode vorzuziehen ist. Würden sie diese Methode nicht empfehlen oder ist das Optimum die Kombination beider Vorgehen?

Antwort:
Beim Spülen der Nase ist es wichtig, dass die Nase vom Spülwasser durchströmt wird. Die Strömung saugt die Nasennebenhöhlen (NNH) ab und transportiert den Schleim nach draußen. Wenn die Nase bereits durchströmt worden ist, dann ist es aus Sicht der Nase unerheblich, ob das Spülwasser durch das andere Nasenloch oder durch den Rachen nach draußen geführt wird. Wenn das Spülwasser in ein Nasenloch hinein- und aus dem anderen wieder herausläuft, dann hat man natürlich beide Seiten gespült, beim Abführen des Spülwassers durch den Rachen

hingegen nur eine Seite. Wenn Sie allerdings die Beobachtung gemacht haben, dass sie mehr Schleim entleeren, wenn Sie das Spülwasser durch den Rachen anstatt durch die Nase abführen: Es bleibt Ihnen unbenommen, Ihre Nase so zu spülen, dass die für Sie bestmögliche Wirkung erzielt wird!

Allerdings: Normalerweise empfinden die Patienten die Spülung durch beide Nasenlöcher als angenehmer und das Spülen durch ein Nasenloch – mit Abfluss über den Rachen – als unangenehmer. Bei der letztere Version kann man auch mal Pech haben und evtl. Spülwasser "aspirieren" (Wasser gelangt in die Lunge), was nicht nur unangenehm ist, sondern auch mal gefährlich werden kann.

Nicht zuletzt: Ich freue mich, dass meine Worte zur Alternativmedizin bei Ihnen auf offene Ohren gestoßen sind! Sie ahnen nicht, wie viele Leute es gibt, die für sachliche Argumente nicht empfänglich sind, keine Gegenargumente haben – außer ihrem "Bauchgefühl" – und die Diskussion anstatt auf der Sachebene auf der persönlichen und emotionalen Ebene weiterführen wollen. Ihr Kommentar zeigt mir, dass ich nicht allein bin auf der Welt ... Vielen Dank!

Frage:
ich spüle bei Erkältungen auch meine Nase. Allerdings habe ich das Gefühl, dass es nicht den Schleim herausbefördert, sondern nur "anlöst"? Ist es egal, in welche Seite ich das Wasser laufen lasse, da ja beide Seiten gespült werden?. Wie sieht es aus bei Kindern? Ab wann können sie Nasenduschen machen? Vom Physikalischen her ist es sinnvoll, bei Babys Nasenabsauger (Ballon oder solche, bei denen die Eltern saugen müssen) zu verwenden? Ich denke mir auch, dass gerade dann die Ansteckungsgefahr für noch nicht angesteckte Eltern recht groß ist, da ja die Luft direkt eingesaugt wird. Noch zum "Hochziehen": das galt doch vor ein paar Jahren als die bessere Alternative als "Schneuzen"? Warum? Was ist an der Nasendusche "alternative Medizin"? Weils noch nicht so alt ist? Dann wären doch aber die Laktosepillen nicht "alternativ"?

Antwort:
Wenn der Schleim sehr zäh und fest ist, kann es sein, dass erst mehrfaches Spülen den Erfolg bringt. Tatsächlich muss man trockenen, festen Schleim oftmals erst aufweichen, bevor er ausgespült werden kann. Die Richtung der Spülung ist im Prinzip unerheblich; Sie sehen das völlig richtig: Es werden beide Seiten gespült. Wenn aber eine Seite verschleimt ist und die andere nicht, dann ist es natürlich sinnvoll, die Nasendusche so anzusetzen, dass der Schleim auf kürzestem Wege direkt herausgespült wird und nicht erst durch den Nasenrachenraum in die andere Nasenseite gelangen muss!

Bei Kindern ist es natürlich unterschiedlich und abhängig von den Kindern. Manche Kinder lassen sich spülen, andere wieder nicht. Es gibt keine allgemeingültige Regel. Bei den Saugern sollte es so sein, dass die abgesaugte Luft erst durch eine "Wasserfalle" muss, dann wäre eine Ansteckungsgefahr äußerst gering. Allerdings kann man sich und andere niemals hundertprozentig vor Infektionen schützen.

Warum das Nasehochziehen besser sein soll als das Schneuzen, ist auch mir ein Rätsel! Und am Nasespülen mit Nasenduschen ist nichts "alternativ" im Sinne der "Alternativen Medizin". Es ist eine physikalische Methode, die ihre Wirkung hat und berechtigt ist, die aber andererseits auch keine Erfolgsquote von 100 % bieten kann. Nasenspülen kann vielleicht bei rechtzeitigem Einsatz eine Antibiotikumtherapie vermeiden, so wie Cortison vielleicht bei rechtzeitigem Einsatz auch mal eine Operation vermeiden kann. Man kann dann durchaus die harmloseren Therapien als "Alternative" ansehen. Aber es ist keine "Alternativmedizin" wie sie landläufig verstanden wird.

Frage:
Vielen lieben Dank für die Antwort! Ich hatte nicht bedacht, dass sich "alternative Medizin" auf einen Ihrer anderen Texte bezog. Sehr sympathisch! – Antibiotika vermeide ich gerne, wenn ich aber mit Antibiotika lange Krankheitsverläufe vermeiden kann, bin ich damit einverstanden. Am liebsten vermeide ich unnötige Medikamentation, die meine "Selbstheilungskräfe" anregen sollen. Das kann ich auch selbst mit günstigeren Placebos: leckere Hustenbonbons, Jogitee und Anruf bei Mama. – Wie sieht es eigentlich mit "viel Trinken" aus? Ich kann mir nicht vorstellen, dass "Über-den-Durst-Trinken" tatsächlich den Schleim verflüssigt. Immerhin ist ja die Nase kein "Ausscheidungsorgan" für Wasser. Bei einer Blasenentzündung kann ich mir hingegen gut vorstellen, dass es hilft.

Antwort:
Nun ja, die Schleimhaut scheidet schon Schleim aus! Schleim besteht aus Wasser und schleimbildenden Feststoffen, so wie Tapetenkleister aus Wasser und Kleisterpulver besteht. Wenig Wasser: dickflüssiger Kleister. Viel Wasser: dünnflüssiger Kleister!

Frage:
Wie sieht es mit den Ohren aus? Wenn sie "zu" sind, ist es schädlich, sie durchzupusten? Also Nase zuhalten und pusten, damit sie wieder frei werden?

Antwort:
Unter "Durchpusten" versteht offenbar jeder etwas Anderes! Nase zuhalten und pusten: Das ist der "berühmte" Druckausgleich, wenn ein Unterdruck im Mittelohr ist. Man nennt es "Valsalva-Manöver". Es erhöht sich der Druck im Mittelohr – idealerweise vom Unterdruckbereich bis in den Normdruckbereich. Aber wie soll dabei Ohrenschmalz herausgedrückt werden? Durch ein geschlossenes Trommelfell? – Es gibt Leute, die verstehen unter "Durchpusten" die ganz normale Ohrspülung mit Wasser. Das hilft natürlich bei Ohrenschmalz – vor allem, wenn es ein HNO-Arzt macht! Wieder andere verstehen unter "Durchpusten" die Einblasung von Luft durch die Nase, durch die Eustachische Röhre ins Mittelohr, durchgeführt vom HNO-Arzt, während die Patienten /k/-Laute sprechen ("Kuckuck" oder "Kaffeekanne"). Dieses Verfahren nennt man "Politzer-Verfahren" und es wirkt wie ein Valsalva-Manöver druckerhöhend im Mittelohr. Der Unterschied liegt darin, wer es durchführt: Der HNO-Arzt führt ein Politzer-Manöver durch, der Patient ein Valsalva-Manöver.

Frage:
Nochmal zum Salz in der Nasenspülung: Ich mache es immer per "Augenmaß" und schaffe es, eine angenehm salzige Lösung herzustellen. Jemand erzählte mir aber, Haushaltssalz sollte man nicht nehmen (Rieselhilfen, falsche Salzzusammensetzung).

Antwort:
"Augenmaß" kann dennoch unangenehm sein. Die ideale Salzkonzentration liegt bei 0,9 % Kochsalzlösung (NaCl-Lösung). Die gleiche Konzentration findet sich im Blut. Fertig konfektionierte Salzbeutel enthalten die optimale Dosis und sind zudem gereinigt und sterilisiert. Davon abgesehen, ist jedes andere "Koch"-Salz ebenfalls tauglich! Manche Medizinalsalze enthalten noch andere Komponenten, deren Nutzen aber zumindest fraglich ist. Und die Rieselhilfen im Kochsalz (oder Jod- bzw. Fluorbeimengungen) sind unschädlich. Jedenfalls ist mir in meinem Berufsleben noch kein Schaden "untergekommen".

Frage:
Besten Dank für den guten Artikel. Sie erwähnen, dass auch Meerwasser zur Spülung geeignet ist. Kann man bedenkenlos Meerwasser durch die Nase spülen, oder können andere Bestandteile des Meerwassers (Partikel?) zu Problemen führen? Ich habe bemerkt, dass Meerwasser meine Nase deutlich besser befreit als die Emser Nasendusche. Könnte das mit einer zusätzlich abschwellenden Wirkung durch den höheren osmotischen Druck zusammenhängen?

Antwort:
Es gibt medizinisches Meerwasser-Nasenspray. Damit könnte man auch spülen; ob das aber sinnvoll ist? Der Preis wird sicher eine Rolle spielen.

Wenn man im Urlaub mit Meerwasser spülen will, dann kommt es darauf an, dass das Meerwasser auch sauber ist, besonders auch in mikrobieller Hinsicht. Nicht jedes Meer eignet sich.

Warum die abschwellende Wirkung mit Meerwasser größer ist, ist nicht genau zu beantworten – es gibt ja keine Studien dazu. Ist die Wirkung nur bei Ihnen besser? Oder auch bei anderen? Einen höheren osmotischen Druck erreicht man auch, wenn man einfach vom Kochsalz eine größere Menge nimmt. Ist die Wirkung dann auch vorhanden? Im Meerwasser sind nicht nur Kochsalzionen, sondern auch noch diverse andere Anionen und Kationen. Um herauszufinden, ob eine bessere Wirkung ein Einzelfall ist oder nicht und worauf eine "globale" Wirkung ggf. zurückzuführen ist, müsste man diesbezügliche Forschung betreiben. Da man die Antwort leider nicht gegen Geld verkaufen kann, wird sich kein Institut finden, das Ihre Frage beantworten möchte…

Frage:
Gibt es denn Ursachen der andauernden Schleimproduktion, wenn diese nicht vom Schnupfen herrührt? Könnte ein Zusammenhang mit dem Gesundheitszustand der Darmflora oder der Aufnahme bestimmter Lebensmittel eine Rolle spielen? Falls ja, wo kann man hierzu mehr erfahren?

Antwort:
Die "Ursache" der Schleimproduktion liegt darin, dass es in den Schleimhäuten schleimproduzierende Zellen gibt, die ständig Schleim produzieren. Das ist ihre Aufgabe und das besagt auch ihr Name. Schleim ist für die Schleimhäute wichtig! – Eine normale Schleimproduktion nimmt man gewöhnlich nicht zur Kenntnis. Abweichungen nach oben oder nach unten fallen allerdings sofort auf.

Ich kann noch nicht mal sagen, was unangenehmer ist: Zu viel Schleim oder zu wenig Schleim! Jedenfalls beklagen sich viele Patienten über trockene Schleimhäute…

Atemwegsreizungen jedweder Art führen zu einer vermehrten Schleimproduktion.

Einen Zusammenhaben mit der Darmflora oder mit Lebensmitteln kann ich nicht erkennen. Ich weiß aber, dass derartige Zusammenhänge von vielen Scharlatanen und Quacksalbern behauptet werden.

Wenn man sich "normal" ernährt, braucht man kein Geld auszugeben für Mittel "zum Aufbau der Darmflora" oder für überteuerte Vitaminpräparate.

Frage:
Kann ich nicht die Nasendusche mit zusätzlichen antibiotischen oder stärker desinfizierenden Zusätzen befüllen um die Effektivität zu steigern und so die Belastung des Gesamtorganismus mit Antibiotika vermeiden oder zumindest verringern?

Antwort:
Man kann natürlich die Nasendusche mit verschiedenen Lösungen befüllen – die Frage ist aber, ob das sinnvoll ist!

Desinfektionsmittel sind salzfrei – also ist das "osmotische Gleichgewicht" gestört. Dann müsste man spezielle Schleimhautdesinfektionsmittel verwenden – und trotzdem würde es in der Nase "brennen". Desinfektionsmittel wirken bei Anwesenheit von Schleim schlecht oder gar nicht; die Spülung soll aber ja gerade den Schleim herausbefördern. Dieses mit Desinfektionsmittel zu tun, ist lediglich teuer – und dennoch unwirksam.

Schließlich muss man auch bedenken, dass die Kontaktzeit der Mittel in der Nase nur wenige Sekunden beträgt – zu kurz für eine Wirkung, aber lang genug für die evtl. Entwicklung einer Allergie. Gleiches gilt für Antibiotika.

Alles in Allem also keine empfehlenswerte Idee…

Frage:
Ich bin beeindruckt über Ihre Veranschaulichungen. Bravo! Eine Frage zur Nasenspülung hätte ich dennoch: Erreiche ich mittels Emser Nasendusche auch die Stirnhöhlen? Gibt es denn noch eine bessere Methode? Ich freue mich darauf von Ihnen zu lesen.

Antwort:
Die Spülflüssigkeit durchfließt nicht die Nasennebenhöhlen! Sie fließt seitlich – "tangential" – an den Eingängen zu den Nasennebenhöhlen vorbei. Dabei wird ein Unterdruck aufgebaut, der die Nasennebenhöhlen leersaugen kann. Ich schreibe absichtlich "kann", denn es kann durchaus auch Hindernisse geben, sodass der gewünschte Effekt nicht eintritt – oder nicht sofort eintritt. Dennoch gibt es eigentlich keine bessere Methode (ich nehme an, Sie interessieren sich nur für Methoden, die man als Patient selbst und ohne großen Aufwand durchführen kann und

nicht für Operationsmethoden in der Hand des Facharztes). Man muss lediglich manchmal geduldig sein. Normales Naseputzen funktioniert auch, saugt aber nicht so stark wie die Nasendusche.

Nasenspray – gefährlicher als Cocain?
Ganz klar: Es handelt sich um eine rhetorische Frage. Und auch ganz klar: Die Antwort ist „nein"!

Wie kommt man überhaupt auf eine derartige Frage?

Diese Frage drängt sich mir geradezu auf, wenn ich all die das Nasenspray betreffenden Warnungen höre und lese. Wenn ich Patienten frage, ob sie Nasenspray genommen haben, ernte ich oftmals fragende und entrüstete Blicke: „Nasenspray ist doch gefährlich!"

Und nun schreibe ich einen Artikel über Nasenspray und tue mich sehr schwer damit, weil Nasenspray ein Medikament ist, das nicht nur Wirkungen hat, sondern auch Nebenwirkungen – wie alle „richtigen" Medikamente! Und ich möchte in diesem Artikel die Nebenwirkungen etwas relativieren, ohne dem Nasenspray zugleich eine Unbedenklichkeitserklärung auszustellen.

Ahnen Sie, was ich sagen möchte? Ich möchte sagen, dass Nasenspray „grau" ist! Es ist nicht „weiß". Es ist aber auch nicht „schwarz"!

Was ist überhaupt Nasenspray (Nasentropfen sind identisch; sie werden nur auf andere Art und Weise in die Nase gebracht – „appliziert". Wenn ich von „Nasenspray" spreche, schließe ich gleichermaßen auch immer die Nasentropfen in meine Überlegungen ein.)?

Nasenspray ist eine pharmakologische Weiterentwicklung eines körpereigenen Hormons: des Adrenalins. Adrenalin setzt Leistungsreserven des Körpers frei, wenn es mal „brenzlig" wird. In diesem Rahmen hat Adrenalin auch eine Wirkung auf die Nasenschleimhäute.

Die Nase hat ja bekanntlich die Aufgabe, die Atemluft zu erwärmen, zu befeuchten und den Staub herauszufiltern: Die tiefen Atemwege und die Lunge können Kälte, Trockenheit und Staub nicht sehr lange ertragen. Wenn die Atemluft also mal kalt, trocken oder staubig ist, dann schwellen die Nasenschleimhäute an und vergrößern dabei ihre Oberfläche und ihr Volumen. Über die größere Oberfläche können die Nasenschleimhäute mehr Wärme und mehr Feuchtigkeit abgeben und sie können mehr Staub herausfiltern. Über das größere Volumen „bremsen" sie den Atemstrom „aus", sodass die Nase mehr Zeit hat, Wärme und Feuchtigkeit abzugeben und Staub herauszufiltern.

In Ruhe ist ein geringer Atemstrom für den Körper durchaus sinnvoll, da die tiefen Atemwege und die Lunge vor Auskühlung, Austrocknung und Verschmutzung bewahrt werden. Aber wenn mal ein Raubtier Jagd auf unsere Vorfahren gemacht hatte, dann mussten sie schnell wegrennen – können! Mit einer engen Nase und zu wenig Sauerstoff für die Muskulatur war das nicht möglich. An dieser Stelle hat das Adrenalin eingegriffen: Es hat im Rahmen seines „Leistungssteigerungsprogamms" auch eine Abschwellung der Nasenschleimhäute in seinem „Portfolio"! Wenn der Körper schon fast ohne Unterbrechung seine eigene Lunge vor Kälte, Austrocknung und Staub schützt, so muss er das ja nicht ausgerechnet auf der Flucht auch noch tun! Da hat das Überleben uneingeschränkt die oberste Priorität. Die Lunge wird in den paar Minuten der Flucht schon keinen Schaden nehmen! Und nach gelungener Flucht, kann sich der Körper ja auch wieder erholen und die Schleimhäute der Nase wieder etwas dicker werden. – Lebewesen, bei denen dieser Abschwellungsmechanismus nicht „einprogrammiert" war, sind nicht unsere Vorfahren geworden! Sie wurden entweder gefressen oder sind auf der Flucht erstickt … Wieder einmal ein Beispiel für die Methode der Evolution!

Wenn wir heute aus medizinischen Gründen die Nasenschleimhaut abschwellen wollen, dann brauchen wir dazu natürlich nicht das gesamte leistungssteigernde „Portfolio" des Adrenalins; es reicht die alleinige abschwellende Wirkung auf die Nasenschleimhaut. Auch, wenn es niemals ganz gelingt, alle Wirkungen beim „Designen" des Medikaments „Nasenspray" säuberlich voneinander zu trennen: Nasenspray hat ein deutlich schmaleres Wirkungsspektrum als Adrenalin! Dementsprechend wird Nasenspray in der Intensivmedizin oder in der Kardiologie erst gar nicht eingesetzt …

Wir hatten uns bereits Gedanken gemacht, wie die Nase die tiefen Atemwege schützt, wenn die Atemluft kalt, trocken oder staubig ist: Durch Anschwellung. Nun gibt es aber durchaus auch Orte und Zeiten, in denen die Atemluft von Natur aus schon warm, feucht und staubarm ist. Was passiert dann mit der Nase? Ganz klar: Die Nasenschleimhäute schwellen ab! Sie brauchen dann ja nicht angeschwollen zu sein, weil das, was die Anschwellung bewirken will, bereits eingetreten ist – ohne Anschwellung!

Wenn der Mensch – in Gestalt eines Arztes – also nicht eingreift, dann unterliegt der Schwellungszustand der Nasenschleimhaut einem „Regelkreis"! Bei kalter oder trockener oder staubiger Luft schwillt die Schleimhaut an; bei warmer oder feuchter oder staubarmer Luft schwillt die Schleimhaut ab.

Und was ist, wenn wir einen ganzen Urlaub im Sommer an der See verbringen? In sauberer Meeresluft und feuchter Wärme? Bleibt die Nasenschleimhaut 4 Wochen ohne Unterbrechung abgeschwollen?

Nein, bleibt sie nicht! Zur Erklärung: Die Schwellung der Schleimhaut wird über den Mechanismus „Erweiterung / Verengung der Blutgefäße" bewirkt. Der Blutgefäßquerschnitt hat aber nicht nur Einfluss auf den Schwellungszustand der Schleimhaut! Über die Blutgefäße müssen auch Nährstoffe in die Nasenschleimhäute gebracht werden! Und immer, wenn die Nasenschleimhäute ein neues „Lunchpaket" brauchen, dann werden die Blutgefäße und damit die Schleimhäute wieder dicker.

Haben Sie das bei sich selbst schon einmal beobachtet? Vermutlich nicht! Die Evolution hat nämlich durchaus auch hier sehr bemerkenswerte Strategien hervorgebracht! Wir haben ja bekanntlich zwei Nasenlöcher! Und wenn die Schleimhaut der einen Seite geschwollen ist („Mahlzeit!"), dann ist die Schleimhaut der anderen Seite abgeschwollen – soweit es das Klima erlaubt. Nach etwa 4 Stunden haben die beiden Nasenseiten dann ihre Rollen getauscht. Ein Nasenloch stellt immer die Versorgung des Körpers mit Sauerstoff sicher und das andere Nasenloch schützt sich selbst vor dem Hungertod! Unsere Nase hat einen „nasalen Zyklus" von etwa 4 Stunden Dauer.

Der gesamte Ablauf – nasaler Zyklus unter Berücksichtigung der Qualität der Atemluft und der Bedürfnisse des Körpers – wird automatisch vom Körper geregelt! Wenn man für diese Anforderungen ein Computerprogramm schreiben wollte, dann wäre das keine triviale Aufgabe! Schließlich können die Qualitäten „kalt / warm", „trocken / feucht" und „staubig / staubarm" auch in jeder Kombination vorkommen! Kalte Luft kann auch feucht sein, warme Luft kann trocken sein. Auch diese Kombinationen werden von der Regelung des Körpers beherrscht: Eine Art „biologische Fuzzy-Logic"!

Wenn ein Therapeut (ein Arzt oder der Patient als Selbstbehandler) Nasenspray verwendet, dann muss er wissen, dass er dabei den Bereich der „Regelung" verlässt und in den Bereich der „Steuerung" kommt. Bei einer voreingestellten Regelung ist die „Intelligenz" vom – hoffentlich intelligenten! – Programmierer in das System gebracht worden. Bei einer Steuerung muss der „Steuermann" seine eigene – hoffentlich vorhandene! – Intelligenz aufwenden.

Und hier liegt eine gewisse Gefahr! Bei allzu häufiger oder ununterbrochener Anwendung von Nasenspray über einen langen Zeitraum kommt zu wenig Blut in die Schleimhäute, sodass – zumindest theoretisch – eine Mangelversorgung der Schleimhäute und in der Folge ein Schleimhautschaden auftreten kann.

Also: Finger weg vom Nasenspray?

Nein, so einfach ist das auch wieder nicht! Die abschwellende Wirkung des Nasensprays ist ja nicht nur purer Luxus, falls die Nasenatmung mal behindert ist. Wir brauchen die abschwellende Wirkung des Nasensprays bei der Behandlung von Entzündungen der Nase und insbesondere der Nasennebenhöhlen (NNH)! Auch zur Verbesserung der Mittelohrbelüftung bei einem "Tubenkatarrh" ist Nasenspray unverzichtbar.

Wie ich bereits an anderer Stelle erläutert habe, ist das Entzündungssekret in den NNH nicht nur „infiziert", sondern auch „infektiös"! Der Abfluss der Sekrete ist notwendig, um die Keimlast für das Immunsystem zu senken. Und das wiederum führt zu einer schnelleren Ausheilung.

Um einem möglichen Missverständnis vorzubeugen: Nasenspray ist *nicht* in der Lage, einen „banalen Schnupfen" zu verkürzen! Aber es ist in der Lage, eine Verlängerung zu verhindern oder sogar den Übergang von einem „banalen Schnupfen" in eine langwierige Nasennebenhöhlenentzündung (oder Mittelohrentzündung) zu verhindern. Deshalb mache ich den Schnupfenpatienten gern Mut zur Nasensprayanwendung! Meine Überzeugung ist: Wer 5 Tage früher beginnt mit der Nasensprayanwendung, der darf 30 Tage früher damit aufhören!

Weiter oben habe ich geschrieben, dass eine allzu lange Anwendung von Nasenspray zu einer Mangelversorgung der Nasenschleimhaut kommen kann. Eine solche Erkrankung ist sehr unangenehm! Es kann zu „Nekrosen" (Gewebe stirbt ab!) und manchmal in der Folge zu einer „Stinknase" („Ozaena") kommen. Unter dem unkritischen Gebrauch eines der ersten Nasensprays, die es auf dem Markt gab – „Privin®" – ist genau das passiert. „Zu Ehren" dieses Präparates spricht man auch vom „Privinismus".

Gibt es unter den modernen Nasensprays auch noch Privinismus und Stinknasen? – Die Lehrbücher sagen „Ja"!

Ich möchte an dieser Stelle nicht den Fehler machen und Statistiken, die aus größeren Beobachtungszahlen gewonnen werden, durch meine persönliche Beobachtung widerlegen zu wollen! Aber ich möchte dennoch „vorsichtig" darauf hinweisen, dass ich in meinem ganzen Berufsleben noch keinen *einzigen Nasensprayschaden* gesehen habe! Ich habe schon mehrfach Patientinnen und Patienten erlebt, die teilweise bis zu 20 Jahren (*zwanzig!*) mehrmals täglich Nasenspray verwendet haben! Hätten sie es mir nicht „gebeichtet" – ich hätte es nicht gesehen! Kürzlich war der erste Patient bei mir, der 30 Jahre Nasenspray verwendet hat: Keine Anzeichen irgendeines Schleimhautschadens!

Damit wir uns nicht missverstehen: Ich finde es überhaupt nicht gut, wenn Patienten so lange Nasenspray verwenden. In solchen Fällen liegen immer Probleme vor, die sich mit Nasenspray ganz offensichtlich nicht lösen lassen. In diesen Fällen muss man gemeinsam eine andere Behandlungsstrategie auswählen.

Aber umgekehrt habe ich schon sehr viele Patienten mit langwierigen Infekten oder sogar chronischen Nasennebenhöhlenentzündungen gesehen, die aus Angst vor schlimmen Folgen kein Nasenspray verwenden wollen! Dabei sind die schlimmen Folgen schon längst da – und zwar nicht *trotz* des Vermeidens von Nasenspray, sondern *wegen* des Vermeidens von Nasenspray! Und da muss man einfach mal „die Kirche im Dorf" lassen: Eine zweiwöchige – auch eine zweimonatige! – Nasensprayanwendung ist immer noch kürzer als eine zwanzig- oder dreißigjährige Nasensprayanwendung!

Mein Ratschlag: Zunächst mal muss man dafür sorgen, dass ein akuter Infekt schnell zur Ausheilung kommt. Und wenn man zu diesem Zweck Nasenspray anwenden muss, dann muss man das eben tun!

Die Wirkungsdauer von Nasenspray ist übrigens kürzer als 8 Stunden. Jeder Tag hat 3 mal 8 Stunden! Wenn man die Nasenschleimhaut im Infektfall abschwellen muss, dann sollte man mindestens 4 mal pro Tag Nasenspray anwenden! Eine zu seltene Gabe oder ein vorzeitiges Absetzen – noch vor der Ausheilung des Infektes – ist kontraproduktiv und führt zu verzögerten Heilungen oder zu Rückschlägen.

Außer bei Infekten ist Nasenspray natürlich auch dann erlaubt, wenn die Nase kurzzeitig mal zugeschwollen sein sollte. Das kann z. B. bei klimatischen Änderungen der Fall sein. Im Winter benötigt man häufiger mal Nasenspray als im Sommer. Auch ein Glas Rotwein kann eine regelrechte Nasenblockade verursachen. Aber wenn man in diesen Fällen nur einmal pro Tag Nasenspray anwendet, dann hat man auf knapp 8 Stunden Wirkungsdauer gut 16 Stunden Erholungspause für die Schleimhaut. Da sollte sich ein schlechtes Gewissen in Grenzen halten ...

Hin und wieder beklagen Patienten, dass sie bei Infekten selbst mit Nasenspray die Nase nicht mehr frei bekommen können! Das liegt natürlich nicht am Nasenspray, sondern an einer falschen Anwendung! Die Nase hat eine Tiefe von etwa 7 bis 8 Zentimetern. Wenn die Schleimhaut „auf voller Länge" geschwollen ist, dann kann Nasenspray nur die vorn liegenden Schleimhautareale abschwellen. Bis zu den hinteren Schleimhautarealen kann das Nasenspray erst gar nicht vordringen, weil die Schleimhäute so stark geschwollen sind, dass genau das nicht funktioniert. Dann muss man eben ein paar Minuten warten und ein 2. Mal sprühen! Der 2. Sprühstoß gelangt dann schon bis in größer Tiefen. Die 3. und 4. Sprühstöße erst kommen in die tiefen Nasenregionen! Irgendwann wird die Nase frei sein! Und dann muss man die Nase nur noch durch regelmäßige Anwendung offen halten ...

Sollte jedoch nach der Ausheilung des Infektes immer noch das Bedürfnis bestehen, weiter Nasenspray anwenden zu wollen, dann ist zumindest Wachsamkeit geboten!

Nein, die „Lust" auf Nasenspray ist keine „Sucht" im eigentlichen Sinne. Das Gefühl, dass nach Absetzen des Nasensprays die Nasenschleimhaut wieder stark anschwillt und man wieder zum Nasenspray greifen muss, ist zwar echt, aber keine Sucht! Es beruht auf dem sogenannten „Rebound-Effekt". – Es können allerdings auch „bauseitige" („anatomische") Veränderungen im Naseninneren vorliegen.

Falls Sie also Schwierigkeit haben sollten, das Nasenspray nach dem Ende der Krankheit wieder abzusetzen, dann sollten Sie sich mal beim HNO-Arzt vorstellen! Gern auch bei uns!

Nasenspraysucht

Es gibt nicht wenige Menschen, die das Gefühl haben, sie könnten auf Nasenspray nicht mehr verzichten. Sie befürchten, süchtig zu sein nach Nasenspray.

Es stimmt schon: Nach längerer Anwendung stellt sich eine gewisse Abhängigkeit vom Nasenspray ein. Eine „Sucht" im eigentlichen Sinne ist es aber nicht! Die Anwendung von Nasenspray wird nicht mit einem „euphorischen" Gefühl (Gefühl der Hochstimmung) belohnt, sondern nur mit einer freien Nase. Auch führt das Absetzen von Nasenspray nicht zu gefährlichen körperlichen Entzugssymptomen (vegetativen Symptomen, Zittern, Kreislaufproblemen), sondern nur zu einer verstopften Nase.

Aber eine verstopfte Nase ist nicht schön. Und sie ist schnell beseitigt: Mit Nasenspray!

Was ist passiert, dass Nasenspray mich um immer neue Anwendungen „bittet"?

Nasenspray hat als Medikament nur eine Wirkung mit begrenzter Dauer. Nasenspray wirkt nicht „ewig". Nasenspray beseitigt keine anatomischen Atemhindernisse in der Nase. Nasenspray hat lediglich eine – zeitlich begrenzte – abschwellende Wirkung auf die Nasenschleimhaut.

Die Größe des Naseninneren ist bekanntlich ziemlich unveränderlich (Veränderungen in beschränktem Maße sind zwar möglich, aber nur durch Operationen!). Das Naseninnere teilen sich die Nasenschleimhaut und die Atemluft. Wird die Nasenschleimhaut dünner, dann steht mehr Platz für die Atemluft zur Verfügung. So einfach ist das.

„Irgendwann" – nach etwa 8 Stunden – verschwindet die Wirkung des Nasensprays. Die bis dahin abgeschwollene Schleimhaut schwillt wieder an und der Platz für die Atemluft wird wieder kleiner. Wie weit schwillt die Nasenschleimhaut an? Bis zum „Startwert", wie er sich unmittelbar vor der Nasensprayanwendung zeigte?

Nein. Weit gefehlt!

Die Schleimhaut schwillt stärker an als zuvor! Das kann bis zur vollständigen Atemluft-Blockade im Naseninneren führen. Und nicht nur das! Nicht nur die vollständige Undurchlässigkeit der Nase ist unangenehm! Die Schleimhaut würde sogar noch weiter anschwellen, wenn sie denn könnte und nicht durch die äußeren Nasenwände an einer weiteren Anschwellung gehindert würde. Dabei baut die Nasenschleimhaut einen gewissen Überdruck im Naseninneren auf und der ist sehr unangenehm!

Die gute Nachricht ist: Auch ohne Nasenspray wird die Schleimhaut wieder dünner und erreicht letztendlich doch noch den Schwellungsgrad, den sie vor der Nasensprayanwendung hatte.

Die schlechte Nachricht ist: Ohne Nasenspray dauert das länger als mit neuem Nasenspray.

Aber es funktioniert! Das Verhalten der Nasenschleimhaut nach Nasensprayanwendung nennt man „Rebound-Effekt". Es ist vergleichbar einer Kinderschaukel mit einem ziemlich verrostetem Lager. Man lenkt die – sich am tiefsten Punkt befindliche – Schaukel auf eine bestimmte Höhe aus („Abschwellphase") und hält sie eine bestimmte Zeit fest („Wirkungsdauer"). Dann muss man sie irgendwann („Ende der Wirkungsdauer") wieder loslassen, und die Schaukel schwingt langsam (wegen des verrosteten Lagers) wieder zurück („Anschwellphase"). Aber trotz des verrosteten Lagers bleibt die Schaukel nicht abrupt im tiefsten Punkt („Startwert") stehen, sondern schwingt langsam weiter durch zur anderen Seite („zusätzliche Anschwellphase"). Nachdem die Schaukel einen Endpunkt erreicht hat – natürlich auf viel niedrigerem Niveau als bei der Erstauslenkung – schwingt sie noch langsamer (wegen des niedrigen Ausgangsniveaus und des immer noch verrosteten Lagers) wieder zurück, bis sie dann im tiefsten Punkt („Startwert") zur Ruhe kommt.

Was ich hier beschrieben habe, ist eine sogenannte „gedämpfte Schwingung". Der Rebound-Effekt beim Nasenspray ist einer derartigen gedämpften Schwingung ähnlich.

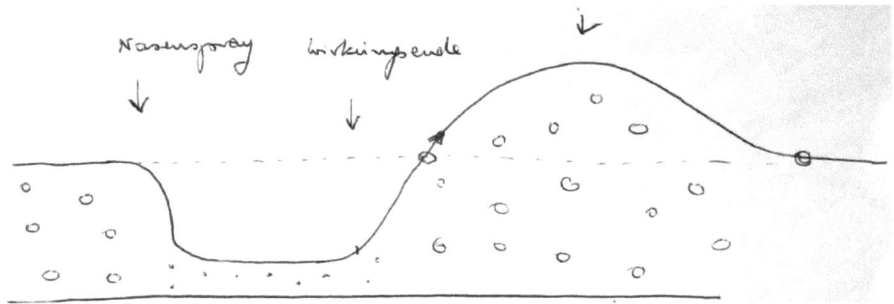

Rebound-Effekt

Wie kommt man denn jetzt in Kenntnis des Rebound-Effektes vom Nasenspray wieder los?

Ganz klar: Wieder Nasenspray zu nehmen, ist keine gute Idee! Schließlich mache ich dann ja mit Nasenspray eine Schwellung weg, die ich ohne Nasenspray gar nicht hätte!

Es hilft nichts: Man muss die Phase der „post-medikamentösen" (die Phase nach dem Wirkungsende) Nasenblockade „irgendwie" überwinden. Vielleicht hilft es etwas, wenn ich sage, dass diese Phase eine nur endliche Dauer hat und es ein Licht am Ende des Tunnels gibt.

An dem Wörtchen „irgendwie" haben Sie vielleicht erkannt, dass es noch Strategien gibt, wie man sich diese Phase zumindest ein wenig erleichtern kann.

Man kann zum Beispiel die Nase feucht halten. Dazu eignen sich Meerwasser-Nasensprays und Nasenöl-Sprays. Keine Sorge: Das Wort „Spray" zeigt ja nur an, wie die Flüssigkeit in die Nase gelangt. Der Rebound-Effekt ist nicht eine Eigenschaft des Flüssigkeitsnebels sondern eine Eigenschaft des abschwellenden Wirkstoffes (z. B. „Xylometazolin") im Spray. Meerwassersprays und Nasenöle pflegen die Schleimhaut und lösen Verkrustungen, sodass die Nase ein wenig freier wird. Aber Meerwassersprays und Nasenölsprays haben natürlich keinen Rebound-Effekt!

Eine weitere Strategie ist das „zweizeitige Absetzen". Ja, Sie haben richtig gelesen: Ich meine „zweizeitig" und nicht „zweiseitig"! Wir haben bekanntlich zwei Nasenlöcher – für jede Nasenseite ein eigenes Nasenloch. Und niemand verlangt, dass wir beide Nasenseiten „gleichzeitig" entwöhnen müssen. Man kann das auch nacheinander – „zweizeitig" eben – tun. Das zweizeitige Absetzen bedeutet, dass immer nur eine von beiden Nasenseiten zugeschwollen ist. Die andere Seite bleibt dann immer frei. Zu Beginn bleibt eine Seite frei, weil dort das Nasenspray einfach weiter angewendet wird, während es auf der anderen Seite schon abgesetzt ist. In der zweiten Phase bleibt die andere Seite frei, weil sie die „Ausschwingphase" schon überwunden hat! Es ist klar, dass man beim zweizeitigen Absetzen die Seiten nicht wechseln darf! Also z. B. links absetzen und rechts weitersprühen. Immer nur rechts weitersprühen – nicht mal rechts, mal links (wie es schon vorgekommen ist)! Ist die linke Seite freigeworden, dann auch rechts kein Nasenspray mehr einsprühen. Nicht links wieder damit beginnen (wie es schon vorgekommen ist)!

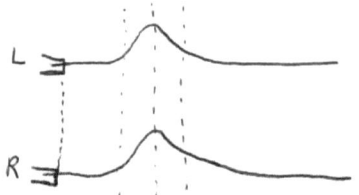 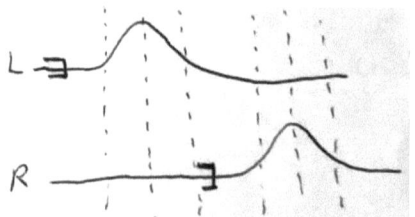

Gleichzeitiges Absetzen – Zweizeitiges Absetzen

Ich möchte nicht versäumen, darauf hinzuweisen, dass der gesamte „Entwöhnungs-Stress" auch durch das zweizeitige Absetzen nicht verkleinert werden kann! Entweder bewirke ich bei halber „Stress-Dauer" eine doppelte „Stress-Stärke" oder ich erziele bei doppelter „Stress-Dauer" eine halbe „Stress-Stärke". Das mathematische „Kommutativgesetz" sorgt dafür, dass „ein halb mal zwei" das gleiche Ergebnis liefert wie „zwei mal ein halb" ... Man mag das in diesem Fall bedauern, aber das hilft leider auch nichts ...

Wenn es mit diesen Strategien nicht gelingt, sich vom Nasenspray zu entwöhnen, dann sollte eine Vorstellung beim HNO-Arzt (gern auch bei uns) auf dem Programm stehen. Man muss dann gemeinsam nach den Ursachen der Nasenatmungsbehinderung suchen und diese gezielt behandeln. Wir Profis haben da einfach mehr Möglichkeiten als Sie ...

Was tun bei Nasenbluten?

Nasenbluten (Wir HNO-Ärzte nennen es "Epistaxis") ist eine unangenehme Sache. Meistens harmlos, aber manchmal auch gefährlich!

In 95 % aller Fälle befindet sich die Blutungsquelle in den vorderen Abschnitten der Nasenscheidewand. Hier gibt es ein kleines, oberflächlich liegendes Venengeflecht, das leicht verletzt werden kann. Insbesondere bei Atemwegsinfekten ist die Schleimhaut zudem noch sehr empfindlich und leicht verletzlich. Entdeckt wurde diese besondere Stelle an der Nasenscheidewand von Prof. Kiesselbach. Diese Stelle ist nun nach ihm benannt: "Kiesselbach'scher Ort" oder auf lateinisch (der Sprache der Anatomen): "Locus Kiesselbachi". (Das Wort "Locus" ist nicht anrüchig – es ist ein normales lateinisches Wort und bedeutet "Ort". Wir bezeichnen zum Beispiel unsere örtliche Zeitung auch als "lokale" Presse.)

Es ist gut zu wissen, dass Blut gerinnen kann! Das geronnene Blut ist der Klebstoff, der das Loch im Blutgefäß verklebt. Blut fängt sofort an zu gerinnen, sobald es an eine verletzte Stelle kommt. Fertig ist das Blutgerinnsel aber nicht sofort – es dauert schon noch ein paar Minuten! Drei Minuten mindestens! Wenn man das Blut also einfach fließen lässt, dann ist es drei oder vier Minuten später geronnen – aber nicht im Gefäßleck, sondern auf dem Hemd, auf der Hose, auf dem Fußboden oder im Waschbecken! Dort brauchen wir den Klebstoff aber nicht! Wir brauchen ihn in der Nase! Genau in dem Loch im Blutgefäß. Genau dieses Loch muss nämlich zugeklebt werden. Mit dem Blutgerinnsel als Klebstoff.

Was ist also zu tun?
Erst einmal: Bitte Ruhe bewahren! Wenn man sich aufregt, dann steigt der Blutdruck und drückt nur noch mehr Blut aus der Nase! Das ist nicht gut! Dann das Wichtigste: Mit Daumen und Zeigefinger die Nasenflügel fest zusammenpressen! Alles, was weich ist an der Nasenspitze, muss zusammengedrückt werden! Wenn die Nasenspitze – und damit das offene Blutgefäß – komprimiert wird, dann kommt das Blut wohl in das Loch hinein – aber nicht wieder heraus! Wenn man geduldig ist und die Nase drei oder vier Minuten zusammenpresst, dann ist aus dem flüssigen Blutstropfen der Klebstoff geworden, der das Loch verschließt! Fertig. Aber Achtung: Wenn Ihr Blut 4 Minuten braucht, um zu gerinnen und Sie lösen die Kompression schon nach 3 Minuten, dann fließt der zu 75 % fertige Klebstoff umgehend aus dem Gefäßleck und sofort ist ein neuer, frischer Tropfen Blut darin. Bei jeder vorzeitigen Lösung der manuellen Kompression wird die Uhr sofort wieder auf "Null" gesetzt! Man muss also leider nach jedem fehlgeschlagenen Blutstillungsversuch länger die Wunde verschließen! Das gilt übrigens für jede blutende Wunde!

Unterstützend wirkt auch eine Kompresse mit kaltem Wasser im Nacken und am Hals. Durch den Kältereiz ziehen sich reflektorisch die Blutgefäße zusammen. Dann fließt das Blut nicht so schnell und nicht so viel.

Und beugen Sie den Kopf nach vorn! Nicht nach hinten! Wenn Sie den Kopf nach hinten nehmen und Sie treffen die blutende Stelle nicht genau, dann blutet es ja weiter. Man sieht es nur nicht mehr! Eine Blutung wird nicht dadurch harmlos, dass man die Augen vor ihr verschließt! Oder dass man die Blutung "versteckt"! Wenn Sie größere Mengen Blut verschlucken, dann müssen Sie wissen, dass der Magen das Blut nicht bei sich behält! Sie verstehen, was ich meine!

Sollte die Blutung so heftig sein, dass das Blut trotz zugehaltener Nase aus dem Mund fließt, dann müssen Sie umgehend einen HNO-Arzt aufsuchen. Nachts fahren Sie bitte in die nächstgelegene HNO-Klinik! In seltenen und schweren Fällen ist eine Nasenblutung leider nur durch den HNO-Facharzt zu stillen!

Nehmen Sie nach einer Blutung für ein paar Tage keine Schmerzmittel, die Acetylsalizylsäure enthalten! Und lassen Sie Ihren Blutdruck kontrollieren! Zu hoher Blutdruck ist gefährlich! Haben Sie eine Blutgerinnungsstörung? Lassen Sie sicherheitshalber auch die Blutgerinnung kontrollieren! Suchen Sie für einen Allgemein-Check Ihren Hausarzt auf! Und pflegen Sie Ihre Nase durch Anwendung von Nasensalben oder Nasenölen!

Wenn Sie Schnupfen haben: Vermeiden Sie heftiges "Rubbeln" an der Nase! Schon geringe Scherkräfte reichen aus, um die Schleimhaut wieder neu aufzureißen!

Mund – Rachen – Kehlkopf

Stimmabgabe – Eine Stimme für den Kehlkopf

„Stimmabgabe" mal nicht politisch: Es geht um unsere Stimme. Um die Stimme, die aus dem Kehlkopf („*Larynx*") kommt. Und wir sollten diese unsere Stimme tunlichst nicht abgeben, sondern behalten.

Der menschliche Kehlkopf ist eine große und wichtige Errungenschaft der Evolution. Die Entwicklung der Menschheit wäre ohne Kehlkopf nicht möglich gewesen! Schließlich ist nur der Kehlkopf in der Lage – natürlich „angesteuert" vom Gehirn – Laute, Wörter und Sätze – Sprache eben – zu produzieren. Und wo wären wir ohne unsere Sprache? Wie hätten wir Wissenschaft, Technik oder Kultur ohne unsere Sprache entwickeln können? Wie hätte sich unser Gehirn soweit entwickeln können, wenn wir keine Sprache hätten? Hier schließt sich der Kreis: Sprache und Gehirn sind aufeinander angewiesen.

Die menschliche Sprache ist ein geniales Instrument, Informationen zwischen zwei Individuen auszutauschen – auch über eine relativ große Distanz hinweg. Die Sprache setzt sich aus vielen komplexen Klanggebilden („*Phonemen*") zusammen und ist dadurch sehr flexibel und sehr mächtig, wenn es darum geht, große Mengen an Information in akustische Signale zu verpacken.

Um diese Informationen von einem Menschen zum anderen zu transportieren, also „Kommunikation zu betreiben", brauchen wir zwei Organe: Der Kehlkopf muss den Wörtern Stimme verleihen und die Ohren müssen die Wörter aus der Stimme heraushören. Ist es ein Wunder, dass die Ohren genau in dem Frequenzbereich am empfindlichsten sind, in dem unser Kehlkopf die Stimme produziert? Nein, so funktioniert die Evolution! Lebewesen, deren stimmproduzierendes Organ und Hörorgan nicht aufeinander abgestimmt waren – die also nicht mal sich selbst hören konnten – konnten auch nicht unsere Vorfahren werden. Dabei fängt der Informationsaustausch zwischen verschiedenen Individuen nicht erst mit einer fertigen und hochentwickelten Sprache an: Lock- und Warnrufe sind im Tierreich schon lange weit verbreitet!

Schall als Träger der Information

In den Artikeln über die Funktionsweise unserer Ohren, haben wir bereits über den Schall geschrieben. Wir haben schon erfahren, dass es sich beim Schall um Luftschwingungen handelt, die das Trommelfell des Ohres zum Mitschwingen bringen und in der Tiefe des Innenohres in elektrochemische Nervenimpulse übersetzt („*codiert*") werden. Dabei ist der hörbare Bereich der Luftschwingungen durchaus sehr groß: von etwa 16 Schwingungen pro Sekunde (= 16 Hertz = 16 Hz) bis knapp 20.000 Schwingungen pro Sekunde (= 20.000 Hertz = 20 Kilohertz = 20 kHz). Am empfindlichsten ist das Ohr im Frequenzbereich von etwa 500 Hz bis etwa 3 kHz. Es fällt nicht so schwer, sich vorzustellen, dass ein kleines, dünnes Trommelfell, das kaum etwas wiegt, solch schnelle Schwingungen mitmachen kann.

Aber jetzt kommt die zweite Seite der Medaille: Wie schafft es der Kehlkopf, so schnelle Luftschwingungen zu produzieren? Auch, wenn der Kehlkopf keine 20 kHz produzieren muss: Schwingungen von 500 Hz bis 3 kHz muss er aber schon „bringen"!

An dieser Stelle lohnt sich mal ein Blick in den Instrumentenbau und die Instrumentenkunde. Und wir sollten auch die Entwicklung unseres Körpers näher betrachten. Beginnen wir mit unserem Körper und seiner Anatomie.

Aufbau und Funktionsweise des Kehlkopfes

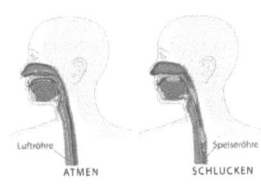

Der Kehlkopf sitzt an einer entscheidenden Stelle! Er sitzt an der Wegkreuzung zwischen Speiseweg und Atemweg. Seine älteste Aufgabe ist auch die wichtigste: Der Kehlkopf muss „aufpassen", dass keine Nahrung in die Luftwege gelangt. Er macht das, indem er die Atemwege verschließt, wenn Speisen an der Luftröhre vorbeikommen. Es gibt zwei Verschlussmechanismen: einmal schließt sich der Kehldeckel und legt sich ähnlich einem Topfdeckel über die Öffnung der Luftröhre. Und zum anderen gibt es in den tieferen Etagen noch Schleimhautfalten mit innenliegenden Muskeln, die sich ebenfalls schließen. Diese Falten sind aber paarweise vorhanden – rechts wie links – und bewegen sich aufeinander zu, bis sie sich berühren und zwischen ihnen nichts mehr hindurchgelangen kann. Von diesen Falten gibt es sogar zwei Paare: ein oberes, relativ kräftiges Paar mit einer starken Muskulatur und ein unteres Paar mit relativ zarten Schleimhautfalten und Muskeln, die zwar weniger kräftig, dafür aber flinker sind. Die unteren Falten heißen „Stimmbänder" und die oberen Falten „Taschenbänder" oder „Falsche Stimmbänder".

Diese drei Verschlussmechanismen in drei Etagen – *Kehldeckel*, *Taschenbänder* und *Stimmbänder* – verschließen den Kehlkopf, wenn Speise und Getränke auf dem Weg nach unten in den Magen sind. Das funktioniert meistens sehr gut. Aber wehe, es funktioniert mal nicht: Dann gibt es einen fürchterlichen Hustenreiz und wir laufen blau an! Der Volksmund nennt das „verschlucken" (obwohl man sich ja nicht selbst verschlucken kann), wir Mediziner nennen es „aspirieren", was soviel wie „einatmen" bedeutet: Auch Speisekrümel und andere Fremdkörper können mit dem Luftstrom beim Einatmen in die Luftröhre oder in die Bronchien gelangen.

Natürlich kann der Kehlkopf nicht ständig geschlossen bleiben: Dann würden wir zwar problemlos essen und trinken können, müssten aber ersticken! Die Luftröhre muss immer dann geöffnet bleiben, wenn wir gerade mal nichts essen oder trinken.

Der Kehlkopf muss also „umschalten" können: Mal muss er geöffnet sein, damit die Luft gut ein- und ausgeatmet werden kann (*„Respirationsphase"* = *Atemphase*), und dann muss er auch mal geschlossen sein, damit keine Speise in die Atemwege gelangt (*„Schlussphase"* – der Kehlkopf ist verschlossen).

Bei unseren Vorfahren im Tierreich war das nicht immer so! Auch bei der Entwicklung unserer Babys kann man das sehen: Babys sind in der Lage, gleichzeitig zu atmen und zu trinken, ohne dass Milch in die Luftröhre gelangt, also ohne zu *aspirieren*! Wie funktioniert das?

Nun, der Kehlkopf der Babys steht sehr hoch! Stellen Sie sich ein Waschbecken vor, in dem es nicht nur einen Ausguss gibt, sondern zwei, die nebeneinander liegen. Nur in einen Ausguss darf Wasser hineingelangen. In den anderen „Ausguss" darf nur Luft hinein, die weiter unten abgesaugt wird. Wie kann man sicherstellen, dass kein Wasser in den Luftschacht gelangt?

Die einfachste Lösung ist, dass man das Luftrohr (bei uns Menschen heißt sie *„Luftröhre"*) nach oben verlängert. Wenn jetzt Wasser im Becken steht und ablaufen soll, dann kann es nur in den tiefergelegenen Wasserabfluss hinein. Wasser kann nicht bergauf an dem Luftrohr hochsteigen, um dann oben in den „Luftabfluss" zu gelangen. Wenn die Öffnungen beider Rohre unterschiedlich hoch sind, dann braucht man keine Verschlussmechanismen: Das Wasser kann niemals versehentlich in das falsche – obere – Rohr gelangen.

Genauso verhält es sich bei den Babys. Der Kehlkopf und die Luftröhre der Babys stehen sehr hoch. Babys können deshalb gefahrlos trinken und atmen.

Aber Babys haben auch schon Stimmbänder. Und diese Stimmbänder können sich auch schon schließen. Und manchmal werden die Stimmbänder schon mal geschlossen, obwohl keine Mahlzeit ansteht, die das erfordern würde. Und wenn man dann mal durch die geschlossenen Stimmbänder ausatmet, dann…

Tonerzeugung in Holzblasinstrumenten und im Kehlkopf

… ja dann passiert etwas, was bei einigen Musikinstrumenten auch passiert! Insbesondere Oboe, Klarinette, Saxophon, Englischhorn und Fagott zeigen uns etwas, das auch im Kehlkopf geschieht.

Wenn Luft durch einen engen Spalt strömt, dann erhöht sich an dieser Stelle die Strömungsgeschwindigkeit. Und gleichzeitig sinkt der Druck. Diesen Mechanismus habe ich an anderer Stelle auch schon beschrieben: Es handelt sich um den *„Bernoulli-Effekt"*, benannt nach Daniel Bernoulli (1700 – 1782). Man kann übrigens die Wirkung des „Bernoulli-Effektes" sehr einfach mit zwei gewölbten Papieren sichtbar machen, wenn man die Wölbungen nach innen hält und dann zwischen den Papieren hindurchpustet. So wie sich die Papiere aufeinander zubewegen, bewegen sich auch die Stimmbänder aufeinander zu – bis keine Luft mehr hindurchpasst.

Wenn die Stimmbänder verschlossen sind, reißt die Strömung sofort ab. Keine Strömung – kein Unterdruck. Statt dessen baut sich aber unterhalb der Stimmbänder ein Überdruck auf, der die Stimmbänder auseinanderdrückt – zumal jetzt „niemand" mehr da ist, der sie zusammenzieht! Die Strömung setzt sofort wieder ein, der Unterdruck kehrt zurück und schließt die Stimmbänder, sodass sich dieser Vorgang immer und immer wieder wiederholt – und zwar sehr schnell. Die Stimmbandmuskeln müssen dabei lediglich die „Vorspannung" liefern, die letztendlich die Tonhöhe bestimmt. Die Stimmbandmuskeln müssen aber nicht die Stimmbänder

„zittern" lassen. Das könnten sie auch gar nicht: Muskeln sind nicht in der Lage, sich in derart hohen Frequenzen abwechselnd anzuspannen und zu entspannen.

Durch die vielen kurzen Unterbrechungen des Luftstroms entsteht ein Ton, eine Schallwelle, die sich in der Ausatemluft sehr schnell (etwa 330 Meter pro Sekunde) ausbreitet. Aus diesem Grunde heißt die „*Schlussphase*" des Kehlkopfes (die Stimmbänder sind geschlossen) auch „*Phonationsphase*", weil zwischen den geschlossenen Stimmbändern ein Ton produziert („*phoniert*") wird – wie bei den oben genannten Blasinstrumenten.

Dieser „primäre Kehlkopfton" klingt nicht gut. Eine Klarinette ohne das schwarze Rohr klingt auch nicht gut, deshalb wird so etwas auch gar nicht erst gebaut. Wenn wir Menschen diesen primären Kehlkopfton zur Kommunikation verwenden wollen, dann müssen wir ihn ein wenig weiter bearbeiten. Wir müssen dem Ton ein „Volumen" geben. Wir brauchen ein „*Ansatzrohr*", einen „*Resonanzraum*", in dem der Ton verfeinert und moduliert werden kann.

Der einzige Raum, der bei uns Menschen dafür in Frage kommt, ist der Rachenraum sowie die Mundhöhle. Bei den Babys reicht das nicht aus: Nicht nur, dass die Mundhöhle klein ist – nein, der Kehlkopf steht ja so hoch, dass für einen Resonanzraum kein Platz mehr übrig ist.

Da wir Erwachsene aber schöne Töne, Laute und Phoneme bilden können, muss die Natur also auch einen Weg gefunden haben, den Mund- und Rachenraum doch noch als Resonanzraum zu nutzen. Wie hat die Natur das gemacht? Im Laufe der frühen Kindheit senken sich Luftröhre und Kehlkopf immer weiter ab, sodass der oberhalb liegende Mund- und Rachenraum immer größer wird. Das „Absteigen" des Kehlkopfes ist die Grundvoraussetzung dafür, dass wir sprechen und singen können. Diesen Vorteil müssen wir mit einem Nachteil bezahlen: Wir können nicht mehr gleichzeitig essen (trinken) und atmen. Und wir können Speiseteilchen *aspirieren* – wenn wir Pech haben mit anschließender Lungenentzündung!

Non-verbale Kommunikation

Ich könnte an dieser Stelle ins Schwärmen geraten und ein „Riesen-Fass" aufmachen über die Entwicklung von den primitiven gesprochenen Sprachen bis hin zu den ausgefuchsten Schriftsprachen, über die Entwicklung von Wörtern und Sprachregeln („*Grammatik*"), über die Verwandtschaft von Fremdsprachen und über die gegenseitige Beeinflussung von Sprechen und Denken. Aber das kann ich nicht leisten; da möchte ich jeden Interessierten animieren, entsprechende Bücher, z. B. über „*Linguistik*", zu lesen.

Ich möchte auf einen weiteren wichtigen Punkt hinweisen: Mit unserem Kehlkopf können wir nicht nur Phoneme, Laute, Wörter oder Sätze bilden, die nach den Sprachregeln einen festen Sinn haben – nein, wir können unsere Stimme auch ohne Wörter scheinbar sinnfrei einsetzen. Ich habe absichtlich „scheinbar" und „sinnfrei" geschrieben, denn tatsächlich sind wir in der Lage, Informationen über unsern körperlichen oder seelischen Zustand und unser Wohlbefinden auch ohne Worte mitzuteilen. Allein der Klang der Stimme reicht aus, den Zustand unserer Stimmung zu verraten. Ist es da eine Überraschung, dass die Wörter „*Stimme*" und „*Stimmung*" aus derselben Sprachwurzel abstammen?

Machen Sie einmal folgendes Experiment: Üben Sie den Satz zu sprechen „Ich bin so unglücklich". Versuchen Sie, beim Sprechen dieses Satzes authentisch zu klingen. Stellen Sie sich vor, Sie wären ein Schauspielschüler und hätten diesen Satz zu sagen. Merken Sie sich, mit welchem Tonfall und mit welcher Satzmelodie Sie diesen Satz sagen.

Und nun gehen Sie zu einem Freund und sagen Sie den Satz „Ich bin so glücklich" – aber mit dem gleichen Tonfall und der gleichen Satzmelodie, die Sie beim Satz „Ich bin so unglücklich" geübt haben.

Wie, meinen Sie, wird Ihr Freund reagieren? Glaubt er Ihren Worten oder Ihrer Stimme? Die Frage ist rhetorisch und die Antwort ist klar: Die Stimme ist glaubwürdiger als die Worte. Wie heißt es bei Goethe im „Faust"? „Die Botschaft hör' ich wohl, allein mir fehlt der Glaube"…

Unsere Stimmung ist also in der Lage, unsere Stimme unbewusst zu beeinflussen – ohne, dass wir das großartig verhindern können. Es sind alte Ausdrucksmöglichkeiten, die aus einer Zeit stammen, als die Kommunikation über die Worte – *verbale* Kommunikation – noch nicht erfunden war und wir uns *„non-verbal"*, also ohne Worte, verständigen mussten.

Es handelt sich aber nicht um eine Einbahnstraße! Auch umgekehrt funktioniert es: Wenn Sie niedergedrückter – *„deprimierter"* – Stimmung sind und sie zwingen sich, mit gut klingender Stimme zu sprechen oder zu singen, dann werden Sie sofort merken, dass sich Ihre Stimmung mit der Stimme *„aufhellt"*! Wieder ein Wort, das zu Beidem passt: Zur Stimme und zur Stimmung. Mit heller Stimme zur aufgehellten Stimmung!

Machen Sie sich diese Zusammenhänge ruhig mal bewusst.

Stimmstörungen
Natürlich kann es auch mal sein, dass die Stimme nicht gut klingt, obwohl der Sprecher eigentlich eine gute Laune hat und es keinen Grund dafür gibt, seinem Gegenüber non-verbal eine schlechte Laune mitzuteilen. In solch einem Fall liegt eine Stimmstörung vor.

Organische Stimmstörungen
Wir alle haben das schon mal erlebt: Der Hals fängt an zu kratzen und zu schmerzen. Eine Erkältung ist im Anmarsch. Und schon ist die Stimme schlecht, kratzig und heiser. Wenn man als HNO-Arzt einen solchen Kehlkopf sieht, erkennt man gleich die Schleimhautrötungen und Schleimhautschwellungen. Mit einem entzündeten Kehlkopf kann man nicht gut sprechen. Die Natur hilft sich aber – zumindest mittelfristig – selbst: Wer heiser ist und Schmerzen hat beim angestrengten Sprechen, dem muss man als HNO-Arzt keine Stimmschonung mehr auferlegen: Das machen die Betroffenen normalerweise ganz von allein! Nur den Unvernünftigen, die trotz ihrer Beschwerden den Kehlkopf überlasten: Ihnen muss man Stimmschonung empfehlen! *„Stimmschonung"* ist aber nicht gleichbedeutend mit *„Stimmverbot"*. Und *„Flüstern"* ist ebenfalls keine Stimmschonung – im Gegenteil, Flüstern ist sogar anstrengender für den Kehlkopf als normales Sprechen. *Stimmschonung* bedeutet, so wenig wie möglich zu sprechen und niemals mit Druck, sondern lieber mit viel „lockerer" Luft! Und wenn die Stimme wirklich heiser und un-

schön klingt: Das ist nicht schlimm, denn Sie geben Ihrem Gesprächspartner damit non-verbal zur Kenntnis, dass Sie krank sind... Noch ein wichtiger Ratschlag: Wenn Ihr entzündeter Kehlkopf nicht schön klingt, dann versuchen Sie bitte nicht, durch Änderung Ihrer Stimmtechnik den Klang schöner zu machen! Wenn ein gesunder Kehlkopf gut klingt, dann ist die Stimmtechnik optimal. Wenn Sie eine für die Gesundheit optimale Stimmtechnik im Krankheitsfall ändern, dann ist die geänderte Stimmtechnik nach der Krankheit, wenn Sie wieder gesund sind, nicht mehr optimal! Ist doch klar: Wenn man etwas Optimales ändert, kann es nur schlechter werden. Zum Thema "nicht optimale Stimmtechnik" verweise ich auf den Text weiter unten, wo wir uns mit den "Funktionellen Stimmstörungen" beschäftigen.

Sollten Sie jedoch länger als 3 Wochen heiser sein, dann scheuen Sie sich nicht, umgehend einen HNO-Arzt aufzusuchen! Jede Heiserkeit, die länger als 3 Wochen anhält, *muss* HNO-ärztlich abgeklärt werden. Es soll ja gelegentlich auch mal vorkommen, dass ein schlecht klingender Kehlkopf nicht nur entzündet, sondern vielleicht sogar bösartig erkrankt ist! Und wenn dieser Fall tatsächlich eingetreten ist, dann ist man froh und dankbar um jeden Tag, um den die Diagnose früher gestellt wurde.

Auch Lähmungen der Kehlkopfnerven haben Stimmveränderungen zur Folge, oftmals schwerwiegende. Einer der wichtigsten Kehlkopfnerven, der *„Nervus recurrens"* (er kommt vom Gehirn und steigt bis unter die Kehlkopfhöhe tiefer hinab als er eigentlich müsste – links sogar bis in den Brustkorb –, um dann wieder nach oben zurück zukehren zum Kehlkopf), verläuft in unmittelbarer Nachbarschaft zur Schilddrüse. Leider ist der Nerv also bei jeder Schilddrüsenoperation prinzipiell gefährdet. Glücklicherweise kommen Verletzungen des Nerven bei Schilddrüsenoperationen nur äußerst selten und dann auch meistens nur einseitig vor. Aber wenn es zur Lähmung kommt (*„Recurrensparese"*), dann sind die Folgen – zumindest eine ganze Zeitlang – unangenehm. Man kann zwar in etwa 50 % der Fälle mit einer Spontanheilung innerhalb eines Jahres rechnen, aber wenn ein Nerv gelähmt bleibt, dann kann sich das von diesem Nerven versorgte Stimmband nicht mehr bewegen. Es steht etwas außermittig still (*„Paramedianstellung"*) und kann sich in der *Phonationsphase* nicht weiter einwärts bewegen, sodass ein relativ großer Stimmspalt geöffnet bleibt, durch den die Luft entweicht. Die dabei erzeugten Reibegeräusche nimmt man als „Verhauchung" wahr. Außerdem entweicht die Luft beim Sprechen oder Singen sehr schnell aus der Lunge, sodass die „Tonhaltedauer" verkürzt ist (musikalisch gesprochen heißt das, man kann keine ganze Note mehr singen, sondern nur noch halbe oder viertel Noten). Die schlechte Stimmqualität bei einer *Recurrensparese* ist aber durch eine logopädische Übungsbehandlung verbesserungsfähig. Glücklicherweise kann das gesunde Stimmband, das normalerweise nur bis zur Mittellinie schließen muss, animiert werden, über die Mittellinie hinaus auf die andere Kehlkopfseite zu „gehen". Durch dieses „Entgegenkommen" des gesunden Stimmbandes wird der Stimmspalt dann wieder enger und die Stimme besser.

Eine zweite Folge der *Recurrensparese* ist aber: Das gelähmte Stimmband kann sich in der *Respirationsphase* nicht weiter auswärts bewegen. Damit bleibt der Querschnitt der während der Atmung eng und der Atemwiderstand erhöht sich. In Ruheatmung merkt man davon noch nicht so viel. Aber unter körperlicher Belastung mit erhöhtem Sauerstoffbedarf reicht die Luft irgendwann nicht mehr aus: Man wird kurzatmig. Eine Recurrensparese führt neben der Stimmstörung auch zu einer „*Belastungsdyspnoe*". Und diese *Belastungsdyspnoe* ist auch durch eine logopädische Übungsbehandlung nicht wegzubekommen.

Funktionelle Stimmstörungen
Nicht jede Stimmstörung hat organische Ursachen. Es gibt auch „Bedienungsfehler" des Kehlkopfes. Berufssänger müssen Gesangsunterricht nehmen und Berufssprecher Sprechunterricht. Wenn jemand alle Verhaltensweisen ignoriert, die für eine gute Stimme wichtig sind, wird die Stimme nicht besser werden. Und wenn jemand sogar die richtigen Verhaltensweisen durch falsche ersetzt, dann wird die Stimme sogar schlechter. Der Kehlkopf ist ein Musikinstrument: Man muss üben, damit der Klang gut wird.

Es gibt im Wesentlichen zwei „Fehler", die die Stimmqualität verschlechtern: Zu wenig Kraft beim Sprechen und zu viel Kraft beim Sprechen. Zu wenig Kraft beim Sprechen („*Unterfunktion*", „*hypofunktionelle Dysphonie*") – das kann ein Problem sein! Wenn man nach einer längeren Krankheit körperlich geschwächt ist, dann steht für einen kraftvollen, sonoren Stimmklang einfach nicht genug Kraft zur Verfügung. Dann schließen die Stimmbänder nicht mehr vollständig und dann sind Atemdruck und Atemvolumen zu gering. Die kraftlose Stimme kennt jeder, zumindest vom Zuhören: Es wird die *non-verbale* Botschaft vermittelt „Ich bin krank und schwach". Sollte der Körper jedoch nicht zu schwach sein, sondern nur die Stimme, dann besteht die Möglichkeit, unter Anleitung einer Logopädin oder eines Logopäden eine Übungsbehandlung für die Stimme durchzuführen. So wie sich jeder Muskel durch sportliche Betätigung kräftigt, so tun das auch die Kehlkopfmuskeln. Aber bitte nicht ohne Anleitung eine Therapie in Eigenregie durchführen! Man kann dabei das eine Übel durch ein anderes Übel ersetzen.

Das andere Übel: Das ist, wenn man beim Sprechen zu viel Kraft einbringt („*Überfunktion*", „*hyperfunktionelle Dysphonie*") . Die Stimmlippen werden dann zu kräftig zusammengepresst und die *Öffnungsphase* ist zu kurz, während die *Schlussphase* zu lang ist. Gleichzeitig wird der Atemdruck erhöht. In der Folge klingt die Stimme dann gepresst und rau. Wenn eine *hyperfunktionelle Dysphonie* lange besteht, können sich Stimmbandknötchen entwickeln, die manchmal sogar eine Operation erfordern. Zur Behandlung einer Überfunktion muss man praktisch immer die Hilfe einer Logopädin oder eines Logopäden in Anspruch nehmen. Es hilft nicht viel weiter, wenn in einem „Anleitungsbuch zur Selbsthilfe bei Stimmstörungen" stehen würde „Lockern Sie Ihren Musculus vocalis". Niemand wüsste, wie das zu bewerkstelligen ist. Die Kehlkopfmuskulatur ist eben nicht vom Gehirn einzeln und willkürlich ansteuerbar. Beim Bizeps ist das anders. Ich kann mich frei entscheiden, jetzt meinen Unterarm zu beugen. Für die Kehlkopfmuskulatur braucht man die „Bedienungsanleitung" durch die Profis. Aber bitte bedenken Sie: Es hilft nicht viel, wenn man einmal pro Woche unter Anleitung für 45 Minuten richtig spricht und dann den Rest der Woche wieder in die alten und falschen Sprechgewohnheiten verfällt! Man muss die gelernten Lektionen sofort in die alltägliche Stimmerzeugung übernehmen. Mit anderen Worten: Wie in der richtigen Schule müssen Sie auch bei einer logopädischen Therapie Ihre Hausaufgaben erledigen.

Sie sehen, dass der Kehlkopf ein sehr wichtiges und interessantes Organ ist. Er funktioniert als Ventil und schaltet zwischen Atmen, Sprechen und Schlucken um und er ist ein wichtiges Kommunikationsorgan, ja sogar ein Musikinstrument, das nicht nur verbale, sondern auch nonverbale Informationen – Stimmungen eben – mitteilt.

Passen Sie auf Ihren Kehlkopf gut auf. Überfordern Sie ihn nicht. Aber auch Unterfordern ist nicht gut. Wie wäre es, wenn Sie mal wieder singen würden? Singen mit guter Stimme hebt sofort die Stimmung und die gute Laune. Dass Rauchen nicht gut ist für den Kehlkopf, muss ich eigentlich nicht mehr erwähnen, oder? Und wenn Sie eine Kehlkopfentzündung haben, dann halten Sie mal eine „Kehlkopf-Diät" mit den fünf „Nicht" ein: **Nicht zu heiß** essen, **Nicht zu kalt** trinken, **Nicht zu scharf** würzen, **Nicht zu viel** reden und **Nicht rauchen.**

Polypenoperation bei Kindern

In vielen Foren wird häufig über das „Für" und „Wider" von Polypenoperationen bei Kindern diskutiert. Ich bin der Meinung, dass ich auch etwas dazu sagen kann:

Frage:
Unser Kind ist immer krank. Jetzt sollen die Rachenmandeln entfernt werden. Wir haben Angst. Ist der Eingriff eigentlich notwendig? Ist eine Operation und eine Narkose nicht gefährlich? Sollten wir eine 2. Meinung einholen?

Antwort:
„Rachenmandel", „Polypen", „Adenoide": das ist alles dasselbe. Viele Ausdrücke für ein- und dasselbe. Die Rachenmandel sitzt hinter der Nase am Rachendach. Man erreicht sie, wenn man durch den Mund am Zäpfchen vorbei „geht" und dann direkt nach oben schaut. Das Anschauen der Rachenmandel erfordert einen kleinen Spiegel (einen „Epipharynxspiegel", weil der Raum, in dem die Rachenmandel sitzt, „Epipharynx" heißt). Wenn die Rachenmandel sehr groß ist, kann man sie manchmal auch ohne Spiegel sehen, weil sie dann sehr tief nach unten reicht (vom „Epipharynx" bis fast in den „Mesopharynx" – Namen sind nicht so wichtig).

Es gibt im Wesentlichen *drei* Gründe, die Polypen zu operieren:
1. Eine behinderte Nasenatmung, insbesondere nächtliches Schnarchen *oder*
2. Häufige Atemwegsinfekte. Die können auch auftreten, wenn die Kinder im infektfreien Intervall nicht schnarchen *oder*
3. Hörminderungen, insbesondere bei Paukenergüssen, die länger als 3 Monate bestehen.

Für die OP reicht es, wenn einer der drei Gründe vorliegt! Die Gründe müssen nicht alle gleichzeitig vorliegen!

Ein gutes Hörvermögen ist für Kinder im Entwicklungsalter sehr, sehr wichtig! Wenn Ihr Kind keinen Paukenerguss hat, der schon 3 Monate besteht, gut Luft durch die Nase bekommt und selten Atemwegsinfekte hat, muss es nicht operiert werden.

Vielleicht hat Ihr Kind aber einen Paukenerguss, der schon länger als drei Monate besteht und Sie haben es bloß noch nicht gemerkt. Gerade bei einseitigen Ergüssen kann das vorkommen. Es gibt neben den „harten Zahlen" noch etwas, was man als „Erfahrung des Arztes" bezeichnen könnte. Es gibt Kinder, die haben noch keine drei Monate einen Erguss – aber ich könnte wetten, dass der Erguss nach drei Monaten nicht weg ist – so wie der aussieht. Und ich hatte bisher immer Recht!

HNO-Ärzte sind nicht „versessen darauf", um jeden Preis Kinder zu operieren. Wenn ein HNO-Arzt Ihnen eine OP vorschlägt, dann denkt er sich etwas dabei!

Ich kann ja gut verstehen, dass man vor einer Herzoperation eine zweite Meinung einholen will – aber vor einer Polypen-Operation? Ich meine, wie weit will man denn den Aufwand noch treiben für eine Operation, die – wenn sie lange dauert – nach fünf Minuten zu Ende ist und die praktisch keine Komplikationen hat, aber stets gute Ergebnisse und zufriedene Kinder und Eltern?

Es mag Einzelfälle geben, wo eine zweite Meinung sinnvoll ist.

Aber bei Polypenoperationen kann ich nicht allgemeingültig empfehlen, dass alle Eltern grundsätzlich jedes Mal eine zweite Meinung einholen sollen. (Nebenbei bemerkt würde das auch die Kosten im Gesundheitswesen sprengen!). Besser ist: Wer Zweifel hat, möge noch mal nachfragen. Ob unsere Antworten plausibel sind oder nicht: Das kann man auch ohne Medizinstudium entscheiden.

Wenn die Infekte schon lange bestehen und medikamentös nicht beseitigt werden konnten, dann ist die Operation sehr sinnvoll! Es ist in der Tat eine Standard-Operation! Es ist die „normale" Polypenoperation. Abgesehen davon, dass es ein „Nullrisiko" nicht gibt, ist das Risiko der Operation sehr klein. Es ist jedenfalls kleiner als das Risiko ständiger Atemwegsinfekte oder einer Hörstörung! Und auch die Narkosen sind sehr sicher! Eine Narkoseärztin oder ein Narkosearzt ist während der ganzen Operation dabei und passt auf! Sie kontrollieren mit Messgeräten ununterbrochen die Herztätigkeit und die Atmung. Es gibt keinen Grund, vor der Narkose Angst zu haben. Aber es wird niemandem gelingen, einem ängstlichen Menschen die Angst auszureden!

Frage:
Können die vielen Infekte nicht durch andere Krankheiten verursacht sein? Vielleicht ein Immundefekt oder eine Allergie? Gibt es eigentlich Alternativen zur Operation? Evtl. eine Paukenröhrcheneinlage? Medikamente? Können Osteopathie oder Homöopathie helfen?

Antwort:
Abgesehen davon, dass im Kindesalter Atemwegsinfekte ohnehin sehr häufig sind, ist eine kranke Rachenmandel als Infektionsquelle die wahrscheinlichste und harmloseste Ursache!

Unter die „Käseglocke" können Sie Ihr Kind nicht setzen. Eine chronische Mandelentzündung ist natürlich auch möglich – aber nicht so harmlos wie eine kranke Rachenmandel! Und die Mandeloperation ist auch etwas aufwändiger als eine Polypenoperation! Man sollte schon darauf achten, dass diese beiden Operationen – wenn sie denn notwendig sind – in der richtigen Reihenfolge durchgeführt werden!

Ein echter Immundefekt ist glücklicherweise selten. Und dann sind meistens nicht nur die Atemwege allein betroffen. Kinder mit echten Immundefekten sind schwer krank! Kinder mit echtem Immundefekt werden üblicherweise in speziellen Zentren stationär behandelt!

Eine Allergie kann keine Rachenmandelvergrößerung hervorrufen – Schleimhautschwellungen wohl schon, aber keine Vergrößerung der Rachenmandel.

Allergien können auch direkt in den tieferen Atemwegen Probleme verursachen – ohne Umweg über die Polypen.

Wenn die Rachenmandel vergrößert ist, sollte man sie entfernen. Und wenn eine Allergie vorliegt, sollte man die Allergie behandeln. Und wenn beides vorliegt, dann sollte man eben auch beides behandeln, weil dann der Erfolg größer ist! Und: man kann eine Rachenmandelvergrößerung nicht „wegspritzen" und eine Allergie nicht „wegoperieren"! Es gibt also keine „Universalbehandlung", die mit einer Maßnahme beide Probleme zugleich löst.

Die Polypenentfernung ist die kleinstmögliche Operation! Eine alleinige Paukenröhrcheneinlage beseitigt nicht die Ursache der Infekte, sondern lediglich eine der Folgen.

Wenn die Kinder vom Kinderarzt beim HNO-Arzt vorgestellt werden, ist eine medikamentöse Therapie sicher schon – vielleicht sogar mehrfach – durchgeführt worden. Wenn die Therapie erfolgreich gewesen wäre, hätte niemand eine OP vorgeschlagen!

Alternativen im Bereich der Homöopathie oder Anthroposophie können – und sollten Sie! – ganz schnell vergessen! Da kennt jemand Ihren Wunsch (Gesundheit Ihres Kindes) und nimmt Geld dafür, dass er verspricht, Ihnen den Wunsch zu erfüllen. Aber es bleiben natürlich leere Versprechnungen... Homöopathie ist nichts als Aberglaube! Otowowen® und Euphorbium® sind zum Beispiel auch Homöopathika. Ein zweites Mal sollten Sie für sowenig Wasser nicht mehr so viel Geld ausgeben!

Es kommt nur sehr selten vor, dass operative Behandlungsmöglichkeiten durch nicht-operative Behandlungsmöglichkeiten ersetzt werden können. Bei den kranken Polypen ist das definitiv nicht so: die Polypenoperation kann durch nichts ersetzt werden! Es gilt nur „operieren" oder „tolerieren". Bedenken Sie aber, dass Sie – falls Sie sich gegen eine OP entscheiden – die Toleranz nicht sich selbst abverlangen, sondern Ihrem Kind, das sich dagegen nicht wehren kann!

Und wie die Osteopathie eine Belüftungsstörung behandeln will, ist mir schleierhaft! Eine zu große Rachenmandel lässt sich nicht durch Bewegungsübungen jedweder Art verkleinern, sondern nur operativ! Alles andere funktioniert nicht.

Sprechprobleme nach Polypenoperation

Manche Kinder haben nach Polypenoperationen einen näselnden Stimmklang. Die Eltern sind in Sorge:

Frage:

Meinem Sohn wurden die Polypen entfernt sowie Paukenröhrchen in beide Ohren eingesetzt. Jetzt beginnt mein Sohn allerdings plötzlich sehr stark „durch die Nase" zu sprechen. Gibt es Kinder, die diese Paukenröhrchen nicht vertragen (Allergie)? Oder gibt es andere Ursachen, warum man durch die Nase spricht?

Antwort:

Es gibt zwei unterschiedliche Arten des Näselns: das geschlossene Näseln ("Rhinophonia clausa") und das offene Näseln ("Rhinophonia aperta").

Um zu verstehen, was da passiert, muss man erst mal wissen, was sich beim Sprechen, bei der Bildung der Laute abspielt. Die Laute werden ja im Mund auf unterschiedliche Arten erzeugt. Eine wichtige Lautgruppe sind die "Klinger". Zu dieser Gruppe gehören z. B. die Laute /m/ und /n/. Übrigens: Man schreibt die Laute in Schrägstrichen, um sie von Buchstaben zu unterscheiden! Buchstaben kann man schreiben und lesen, Laute kann man sprechen und hören. "S" – "c" – "h" sind drei Buchstaben, /sch/ ist aber nur ein Laut – zum Beispiel am Anfang des Wortes "schön".

Beim Klingen der Laute /m/ und /n/ ist der Mund geschlossen. Die Luft muss also durch die Nase entweichen. Ist die Nase verstopft – dann kann man keine Klinger bilden. Probieren Sie es mal aus: Halten Sie sich die Nase zu und versuchen Sie, ein /m/ zu sprechen! Sehen Sie? Das geht nicht! Wenn Sie mit zugehaltener Nase sprechen, "produzieren" Sie ein geschlossenes Näseln ("Stockschnupfen").

Eine andere wichtige Gruppe sind die Platzlaute ("Plosive") – hierzu gehören /p/ und /b/, aber auch /t/ und /d/ sowie /k/ und /g/ – jeweils in stimmloser und stimmhafter Version. Bei den Lippenplatzlauten kann man das sehr schön demonstrieren: wenn Sie ein /p/ sprechen wollen, dann müssen Sie erst mal die Wangen aufpusten, bis endlich die Lippen auseinanderplatzen. Wenn man also für die Aussprache der Plosive einen Überdruck im Mund erzeugen muss, dann darf die Luft durch die Nase nicht entweichen! Mit einem "Leck" in der Nase kann man keine Platzlaute zustande bringen! – Platzlaute mit zugehaltener Nase sind natürlich kein Problem! -

Versuchen Sie es mal: sprechen Sie mal "Paaapaaapaaapaaa" mit ganz langgezogenem /a/! Es klingt nur, wenn Sie das /a/ sprechen. Beim /p/ wird der Luftstrom und der Klang kurzfristig unterbrochen.

Wie kann man sprechen, wenn in einem normalen Satz sowohl Klinger als auch Platzlaute vorkommen? Man kann ja nicht die Nase gleichzeitig freigeben (für die Klinger) und verschließen (für die Platzlaute)!

Nun – die Laute kommen ja nicht gleichzeitig, sondern nacheinander! Man muss also den Luftstrom schnell umschalten können. Das macht das Gaumensegel. Bei Klingern hängt es schlaff herunter, bei Plosiven verschließt es den Nasenrachenraum. In jedem normal gesprochenen Satz springt das Gaumensegel vielfach vor und zurück, blitzschnell und blitzgescheit (es ist immer da, wo es gebraucht wird)!

Wenn nun bei Kindern "Polypen" im Nasenrachenraum sitzen, hat das Gaumensegel nur wenig "Arbeit": Es muss nur wenige Millimeter hin und her "flattern".

Sind die "Polypen" herausoperiert und der Nasenrachenraum hat sich vergrößert, dann hat das Gaumensegel auf einmal viel zu tun! Dann muss es etwa einen Zentimeter vor- und zurückschwingen. Und wenn dann die Kinder noch Schmerzen am Gaumensegel (OP-Gebiet!) haben, dann nimmt das Gaumensegel schon mal eine "Schonhaltung" ein. Dann wird es einfach ruhig gestellt und hängt nur noch schlaff herab.

Von dieser Schonhaltung sind also die "Klinger" nicht betroffen ("Mama" können die Kinder problemlos sprechen), wohl aber die Plosive ("Papa" kommt nur schwer oder gar nicht oder es klingt wie "Mama").

Kurz und gut: Nach einer Polypenoperation kann sich ein offenes Näseln entwickeln.

Das ist aber immer ein nur vorübergehender Zustand! Die Schmerzen werden aufhören und das Kind wird lernen, den jetzt größeren Nasenrachenraum wirksam mit dem Gaumensegel zu verschließen. Alles wird gut werden!

Man kann auch etwas nachhelfen durch eine "Gaumensegelgymnastik". Die Kinder sollen dabei mit einem Strohhalm Papierschnipselchen ansaugen und wieder loslassen. Malen Sie kleine Männchen auf Papier und schneiden Sie diese aus (je vier Männchen in je vier Farben). Mit diesen Männchen können Sie "Mensch, ärgere Dich nicht!" spielen – mit Papierfiguren anstelle der Holzfiguren. Bewegen der Figuren ist nur mit einem Strohhalm erlaubt... Macht Spaß und hilft "heilen"!

Eine andere Möglichkeit ist, dass es nach der OP zu einem neuen Infekt gekommen ist mit geschwollenen Schleimhäuten. Dann wird der Nasenweg wieder eng und die Luft kann bei blockierter Nase nicht mehr hindurch. In solch einem Fall machen die Plosive keine Probleme, wohl aber die Klinger. Eine zugeschwollene Nase führt zu einem geschlossenen Näseln (wie beim Sprechen mit zugehaltener Nase).

Mit einem geschlossenen Näseln hat man keine Probleme mit "Papa", aber mit "Mama" (natürlich nur beim Sprechen dieses Wortes). Bei einem offenen Näseln ist es gerad' umgekehrt: keine Probleme mit "Mama", aber mit "Papa". Wie spricht Ihr Kind denn jetzt? Näselt es offen oder geschlossen?

Das geschlossene Näseln geht übrigens später genauso problemlos wieder weg, wenn die Schleimhautschwellung sich zurückbildet. Nach überstandenem Infekt wird ein geschlossenes Näseln nicht mehr zu hören sein. Während der Infektphase kann man dann durchaus auch mal mit Nasenspray etwas Linderung verschaffen.

Die Paukenröhrchen haben nichts mit dem Näseln zu tun. Eine Allergie gegen Paukenröhrchen ist zwar nicht auszuschließen, aber extrem selten. Ich habe in meinem Berufsleben noch keine derartige Allergie gegen Paukenröhrchen erlebt. Außerdem sind die Paukenröhrchen nicht am Sprechvorgang beteiligt. Mit Paukenröhrchen in den Ohren muss man nicht automatisch "durch die Nase" sprechen!

Mandelsteine

Hin und wieder beklagen sich Patienten über weiße Stippchen auf den Mandeln. Andere glauben gar, dass sie eine "Mandelentzündung ohne Schmerzen und ohne Fieber" haben. Wieder andere berichten von Steinen in den Mandeln, die manchmal herauskämen und dann einen schlechten Geschmack im Mund verursachen. Was hat es damit auf sich?

Die Mandeln gehören zum Abwehrsystem ("Immunsystem") des Körpers. Sie sind ein Teil des Immunsystems. Die Arbeit des Immunsystems, sein "Funktionieren", kann man nicht direkt beobachten. Die Immunvorgänge spielen sich im mikroskopischen Bereich ab und eine Vielzahl von Mechanismen sind daran beteiligt! So gibt es eine Reihe von "immunkompetenten" Zellen, zu denen hauptsächlich die weißen Blutkörperchen gehören. Zu den weißen Blutkörperchen gehören nicht nur die "Leukozyten" (das Wort ist griechisch und bedeutet nichts anderes als "Weißzellen") gehören, sondern auch die Lymphozyten. Zum Immunsystem gehören aber nicht nur die "zellulären", sondern auch die "humoralen" (das hat nichts mit "Humor" zu tun!) Abwehrmechanismen, zu denen die chemischen Antikörper gehören. Ich möchte an dieser Stelle nicht das gesamte Abwehrsystem beschreiben – es würde den Rahmen eines Internetartikels hoffnungslos sprengen!

Jedenfalls: In den Mandeln bewegt sich nichts – es sind keine Muskeln. Die Mandeln filtrieren nichts – es sind keine Nieren. Die Mandeln produzieren nichts – es sind keine Drüsen. Rein optisch betrachtet, sind sie "einfach nur da…"

Aber wie funktioniert das denn jetzt mit der Infektabwehr in den Mandeln?

Es fängt bereits damit an, dass die Mandeln nicht "irgendwo" im Körper sitzen, sondern im Mund-/Rachenraum! Das ist der Bereich, der bei der Nahrungsaufnahme am meisten mit körperfremdem Material in Kontakt kommt. Und im körperfremden Material – unserer Nahrung – sind natürlich auch – manchmal krankmachende – Keime enthalten. Im Mund-/Rachenraum könnten uns die Keime schon mal gefährlich werden! Weiter abwärts im Verdauungsweg nimmt diese Gefahr ab: Die meisten Keime überleben nicht mal unseren Magen, geschweige denn unseren Darm!

Also: Der Ort, wo die Mandeln sitzen, ist bereits genial gewählt!

Schauen wir uns die Mandeln mal genauer an: Es sind zahlreiche Einbuchtungen vorhanden! Unter dem Mikroskop ziehen sich diese Einbuchtungen wie Schläuche noch weiter in die Tiefe der Mandeln. Diese in der Tiefe der Mandeln verborgenen Gänge nennt man "Krypten" (die Singularform "Krypta" kennt man als "verborgenen" Kirchenraum). In diese Krypten können sich kleine Mengen von Speiseresten absetzen. Wie bereits erwähnt, sind diese Speisereste nicht steril, sondern enthalten Keime (Bakterien, Pilze, Viren). "Von innen" kommen jetzt die "immunkompetenten Zellen" (Lymphozyten, Leukozyten) mit den Keimen in Kontakt und "lernen sie kennen" – was nichts anderes bedeutet, als dass jetzt spezifische Abwehrstoffe gebildet werden – und das "Rezept" für diese Abwehrstoffe an die anderen Immunzellen im ganzen Körper übermittelt wird. Die auf diese Weise vom Immunsystem "behandelten" Keime sind fortan für den Körper nicht mehr unbekannt. Sollte es zu einer Invasion dieser Keime im großen Stil kommen, dann stünde unser Abwehrsystem schon längst bereit.

Wenn das Abwehrsystem die Keime kennengelernt hat, dann werden die Krypten wieder freigegeben: Das Gemisch aus Speiseresten, Keimen, weißen Blutkörperchen und abgestoßenen Oberflächenzellen gelangt in Form kleiner weißer Krümel in den Mund, wo sie uns Unbehagen bereiten (unangenehmer Geruch, unangenehmer Geschmack). Diese Krümel nennen wir "Detritus". In die freigewordenen Krypten setzen sich nun andere Speisereste fest, die mit anderen Keimen beladen sind, sodass andere Immunzellen auch diese Keime kennenlernen können. Die Stärkung des Immunsystems schreitet auf diese Weise immer voran.

So. Jetzt wissen wir das!

Und was ergibt sich daraus?

1. Die weißen Stippchen auf den Mandeln bzw. die unangenehmen weißen Krümel im Mund sind kein Eiter, sondern "Detritus"!
2. Weiße Stippchen auf den Mandeln zu haben oder weiße Mandel-Krümel im Mund bedeutet nicht, krank zu sein! Es ist ein normaler Vorgang!
3. Das "Absaugen" der Mandeln nützt nichts: Wenn die Krypten leergesaugt werden, füllen sie sich anschließend wieder. Man kann das nicht verhindern!
4. Auch das Aufbringen von Medikamenten auf die Mandeln oder die Einnahme – etwa von Antibiotika – ändert nichts an diesen regelmäßigen Abläufen!

Was kann man tun?

Gegenfrage: Muss man überhaupt etwas tun? Es handelt sich ja schließlich um einen normalen Vorgang im Körper, der das Abwehrsystem stärkt! – Gut: Wenn der Geruch und der Geschmack stark stören, dann kann man mit Mundwässern und Gurgellösungen den unangenehmen Geruch und Geschmack "übertünchen". Das ist aber eine rein symptomatische Maßnahme gegen die unangenehmen Folgen der im Prinzip harmlosen – sogar nützlichen – Immunvorgänge in den Mandeln. Die "Arbeit" der Mandeln – die Stärkung des Immunsystems – wird durch die Mundwässer und Gurgellösungen nicht gestört.

Kann man die Mandeln auch operieren?

Ja – natürlich kann man die Mandeln operieren! Die Frage ist, ob man das auch sollte! Keine Frage: Wenn die Mandeln chronisch krank sind – und das ist etwas völlig anderes, als hin und wieder unter unangenehmen Krümeln im Mund zu leiden – dann sollte man die Mandeln auf jeden Fall entfernen. Bei Detritus die Mandeln zu operieren: Das ist zumindest kein HNO-ärztlicher Grund! Die Gesundheit bzw. Gesunderhaltung des HNO-Systems erfordert bei Detritusproblemen keine Mandelentfernung!

Nun gibt es aber in der Medizin gelegentlich auch mal "weiche" Entscheidungskriterien. Zahnärzte entfernen gesunde Zähne, wenn diese einem schönen Gebiss im Wege stehen. "Lebendspender" spenden ihren schwer kranken Familienmitgliedern Organe oder Organteile (zum Beispiel eine Niere) – eine OP, die nicht der Gesundung des Spenders dient, sondern der des Empfängers! – Und wenn Detritus so belastend ist, dass eine Partnerschaft zu zerbrechen droht, dann kann man bei der Entscheidung zur Entfernung von ansonsten gesunden Mandeln mal "ein Auge zudrücken" – zumal die Mandeln weniger als 1 % des gesamten Abwehrsystems ausmachen. – Aber: Eine solche Entscheidung will gut überlegt sein!

Kommentare

Frage:
Leider hat sich auch bei mir seit einer Angina vor ca. 4 Wochen ein weißes Stippchen auf meiner rechten Mandel ansässig gemacht. Was soll ich also tun? Vielleicht noch eine Kamille-Gurgel-Kur durchführen? Oder doch mal probieren es auszudrücken?

Antwort:
Wenn das weiße Stippchen Beschwerden macht, dann sollte man einen HNO-Arzt aufsuchen. Eine "Gurgel-Kur" wird wohl nicht viel helfen. "Ausdrücken" ist möglich – aber wie oft will man das wiederholen? Die Wirkungsdauer des "Ausdrückens" ist nur vorübergehend!

Frage:
Führen diese Mandelsteine immer unweigerlich zu Mundgeruch? Oder muss dies nicht der Fall sein?

Antwort:
Der Geruch tritt erst dann auf, wenn der Detritus (die Mandelsteine) die Krypten verlassen. Manchmal sind die Krypten auch überhäutet (also mit Schleimhaut überwachsen): Dann ist natürlich auch kein Geruch vorhanden.

Frage:
Kann eine Mandel ihre Funktion einstellen oder "sterben"?

Antwort:
Die Mandeln können natürlich im Körper nicht "sterben". Aber selbstverständlich können sie vernarben und langsam ihre Funktion verlieren oder zumindest reduzieren. Bekanntermaßen werden auch im Erwachsenenalter weniger Mandeloperationen durchgeführt als im Kindesalter.

Wenn diese Probleme bestehen bleiben, dann sollten Sie den Zweiteingriff in Erwägung ziehen. Letztendlich sind Sie aber der "Herr des Verfahrens" und können (und müssen) allein entscheiden, ob Sie die Beschwerden tolerieren oder operieren lassen wollen. Leider: "Tertium non datur" – wie der Lateiner sagt ("Ein Drittes ist nicht gegeben"). Eine medikamentöse Therapie gibt es nicht: Also tolerieren oder operieren.

Rein theoretisch kann es natürlich auch sein, dass die Stippchen "einfache" Eiterstippchen sind, die mit Detritus nichts zu tun haben und die unter einer entsprechenden medikamentösen Behandlung wieder verschwinden.

Eine genaue Diagnose kann man aus der Ferne nicht stellen und also auch im Internet nicht veröffentlichen. Ihr Einzelschicksal sollten Sie deshalb unbedingt mit Ihrem Arzt besprechen...

Frage:
Also wenn ich das richtig verstehe, heißt das, wenn man Mandelsteine bekommt, dass das Immunsystem „top in Schuss" ist und sogar sehr stark! Ist das richtig?

Antwort:
Richtig ist, dass Mandelsteine nicht krankhaft sind. Ihre Schlussfolgerung "Mandelsteine zeigen Gesundheit an" ist allerdings sehr gewagt und nicht begründet.

Funktionierende Mandeln bieten dem Immunsystem einen regelmäßigen Kontakt zur Außenwelt. Dieser Kontakt ist für die "Arbeit" des Immunsystems wichtig. Wenn das Immunsystem in den Krypten neue Keime kennengelernt hat, dann wird die Krypte wieder entleert, sodass Platz geschaffen wird für neues Substrat. Das funktioniert auch mit kleinen und kleinsten Detritusmengen.

Wenn sich große Mandelsteine bilden, dann ist oftmals die Entleerung der Krypten behindert. Und große Steine blockieren dann die Krypte, sodass neues Substrat erst gar nicht in die Krypte gelangen kann. Und das ist dann wieder schlecht für das Immunsystem.

Ich möchte ein wenig weg gehen von einem einfachen – quasi mechanistischem – Bild der Körperfunktionen. So einfach wie es aussieht, ist es in Wahrheit nicht. Aber diese Seite ist auch nicht für Medizin-Professoren geschrieben, sondern für interessierte Laien. Ich bitte um Verständnis dafür. Aber eine vollständige wissenschaftliche Darlegung würde den Rahmen dieser Webseite eindeutig sprengen und für die meisten unverständlich bleiben.

Frage:
Kann ich mithilfe des Verzichtes auf Milchprodukte, die "Produktion" unterbinden?

Antwort:
Diätetische Ratschläge wie z. B. Verzicht auf Milchprodukte sind Humbug. Das sollte aber eigentlich aus dem Artikel schon herauszulesen sein.

Drei Möglichkeiten gibt es: Nichts tun. Tolerieren. Operieren.

Medikamente helfen nicht. Diät hilft nicht. Homöopathie hilft nicht. Akupunktur hilft nicht. Sollte ich etwas vergessen haben: Hilft auch nicht!

Chronische Mandelentzündung

Foren sind wahre Fundgruben für Blog-Themen! So auch der Themenkomplex zur chronischen Mandelentzündung:

Frage:
Eine chronische Tonsillitis spricht meines Wissens nur sehr schlecht auf antibiotische Therapie an. Gibt es Antibiotika, mit denen Sie auch bei chronischen Infekten gute Erfolge erzielt haben?

Antwort:
Ja, es stimmt: die chronische Tonsillitis ist antibiotisch de facto nicht zur Ausheilung zu bringen. Antibiotika sind sehr wirksam bei der akuten Tonsillitis, wozu letztendlich auch eine akute Verschlechterung (Exazerbation) einer chronischen Tonsillitis gehört.

Bei der akuten Tonsillitis spielen die Streptokokken immer noch die Hauptrolle – und bis heute sind noch keinerlei Resistenzentwicklungen gegenüber dem „einfachen" Schmalspektrum-Penicillin (Penicillin V) beobachtet worden.

Sollte das „normale" Penicillin V ausnahmsweise nicht den gewünschten Erfolg bringen (weil z. B. eine „Mischinfektion" mit mehreren Keimsorten vorliegt), dann kann man umsteigen auf andere Antibiotika (z. B. Breitspektrum-Penicilline, Cephalosporine oder Makrolidantibiotika) Abstriche von den Tonsillen nehme ich selten, da die Erreger- und Resistenzbestimmung Zeit braucht und die meisten Erreger auf die meisten Breitspektrumantibiotika ansprechen. Letztendlich sind Abstrichergebnisse immer mit etwas Vorsicht zu „händeln": es gibt ja auch eine „physiologische Standortflora". Irgendwelche Keime findet man also immer. Wenn die Patienten aber klinisch keine Entzündungszeichen bieten, dann werden sie möglicherweise durch das Abstrichergebnis verunsichert und wollen vielleicht eine unnötige (und dann auch unwirksame) Antibiotikumtherapie: Wenn keine Entzündung vorliegt, dann kann unter Antibiotika auch keine Entzündung weggehen.

Bei einer chronischen Mandelentzündung aber sitzen die Bakterien so „tief" im Gewebe der Tonsillen (in den Lymphfollikeln), dass man die Unwirksamkeit der antibiotischen Therapie einfach emotionslos feststellen muss! Und dann hilft nur noch eins: die operative Entfernung der Mandeln. Unterstellt man mal, dass die Amerikaner „irgendwie schon weiter sind als wir", so muss man aber doch auch feststellen, dass selbst sie noch Mandeloperationen durchführen – also auch nicht im Besitz operationsvermeidender Medikamente sind.

Die chronische Tonsillitis führt zu häufigen Schüben akuter Entzündungen. Die in den Mandeln „wohnenden" Bakterien können dann erstens auf der Schleimhautoberfläche auf- und absteigen, d. h. irgendwo in den Atemwegen zwischen Nasenspitze und letztem Lungenbläschen eine Entzündung verursachen; zweitens können sie über das Lymphgefäßsystem verschleppt werden und drittens auch über das Blutgefäßsystem. Letzteres ist besonders unangenehm, da dann überall im Körper Folgeentzündungen (Fokalgeschehen, Herdgeschehen) auftreten können: vom akuten rheumatischen Fieber über eine Regenbogenhautentzündung im Auge bis hin zur Glomerulonephritis (eine schwere Nierenentzündung) oder Myocarditis (Herzmuskelentzündung). Bei bevorstehender Nierentransplantation wird vom Transplantationszentrum immer ein „Tonsillenstatus" verlangt und oftmals eine vorgeschaltete Mandeloperation zur Bedingung gemacht!

Eine chronische Mandelentzündung ist klinisch nicht sicher zu erkennen, d. h. es gibt kein „pathognomonisches" Symptom („pathognomonisch" nennt man Symptome, die nur bei einer einzigen Krankheit vorkommen und deshalb nicht mehrdeutig (wie z. B. Fieber), sondern eindeutig sind und sofort zur Diagnose führen). Auch der „Antistreptolysin-Titer" (ASL oder AST – ein Laborwert, der bei Streptokokken-Infektionen ansteigt) beweist die chronische Mandelentzündung nicht! Das schwierigste ist deshalb die Diagnosestellung. Sie ergibt sich lediglich aus der Krankengeschichte (Anamnese): Bei häufigen Atemwegsinfekten muss man irgendwann unterstellen, dass diese „Infektserie" Folge einer chronischen Mandelentzündung ist. Am Anfang einer Serie ist es jedoch unmöglich zu sagen, ob die ersten 3, 4 oder 5 akuten Infekte bereits zur Serie gehören oder ob es sich um unabhängige Einzelereignisse handelt. Vor einer OP muss man also erst mal ein wenig den Verlauf beobachten (was Zeit kostet); dabei darf man aber nicht mit Scheuklappen isoliert auf die akuten Mandelentzündungen starren, sondern man muss schon alle Atemwegsinfekte im Blick haben! – Da sowieso etwa ein bis zwei „Grippewellen" (nicht die echte Influenza-Grippe, sondern die „grippalen Infekte", die „Erkältungen") im Jahr auftreten, sehe ich in ein bis zwei jährlichen Atemwegsinfekten – auch wenn sie bakteriell sind! – ebenfalls noch keine OP-Indikation. Nach einer Mandel-OP muss man eben immer noch mit ein bis zwei Atemwegsinfekten im Jahr rechnen. Ich erkläre das meinen Patienten immer so: wenn man bei jeder „Grippewelle" mitmacht, ist das immer ärgerlich, aber nie besorgniserregend. Besorgniserregend wird es dann, wenn alle Leute um mich herum gesund sind und ich trotzdem an einem Atemwegsinfekt erkranke – und das noch mehrfach und evtl. sogar regelmäßig! Dann sind die Mandeln „fällig". Dann kann man auch mit Antibiotika nicht helfen, weil diese immer nur den laufenden Infekt beenden, aber niemals einen zukünftigen Infekt verhindern können! (Die einzige Möglichkeit, zukünftige Infekte fast sicher zu verhindern, sind Impfungen! Aber gegen eine chronische Mandelentzündung gibt es noch keine Impfung.)

Mandeln sind sicher wertvoll. Aber ihr Wert ist sicher so hoch, dass man um die OP-Indikationsstellung nicht jahrelang ringen muss. Bei vorliegendem Verdacht auf ein Fokalgeschehen (vielleicht sogar mit drohenden schweren Komplikationen) stelle ich die OP-Indikation sehr großzügig, selbst wenn ich nicht sicher bin, ob die Mandeln „wirklich" chronisch krank sind: es ist in diesen Fällen viel schlimmer, kranke Mandeln nicht zu operieren als gesunde zu entfernen (Grundsatz: lieber falsch positiv als falsch negativ! Die Annahme des „worst case" ist für die Sicherheit der Patienten die beste Strategie!)

Neben den HNO-ärztlichen Operationsgründen, gibt es noch kieferchirurgische Gründe, die Mandeln zu entfernen! Bei sehr großen Mandeln drücken diese die Zunge nach vorn und die Zunge dann die Zähne. Bei bestimmten Kieferverformungen fordern die Kieferorthopäden oftmals eine Mandel-OP, bevor sie anfangen, eine Klammer zu legen. Dann werden auch „gesunde" Mandeln entfernt! (Kieferorthopäden lassen auch gesunde Zähne ziehen, wenn sie im Wege stehen!) – Ich glaube, das war's zu diesem Thema...

Mandelverkleinerung durch Teilentfernung (Tonsillotomie, TT)

Eine Teilentfernung der Gaumenmandeln (Tonsillotomie, TT) ist im Gegensatz zur vollständigen Entfernung der Gaumenmandeln (Tonsillektomie, TE) nur mit modernen Operationsverfahren (Laser, Radiofrequenzchirurgie, Coblation) möglich. Mit konventionellen Verfahren ist das Risiko unbeherrschbarer Blutungen zu hoch.

Mit zunehmender Verbreitung der modernen Operationsverfahren gewinnt auch die Teilentfernung der Gaumenmandeln an Bedeutung.

Man darf aber nicht übersehen, dass die Teilentfernung der Gaumenmandeln nicht in jedem Fall medizinisch sinnvoll ist! Wenn man nur einen Teil der Gaumenmandeln entfernt, dann heißt das, dass ein anderer Teil der Gaumenmandeln im Körper verbleibt!

Eine Tonsillotomie (TT) ist nicht sinnvoll bei häufigen Atemwegsinfekten! Wenn es darum geht, Infektionsquellen zu entfernen, dann müssen diese Infektionsquellen vollständig und im Ganzen entfernt werden. Belässt man einen Teil des infektiösen Gewebes, dann ist ein OP-Erfolg nicht zu erwarten. Eine Operation mit einem hohen Misserfolgsrisiko ist aber sinnlos! Das Verhältnis von OP-Risiko zu OP-Nutzen wird inakzeptabel, wenn der Nutzen bei „Null" liegt!

Andererseits gibt es von Mandeln verursachte Krankheiten, die nichts mit Atemwegsinfekten zu tun haben. Sehr große Mandeln können ein Atemhindernis darstellen, obwohl sie „innerlich gesund" sind! Wenn also allein die Größe der kindlichen Gaumenmandeln problematisch ist, dann ist eine TT durchaus ein alternativer Eingriff mit einer hohen Erfolgswahrscheinlichkeit.

Die TT ist unter Anwendung der modernen Operationstechniken – wir benutzen die Coblationstechnik – deutlich risikoärmer als die vollständige Mandelentfernung (TE). Die TT kann auch mit einer Polypenentfernung (Adenotomie, AT) kombiniert werden. Dennoch: ein geringes Risiko ist trotzdem kein „Nullrisiko".

Haben Sie bitte Verständnis dafür, dass wir die Kinder nach der Operation noch für 2 Tage im Krankenhaus belassen. Die Sicherheit ist mir als Arzt sehr wichtig – sie sollte Ihnen als Eltern auch sehr wichtig sein!

Nochmals: Die Entscheidung zur TT sollte man nur treffen, wenn diese spezielle Operation medizinisch sinnvoll und erfolgversprechend ist! Erst wenn diese Voraussetzung erfüllt ist, darf man sich für die TT und die damit verbundene Risikominimierung entscheiden. Man tut seinen Kindern und sich selbst keinen Gefallen, wenn man eine hohe Infektrate der Atemwege verschweigt oder ignoriert, nur damit die TE vermieden und ersatzweise die TT durchgeführt wird! Auch ein noch so kleines Operationsrisiko ist zu groß, wenn die Operation überflüssig ist! Unnötige Operationen muss man vermeiden; man kann sie nicht „risikominimieren"!

Wenn Ihnen jetzt auffällt, dass Ihr Kind doch größere Probleme mit Atemwegsinfekten hat und weniger mit Atemhindernissen, dann sollten wir uns nochmals gemeinsam beraten! Leidet Ihr Kind jedoch vorwiegend unter Atmungsbehinderungen und nicht unter Infekten, dann ist die Tonsillotomie (TT) bzw. die Adeno-Tonsillotomie (ATT) eine sehr sinnvolle, risiko- und schmerzarme Alternative zur vollständigen Mandelentfernung.

Sollten trotz der Operation später doch noch häufige Atemwegsinfekte auftreten, dann kann die Entfernung der Restmandeln auch später noch problemlos durchgeführt werden, natürlich ebenfalls mit dem schmerz- und risikoarmen Coblationsverfahren.

Allgemeine Themen

Muss ich Antibiotika nehmen? Oder sollte ich besser nicht?
Medikamente gegen Infektionen
Antibiotika sind wirksame Medikamente gegen krankmachende Bakterien. Im eigentlichen Wortsinn ("anti" = "gegen" und "bios" = "Leben") handelt es sich um eine gewisse Übertreibung! Antibiotika sind nicht gegen *alles* Leben gerichtet, sondern nur gegen das Leben der Bakterien! Krankmachende Viren werden nicht abgetötet; krankmachende Pilze nicht und krankmachende Einzeller auch nicht! Und – gottlob! – wir Menschen werden von Antibiotika ebenfalls nicht umgebracht! – Übrigens: Nicht alle Bakterien machen uns krank! Mit den meisten Bakterien leben wir friedlich zusammen, ohne dass wir uns gegenseitig ärgern! Auf allen Körperstellen gibt es eine sogenannte "Physiologische Standortflora". Eine bloße Besiedlung der Haut oder Schleimhaut mit Bakterien (Keimen) ist nicht krankhaft. Erst eine Abwehrreaktion des Körpers führt zur "Entzündung".

Lebewesen, die von Antibiotika getötet werden können, bezeichnet man als "empfindlich". Lebewesen, denen Antibiotika nichts anhaben können, bezeichnet man als "resistent" ("widerstandsfähig"). Also: Alle Menschen sind resistent gegen Antibiotika! (Mit Zyankali kann man auch Bakterien töten! Als Antibiotikum kommt dieses Gift natürlich nicht in Frage, weil wir Menschen nicht resistent sind gegen Zyankali!)

Es gibt verschiedene Arten von Antibiotika, die sich chemisch mitunter stark unterscheiden. Manche Antibiotika sind chemisch untereinander verwandt, andere wiederum überhaupt nicht! Die Wirkungsweisen der Antibiotika sind vielfältig. Mal wird die Zellmembran der Bakterien angegriffen, mal der Stoffwechsel, mal die Vermehrung. Übrigens: Die Bakterien müssen nicht immer getötet werden! Ein "Vermehrungsstop" ist auch sehr wirksam! Das Abtöten übernimmt dann unser Immunsystem! Antibiotika, die Bakterien töten, wirken "bakterizid". Antibiotika, die die Vermehrung der Bakterien stoppen, nennt man "bakteriostatisch". Bekannte Antibiotikagruppen sind z. B. die "Penicilline", die "Cephalosporine", die "Makrolidantibiotika", die "Tetrazykline", und die "Chinolone". Es gibt noch mehr...

Je mehr Keime gegen ein Antibiotikum empfindlich sind, desto breiter ist das "Spektrum" der Antibiotika! Heutzutage sind die meisten Antibiotika "Breitspektrum-Antibiotika", wirksam gegen viele unterschiedliche Keimsorten. Allerdings: Es gibt kein "Ganzspektrum-Antibiotikum". – Übrigens: "Antibiotikum" ist die Singularform ("ein Antibiotikum") und "Antibiotika" ist die Pluralform ("zwei Antibiotika")!

Da die meisten Infekte sogenannte "Mischinfekte" – mit unterschiedlichen Keimarten – sind, kann es sein, dass kein einziges Antibiotikum gefunden werden kann, das alle Keime abtötet. Dann hilft es nichts: Es müssen zwei oder mehr Antibiotika mit unterschiedlichen Keimspektren eingesetzt werden! Täte man das nicht und würde die Antibiotikumtherapie beenden, obwohl noch Keime weiterleben, dann könnte es zu einem Rückfall ("Rezidiv") kommen, der dann weitaus größere Behandlungsprobleme bereiten könnte! Resistente Keime vermehren sich nämlich – wie alle Lebewesen! Dabei vererben sie ihre Resistenz "gegen *Antibiotikum A*" an ihre Nachkommen weiter! Beendet man die Therapie, dann bekommt man viele Keime mit der Eigenschaft *"Resistenz gegen 'Antibiotikum A"*! Setzt man aber *"Antibiotikum B"* ein und tötet damit die Keime ab, dann können sie auch ihre Resistenz gegen *"Antibiotikum A"* nicht weitervererben! Also: Eine Antibiotikumtherapie ist nicht zu Ende, wenn die letzte Tablette gegessen wurde, sondern wenn der letzte Keim tot ist! Insbesondere müssen Antibiotika auch immer so hoch dosiert werden, dass die Wirkung wirklich eintritt! "Halbe Beschwerde – also halbe Dosis" gilt nicht! Es gilt: "Alles oder nichts"!

Antibiotikumresistenz
Wie kommt es überhaupt zur Resistenz?

Bakterien haben eine sehr kurze Generationszeit! Manche Bakterien teilen sich alle 20 Minuten. Bei jedem Teilungsvorgang wird das Erbgut kopiert. Manchmal passieren dabei kleine Fehler. Die meisten Kopierfehler führen zum sofortigen Absterben der Bakterien. Manche Kopierfehler sind aber von Vorteil für die Bakterien! Es könnte z. B. sein, dass ein Bakterium nach einem derartigen Kopierfehler – man nennt das "Mutation" – eine Substanz bauen kann, die Antibiotika zerstört, bevor sie wirken können! Die Penicilline zum Beispiel haben – chemisch gesehen – einen sogenannten "Beta-Lactam-Ring". Manche Bakterien können ein Enzym (einen "Biokatalysator") bauen, das den Beta-Lactam-Ring zerschneidet! Dieses Enzym heißt dann "Betalactamase" (die Endung -ase bezeichnet Enzyme – im Prinzip also "Betalactam -ase"). Bakterien, die Betalactamase produzieren, sind resistent gegen Penicilline! Nun gibt es Substanzen, mit denen man die Betalactamase zerstören kann! Die "Clavulansäure" kann das zum Beispiel schaffen. Kombiniert man also Penicilline mit Clavulansäure, dann werden die ehemals resistenten Keime wieder empfindlich!

Von der Resistenz der Keime hängt es also ab, ob Antibiotika wirksam sind oder nicht. Und da man mal von einer empfindlichen, mal von einer resistenten Keimsorte "befallen" wird, sind Antibiotika mal wirksam, dann mal wieder nicht! Keine Sorge: Es liegt nicht an Ihnen selbst! Sie haben es nicht in der Hand, ob Sie von einem empfindlichen oder einem resistenten Keim getroffen werden! Und wenn Antibiotika bei einer Erkrankung mal unwirksam sein sollten: Bei der nächsten Erkrankung können sie trotzdem wieder wirksam sein (wenn dann wieder empfindliche Keime angerückt sind…)!

Evolution im Bereich der Kleinstlebewesen
Betrachten wir noch mal die Mutationen. Tödliche Mutationen fallen nicht ins Gewicht! Mutationen aber, die Überlebensvorteile bringen, werden an die Nachkommen weitervererbt und bleiben fortan in der Welt! Bakterien werden also im Laufe vieler Generationen immer resistenter! Das ist nichts anderes als "Evolution"! Bei einer Generationsdauer von 20 Minuten kann man die Evolution gewissermaßen im Reagenzglas betrachten! Was Darwin für das Große herausgefunden hat, spielt sich auch im Kleinen ab! Täglich! Vor unseren Augen! Die Keime rüsten auf! Und wir? Wir rüsten auch auf! Hoffentlich gelingt uns das noch lange! Es ist nicht unwahrscheinlich, dass uns Menschen irgendwann die Waffen ausgehen… Wenn wir die Resistenzentwicklung bremsen wollen, dann müssen wir den "Selektionsdruck" senken! Bakterien, die nicht mit Antibiotika konfrontiert werden, haben keinen Evolutionsvorteil mehr, wenn sie Resistenzen entwickeln.

Das Spannungsfeld, in dem wir uns befinden, ist also definiert einerseits durch die Notwendigkeit, Antibiotika bei schweren Infekten einsetzen zu müssen und andererseits durch die Notwendigkeit, Antibiotika insgesamt möglichst sparsam zu verwenden! Insbesondere sollten wir nicht jede Neuentwicklung von Antibiotika bei jedem "Feld-, Wald- und Wiesenkeim" einsetzen, sondern den schweren Spezialfällen vorbehalten! Und weil das alles sehr kompliziert ist, sind Antibiotika verschreibungspflichtig! Das ist nicht in allen Ländern so! In Spanien z. B. sind manche Antibiotika frei verkäuflich. Bei diesen Antibiotika ist dann aber auch die Resistenzlage dementsprechend "angespannt"!

Wenn man als Arzt das richtige Antibiotikum auswählen will, dann hat man zwei Möglichkeiten:
1. Man nutzt die Erfahrung aus früheren Infekten und bei vielen Patienten: Es gibt für die meisten Infekte sogenannte "Leitkeime". Die Auswahl eines Breitspektrumantibiotikums, das die Leitkeime im Spektrum hat, ist schnell und meistens richtig.
2. Sollte man über den ersten Weg nicht weit kommen, dann muss man Abstriche entnehmen, die Keime im Labor bestimmen lassen und die Resistenzlage gegen verschiedene Antibiotika auch. Das dauert aber etwas länger…

Nebenwirkungen

Dummerweise können Antibiotika auch noch Nebenwirkungen haben! (Na ja, hätten sie es nicht, dann müsste man auch an der Wirkung zweifeln! Keine Wirkung ohne Nebenwirkung!) Zum Beispiel haben wir in unserem Darm eine Menge Bakterien, die uns keineswegs krank machen, sondern die uns bei der Verdauung helfen! Die Antibiotika können – leider – nicht unterscheiden, ob die Bakterien "gut" oder "böse" sind! Manchmal – wenn die Darmbakterien empfindlich sind – kommt es zu Verdauungsstörungen (Magenprobleme, Durchfall); manchmal – wenn die Darmbakterien resistent sind – kommt es nicht zu Verdauungsstörungen! Und Allergien gibt es auch noch…

Was bedeutet das alles für Sie als Patientin oder Patient?

1. Verlangen Sie kein Antibiotikum, wenn Ihre Krankheitserreger keine Bakterien sind!
2. Wenn Ihre Krankheitserreger Bakterien sind, dann überlegen Sie gemeinsam mit Ihrem Arzt, ob Ihre Beschwerden so stark sind, dass Antibiotika eingesetzt werden müssen.
3. Kommen Sie zum Ergebnis "Ja", dann nehmen Sie die Antibiotika in der vorgeschriebenen Dosis (keine eigenmächtige Dosisreduktion) und über die gesamte Behandlungsdauer (keine eigenmächtige Verkürzung) ein! Falls eine Antibiotikumtherapie nicht zum gewünschten Erfolg führt, dann sträuben Sie sich nicht gegen den Einsatz eines zweiten oder dritten oder vierten Antibiotikums!
4. Unterbrechen Sie nicht eigenmächtig die Antibiotikumtherapie, wenn Nebenwirkungen auftreten. Nehmen Sie Rücksprache mit Ihrem Arzt! Oft kann man die Nebenwirkung medikamentös lindern.
5. Haben Sie keine Angst, gegen Antibiotika resistent zu werden: Sie sind es bereits! Es wäre schlecht für Sie, wenn nicht… Substanzen, gegen die wir *nicht resistent* sind, nennen wir nicht "Antibiotika", sondern "Gifte"!
6. Es liegt nicht in Ihrer Entscheidungsgewalt, ob Sie von empfindlichen oder resistenten Keimen getroffen werden. Es liegt aber in Ihrer Entscheidungsgewalt, ob Sie resistente Keime an die Umwelt abgeben (und damit andere Patienten gefährden) oder nicht!

Wenn wir uns alle vernünftig verhalten, können wir noch lange Zeit Infektionskrankheiten "relativ einfach" bekämpfen. Wenn wir aber leichtfertig Antibiotika einsetzen oder leichtfertig auf Antibiotika verzichten, dann wird die Bekämpfung der Infektionskrankheiten in Zukunft immer schwieriger! Einen ersten Vorgeschmack bekommen wir bei den "MRSA"-Infektionen oder bei den "EHEC"-Infektionen: Beide Krankheitsarten werden von "multiresistenten" Keimen hervorgerufen!

Alternativmedizin – eine Alternative zur Humanmedizin?

Seit langem frage ich mich, warum wenden sich Menschen von der wissenschaftlichen Medizin ab und den alternativen Heilmethoden zu. Ich weiß es nicht! Aber ich habe einige Gedanken hierzu!

Mir fällt auf, dass von den Anwendern der alternativen Methoden, die sich selbst für verantwortungsbewusst und seriös halten, immer wieder gesagt wird, bei schweren Erkrankungen wie

Krebs und Aids würden sie sich zurückhalten und die naturwissenschaftliche Medizin empfehlen. Also alternative Methoden für alles, außer Krebs und Aids? Wie ist es mit den übrigen – zum Teil schweren und lebensbedrohenden – Infektionskrankheiten? Grippe? SARS? Ebola? Hepatitis? Tuberkulose? Masern? Diphtherie? Das ist doch sicher auch nichts für die alternativen Methoden! Weiter: Endokrine Krankheiten wie Diabetes mellitus, Schilddrüsen-Hormon-Störungen, Cortisonmangel (M. Addison) – ist das vielleicht etwas für die alternative Medizin? Nein! Herzinfarkt? Asthma? Nein!! Neurologische Erkrankungen? Schlaganfälle? Krampfanfälle? Parkinson? Multiple Sklerose? Nein!! Nierenerkrankungen? Gar mit Dialysepflicht? Nein!!! Psychiatrische Erkrankungen? Depressionen? Schizophrenie? Nein! Nein! Nein! Die Liste ist längst nicht vollständig!

Welche Krankheiten wollen die Alternativen eigentlich behandeln? Wenn die wissenschaftliche Medizin keine Heilungsmöglichkeiten kennt, dann hat die alternative „Medizin" erst recht keine! Was also wird behandelt?

Viele Patienten sind offensichtlich unzufrieden mit der wissenschaftlichen Medizin. Sie wandern ab zu alternativen Heilmethoden. Sie hoffen und erwarten, dass sie dort zufriedener und gesünder werden können. Meine Antwort: Zufriedener – vielleicht ja. Gesünder – definitiv nein!

Viele Patienten werfen der wissenschaftlichen Medizin vor, im Großen und Ganzen könne auch die wissenschaftliche Medizin die Menschen nicht gesünder machen. Stimmt das?

Die Lebenserwartung ist ein „hartes" Kriterium zur objektiven Abschätzung der Leistungsfähigkeit der wissenschaftlichen Medizin. Sie hat rasant zugenommen! Wir stehen jetzt vor dem Phänomen, dass in den späteren Lebensabschnitten neue Krankheiten auftauchen, die es früher nicht gab, weil die Menschen nicht die *Chance* hatten, den Beginn der Erkrankung zu erleben. Aber auch andere Erfolge gibt es: Die Heilungsquoten beim Krebs werden immer höher, die Überlebenszeiten immer länger. Die Kindersterblichkeit sinkt. Die Behandlung der „großen" und häufigen Krankheiten wird objektiv immer besser! Bluthochdruck und Diabetes mellitus können effektiver behandelt werden; es müssen immer weniger „diabetische Füße" amputiert werden. Die Zahl der Magenoperationen ist drastisch zurückgegangen, seit es möglich geworden ist, mit modernen Medikamenten eine „Eradikation" – „Ausrottung" – des Keims „Helicobacter pylori" zu bewerkstelligen. Die Liste ließe sich noch lange fortsetzen.

Und die Patienten sind unzufrieden! Sie leiden weiter. Sie leiden so, als wenn nichts geschehen wäre!

Meine These: Das Leiden ist unabhängig von seiner Ursache. Die „Leidenssumme" bleibt konstant. Im Krieg haben die Leute gelitten, weil sie verkrüppelt worden sind. Heute leiden die Patienten, weil ihre Haut zu trocken ist oder zu fettig. Bei mir hat sich mal ein Patient bitterlich beklagt, weil er sich jeden Morgen einmal die Nase putzen muss! – Was wäre, wenn es den Dermatologen gelänge, die Faltenhöhe und Runzeltiefe der Haut von vielleicht einem halben auf einen zehntel Millimeter zu verringern? Die Leute würden ihre „Falten" und „Runzeln" mit der Lupe suchen – und immer noch genauso leiden!

Und jetzt kommt es: Werden diese Patienten von wissenschaftlich orientierten Ärzten mit hohem Aufwand behandelt, heißt es, die Hochschulmediziner schössen „mit Kanonen auf Spatzen". Ist der Doktor ehrlich und sagt, diese „Krankheit" ist gar keine Krankheit, sondern eine Form der Gesundheit, heißt es, Hochschulmediziner nähmen ihre Patienten nicht ernst!

Und was machen die Alternativen? Nehmen sie solche Patienten ernst? Ich glaube, allenfalls nur vordergründig! Die schreiben Globuli auf und schicken die Patienten nach Hause mit der Prophezeiung, es könne jetzt besser werden (Erfolg), oder so bleiben (auch Erfolg) oder es könne zu einer (Erst-)Verschlimmerung kommen (erst recht Erfolg!). Jedenfalls: Die Alternativen sind diese Patienten los und die Patienten sind trotzdem glücklich – aber sie sind nicht „geheilt"!

Ist das denn nicht eine Form der Flucht? Die Alternativen „instrumentalisieren" die Gabe von Globuli (oder Anthroposophika, Bachblüten, Schüsslersalze oder was auch immer) – und sie machen es sich damit ganz schön leicht! Sie können sich um die Verkündigung unangenehmer – oder auch nur unbeliebter – Wahrheiten herumdrücken!

Über das Phänomen, dass die Patienten heute zunehmend an ihrer Gesundheit leiden, habe ich einen sehr schönen Artikel von Prof. Dörner im Deutschen Ärzteblatt gelesen! Prof. Dörner hat mir so richtig aus der Seele gesprochen! [2]

Und einen anderen Gedanken trage ich schon lange mit mir herum. Mir ist aufgefallen, dass die Anhänger der Alternativen eine gewisses hysterisches Verhalten zeigen. Hysterie jetzt nicht im beleidigenden Sinne gemeint, sondern als eine der von Fritz Riemann beschriebenen vier Grundformen der Angst. [3] Zwanghaftigkeit und Hysterie: zwei gegensätzliche Formen der Angst. Während die Zwanghaften vor jeder Änderung Angst haben (Hermann Hesse: „Einmal nur zu Stein werden; einmal nur dauern"), haben die Hysteriker Angst vor der „Notwendigkeit", vor der „Konsequenz", Angst vor „Unverrückbarem", vor „Festem". Hysteriker sind „flatterhaft", sie sind nicht „festzunageln".

Während in der Gesellschaft Begriffe wie z. B. „Pluralismus" und „Demokratie" zu Hause sind, gelten diese Begriffe in der Natur nicht! Die Natur fragt den Menschen nicht, wie sie ihre Gesetze formulieren soll! Die Naturgesetze stehen unverrückbar fest! Sie sind also geeignet, bei Hysterikern Angst auszulösen! Außerdem nimmt die Natur auf diese Weise dem „aufgeklärten" Menschen das Recht, am Gesetzgebungsprozess teilzunehmen. Das darf ja wohl nicht wahr sein! Was bildet sie sich ein – die Natur!

Wenn die wissenschaftliche Medizin sagt – sagen muss! – dass eine Erkrankung nicht heilbar ist (z. B. inoperabler Krebs, der ausbestrahlt ist und die Chemotherapie schlägt nicht an), dann ist das ein hartes Urteil! Ein Todesurteil! Und die Naturgesetze tragen die Schuld daran!

In gewisser Weise bringe ich durchaus Verständnis auf, dass die Betroffenen sich einer „Lehre" zuwenden, die ihnen Konsequenzen erspart. Alternative Heilmethoden tun nichts anderes, als die Flucht vor Naturgesetzen zu versprechen. Der Satz: "Substanzen können nur wirken, wenn sie anwesend sind", ist Naturgesetz. Der Satz: "Substanzen wirken auch bei Abwesenheit", setzt die Naturgesetze außer Kraft. Auf diese Weise verspricht die Lehre der Homöopathie seinen Anwendern Macht! Macht über die Naturgesetze! – Ich kann schon verstehen, dass hierin eine gewisse Attraktivität liegt!

Aber: Es ist natürlich Wunschdenken! Tatsächlich kann kein Mensch wider die Natur handeln. Alle alternativen Heilungen versprechen zwar Macht über die Natur, können das Versprechen aber nicht einhalten. Jeder alternative Therapeut, der das unbewusst und unreflektiert tut, ist ein Traumtänzer! Und jeder, der das bewusst tut, ein Betrüger!

Es ist nicht nur ärgerlich, dass die Betrüger ihren Patienten falsche Tatsachen vorspiegeln, sich Vertrauen erschleichen und ihnen nach dem Munde reden, die Patienten ihrem Schicksal überlassen und dafür abkassieren! Es ist auch ärgerlich, wenn die Traumtänzer die Chance zu Gesprächen mit den Patienten verspielen, weil sie schnell mal Kügelchen geben und glauben, damit genug getan zu haben! – Wenn auch viele Patienten nicht geheilt werden können, so ist es doch absolut wichtig, auch mit diesen Patienten offen und ehrlich zu sprechen! Auch bietet nur die wissenschaftliche Medizin ein ganzes Arsenal an „palliativen" Methoden – Methoden, die zwar das Leben nicht verlängern, aber die Lebensqualität erheblich steigern! Das ist die eigentliche Humanität! In diesem Sinne ist die wissenschaftliche Medizin die einzige „Humanmedizin" die es gibt!

Klartext über Homöopathie: Homöopathie ist Irrtum
Geschichte der Homöopathie
Die Homöopathie wurde vor ca. 200 von Samuel Hahnemann eingeführt in dem Bemühen, die Nebenwirkungen der damals verwendeten Medikamente („Drastika"!) zu beseitigen. Er erfand eine neue Lehre, die er auf seine Beobachtung stützte. Seine Lehre beinhaltet zwei wesentliche Lehrsätze: erstens: Krankheiten werden durch Medikamente geheilt, die ähnliche Symptome hervorrufen wie die Krankheit selbst und zweitens: die Wirkung der Medikamente wird durch Verdünnen (Hahnemann nennt das „Potenzieren") verstärkt. In der Tat ist die Homöopathie nebenwirkungsfrei. Sie ist allerdings auch wirkungsfrei.

Ähnlichkeitsprinzip
Das Prinzip der Ähnlichkeit ist bereits im Ansatz falsch. Erstens muss man wissen, dass Ähnlichkeiten in unserem Kopf entstehen! Ähnlichkeit hat etwas mit Mustererkennung zu tun. Und Mustererkennung hat etwas mit unserem Kopf, mit unserer Phantasie, Erfahrung, Biographie etc. zu tun! Ein bekanntes Beispiel ist der „Rorschach-Test: ein völlig irregulärer Tintenklecks wird von jeder Versuchsperson anders interpretiert! Jede Versuchsperson sieht Ähnlichkeiten mit ihnen vertrauten Bildern. Diese Ähnlichkeiten sind aber nicht objektiv vorhanden, sie werden „hineininterpretiert".

Zweitens sind Ähnlichkeiten davon abhängig, wie genau meine Beobachtung, meine Untersuchung ist. Und die Untersuchungsmethoden sind wiederum von meinen Kenntnissen abhängig. Auch hier ein Beispiel zur Verdeutlichung: schaue ich als Nicht-Pilot in eine Flugzeugkanzel, dann sehe ich eine Reihe von ähnlichen Instrumenten: alle rund, alle mit Zifferblatt, alle mit Zeiger. Ein Pilot, der Wissen hat und weiß, worauf er schauen muss, sieht die Unterschiede: ein Instrument ist Höhenmesser, das andere Geschwindigkeitsmesser, wieder ein anderes Kompass. Ähnlichkeiten zwischen verschiedenen Objekten bedeutet gar nichts! Keinerlei Verwandtschaft, keinerlei Beziehung zwischen den Objekten! Mit zunehmender Genauigkeit treten denn auch zunehmende Unterschiede auf. Sehe ich das Blut zweier Patienten nur mit meinem bloßen Auge, dann sehen beide Blutproben ähnlich aus: rot und dickflüssig. Schaue ich mit dem Mikroskop, dann stellt sich heraus, dass die erste Blutprobe von einem Gesunden, die zweite von einem Patienten mit Leukämie stammt! Die Ähnlichkeit ist plötzlich verschwunden! Oder ein Beispiel aus heutiger Zeit: inzwischen können wir DNA-Analysen durchführen, also die Erbinformation lesen: nach dieser Methode gibt es keine zwei gleichen Lebewesen mehr auf der ganzen Welt (es sei denn, sie sind eineiige Mehrlinge oder gezielt „geklont"). Als Hahnemann lebte, gab es keine Elektronenmikroskope, keine Möglichkeit der chemischen Untersuchungen, kein EKG, kein EEG, keine Röntgenstrahlen, keine Computertomographie, Kernspintomographie, evozierte Potentiale usw… Alle Beobachtungen Hahnemanns wurden mit den bloßen Sinnesorganen gemacht. Die Homöopathie von heute macht das noch genauso! Hahnemanns Lehre ist eine Bibel! Es wird nichts verändert! Die Homöopathie ist unfähig, zu lernen! Sie steht auf dem selben Stand wie vor 200 Jahren! Es werden wohl neue „Arzneimittelbilder" erstellt – aber eben mit alten, völlig überholten und völlig untauglichen Mitteln!

Drittens reagiert unser Körper auf Störungen von außen nur mit begrenzten Reaktionen! Ich nenne wieder einmal Beispiele: es ist der Nase völlig egal, ob sie von einem Virus, einem Allergen, einem Bakterium, einem Operateur oder einem Witzbold mit Feder geärgert wird: sie reagiert immer mit Naselaufen, Schleimhautschwellung, Rötung, Niesen. Ist ja auch klar: die Nase hat kein blaues Blinklicht und sie kann nicht „tatütata" machen! Wenn ich nur auf diese Reaktion schaue, dann kann ich sowohl mit Pfeffer, als auch mit Salz, als auch mit Paprika, Curry – was auch immer – ein Arzneimittelbild erstellen, was in diesem Punkt einer Erkältung gleicht! Oder im Falle einer Allergie: Birkenpollen führen bei einem Birkenpollenallergiker zum Niesen, Katzenhaare bei einem Katzenhaarallergiker. Das Niesen ist immer gleich; daraus kann man aber keineswegs schließen, dass Birkenpollen und Katzenhaare irgend etwas miteinander zu tun haben! Anders ausgedrückt: wäre der homöopathische Arzneimittelprüfer ein Birkallergiker gewesen, dann hätte er „herausgefunden", dass Birken gegen Schnupfen helfen (weil Birken ja bei ihm Schnupfen „machen"); wäre er Katzenallergiker gewesen, hätte er „herausgefunden", dass Katzen gegen Schnupfen helfen. Dem Zufall sind Tür und Tor geöffnet! Kein Wunder, dass Hahnemanns Ur-Experiment (das mit der Chinarinde) nicht ein einziges Mal reproduziert werden konnte! Hahnemanns gesamtes Theoriegebäude hat sein Fundament in einem „fundamentalen" Irrtum! Interessiert das irgendeinen Homöopathen? Natürlich nicht!

Ähnlichkeiten zwischen Arzneimittelbildern (Vergiftungserscheinungen, die von den „Arzneimitteln" hervorgerufen werden!) und Krankheitserscheinungen sind also von vielen Dingen abhängig: von der Genauigkeit der Beobachtung, vom Reaktionsspektrum der Organe und von der Interpretationskunst des Homöopathen, der das Arzneimittelbild beschreibt. Dabei wird dieser sicher auch von seinem Wunschdenken beeinflusst sein: sucht er z. B. ein Arzneimittel gegen Heuschnupfen, dann wird er andere Symptome für wichtig (oder unwichtig) halten, als wenn er auf der Suche nach einem Mittel z. B. gegen Darminfekte ist. Im übrigen ist es wegen der enormen Vielzahl an Substanzen und der nicht minder großen Vielzahl an Krankheitssymptomen statistisch hochwahrscheinlich (eigentlich sogar sicher), dass sich Korrelationen zwischen beiden Gruppen finden lassen! Und hier „hilft" uns Menschen wieder unser psychologischer Mechanismus, selbst im völligen Chaos noch Muster „erkennen" zu „können"! Die Mustererkennung wurde von der Evolution hervorgebracht. Mustererkennung ist zwar fehlerbehaftet, aber schnell! Die Geschwindigkeit bietet trotz der Fehlerhaftigkeit Überlebensvorteile. Und: Die Evolution hat auch die Art des Fehlers berücksichtigt! „Falsch positive" Warnungen haben keinen wesentlichen Überlebensnachteil, „falsch negative" Entwarnungen hingegen sind verheerend! [4] Wenn man ein ganzes Theoriegebäude auf ein derartig unsicheres, ja geradezu „schwammiges" Fundament stellen will, dann sollte man um die Fehlerbehaftung wissen! Hahnemann konnte das noch nicht wissen. Seine Jünger von heute könnten das sehr wohl wissen! Man müsste sich halt bemühen, dieses Wissen zu erlangen! Das lateinische Wort „studere" (deutsch „studieren") bedeutet „eifrig sich bemühen"!

Aus der Ähnlichkeit (die aus naturwissenschaftlicher Sicht also beliebig ist) auf eine ursächliche Wirkung gegen eine Erkrankung zu schließen, ist in hohem Maße naiv! Die Homöopathen erinnern mich da wirklich an die Ureinwohner einer Südseeinsel: „während des Krieges haben sie gesehen, wie Flugzeuge mit jeder Menge guter Sachen landeten; nun möchten sie natürlich, dass das gleiche wieder passiert. Also haben sie so etwas Ähnliches wie Landebahnen angelegt und neben ihnen Signalfeuer angezündet; eine Hütte aus Holz haben sie auch gebaut, und in der sitzt ein Mann, der auf dem Kopf zwei so Dinger aus Holz hat, die wie ein Kopfhörer aussehen und von denen zwei Bambusstöcke wie Antennen abstehen – das ist der Flugkontrolleur. Und jetzt warten sie darauf, dass ein Flugzeug landet. Sie machen alles richtig. Der Form nach einwandfrei. Alles sieht genauso aus wie damals. Aber es haut nicht hin. Nicht ein Flugzeug landet." [5] Feynman nennt das „Cargo-Kult-Wissenschaft".

Potenzierung

Und was ist nun mit dem Prinzip der Wirkungsverstärkung durch Verdünnen? Mit Verlaub: das ist Quatsch! Eine Substanz, die aus einer Lösung entfernt worden ist, kann nicht mehr wirken! Bei Verdünnungen von C200 bedeutet das „C", „dass jede Verdünnung im Verhältnis 1:100 durchgeführt und das noch 200 mal wiederholt wird. Das Ergebnis ist eine Verdünnung im Verhältnis 1:10^{400}; eine 1 mit 400 Nullen. Im ganzen Universum gibt es aber „nur" 10^{80} Atome; eine Eins mit 80 Nullen) [4] und das bedeutet, dass man diese Verdünnung nicht einmal im gesamten Universum bewerkstelligen kann! Man benötigt dazu sage und schreibe 10^{320} Universen; eine Eins mit 320 Nullen! Da kann man sich dann glücklich schätzen, wenn die Wirkung zumindest in unserem Universum geblieben ist! Mal ernsthaft: das soll wirken???

Die Homöopathen sagen: Ja! Sie glauben nämlich, dass sie es schaffen können, die *„Information"* aus dem Molekül von diesem Molekül zu trennen und dem Lösungsmittel zuzuführen. Gerne werden da immer Vergleiche herangezogen: wenn man eine unbespielte und eine bespielte Videokassette wiege, dann erhalte man das gleiche Ergebnis, aber dennoch sei auf der einen eine Information (ein Film) und auf der anderen nicht. Was für ein kindisches Beispiel! Natürlich kann man nicht mit einer einzelnen Messmethode alle Eigenschaften der Materie erkennen! Ein Analogieschluss ist im naturwissenschaftlichen Bereich ohnehin nichtssagend – erst recht, wenn er auf der falschen Methodenwahl beruht! Abspielen der Videokassette in einem Abspielgerät wäre viel intelligenter gewesen als Wiegen der Kassette!

Es ist zwar richtig, dass „Information" etwas körperloses ist (die Informationstheorie sagt, Information ist ein Maß für die Unwahrscheinlichkeit: je unwahrscheinlicher, desto informativer), aber sie ist, wenn man sie „zugänglich" machen will, „speichern", „verarbeiten" und wieder „lesen" will, natürlich an etwas Körperliches gebunden! Wenn die Arzneiinformation das Arzneimolekül braucht, dann braucht der Film die Magnetschicht der Videokassette. Entferne ich das Molekül aus der Lösung, dann ist das so, als kratze ich die Magnetschicht vom Trägermaterial! Nun glauben die Homöopathen, die Information sei zuvor auf das Lösungsmittel übergegangen und deshalb immer noch vorhanden. Also – ich hätte da schon noch ein paar Fragen dazu! Sie etwa nicht? Wenn die Information nach dem „Potenzieren" im Wasser ist, ist sie dann nicht mehr im Arzneimolekül? Kann dann das Arzneimolekül ohne seine spezifische Information überhaupt noch weiter existieren? Oder ist die Information dabei vervielfältigt (kopiert) worden? Und wie geht das – kopieren? Wie das im Computer geht, wissen vielleicht einige. Da gibt es mehrere Speicher, Datenbusse, Controller und einen zentralen Prozessor, der alles koordiniert. Die Information muss an *festen* „Adressen" hinterlegt werden, damit man sie später wiederfinden kann. Der Kopiervorgang benötigt Energie und das „Auslesen" auch. Kompliziert, nicht wahr?

Und all das geschieht beim „Potenzieren" quasi ganz von allein? Als Energiequelle reicht es aus, wenn man die Lösung schüttelt und fest aufstößt? Warum nimmt man kein elektrisches Rührgerät? Das verteilt doch auch die Moleküle und liefert Energie! Weil Hahnemann auch keins hatte! Deshalb nicht!

Homöopathieeffekte widersprechen den Naturgesetzen
Und wie soll das Lösungsmittel die Information speichern? Beim Speichern von Information muss sich ja irgend etwas verändern! Das Lösungsmittel kann sich aber nicht ändern! Alle Moleküle bleiben gleich! Nein – leider muss man feststellen: Wasser (oder Alkohol – ist ja egal) kann die Information gar nicht speichern, denn die Moleküle des Lösungsmittels sind *„ununterscheidbar"*, das heißt man *kann* keine unterschiedliche Anordnung von Wassermolekülen erkennen, man *kann* keine zusammengehörende Gruppe von Wassermolekülen im Umgebungswasser erkennen! Alles ist gleich wahrscheinlich. Und damit ist die Information gleich Null!

So genannte „cluster", die angeblich aus Wassermolekülen (ununterscheidbaren Wassermolekülen!) bestehen und die Arzneiinformation speichern sollen, gibt es nicht – denn sie können nicht erkannt werden! Wie will man denn das Molekül aus der Lösung „schütteln" und die Information ungestört in der Lösung lassen? So wie man einen Magneten aus einer Dose mit Eisenfeilspänen schüttelt und das ursprüngliche Arrangement der Eisenfeilspäne ungestört lässt? Ja, Leute! Wie denn?

Und was ist mit den Wasserstoffbrückenbindungen? Die gibt es zwar – aber sie haben nur eine „Haltbarkeit" von einigen Picosekunden (billionstel Sekunden). In jeder Sekunde ordnen sich die Wasserstoffbrücken eine Billion mal um! Stellen Sie sich mal vor, Sie hätten ein Buch, in dem jeder Buchstabe eine Billion mal pro Sekunde wahllos durch andere Buchstaben ersetzt wird! Viel Spaß beim Lesen...

Immer wieder werden scheinbar unwiderlegbare Argumente zur Erklärung herangezogen, wie z. B. der „Welle-Teilchen-Dualismus" oder die „Heisenberg'sche Unschärferelation". Immer wieder wird die Quantenphysik berufen: sie ist so schwer zu verstehen! Da kann man schwafeln und dennoch Eindruck schinden! Und in dem Wort „Unschärferelation" kommt ja wohl für jeden eindeutig zum Ausdruck, dass es noch etwas Unscharfes, etwas Nicht-Erklärbares gibt! Als Homöopath klammert man sich daran in der Hoffnung, wenigstens an dieser Stelle nicht widerlegt werden zu können! So ein Pech! Die Quantenphysik hat unsere Welt vorhersehbarer und verständlicher gemacht, als sie jemals zuvor war! Diese ach so unscharfe Quantenwelt hat uns die Atomuhr beschert! Die genaueste Uhr der Welt! Also: der Welle-Teilchen-Dualismus oder die Heisenberg'sche Unschärferelation erklären überhaupt nicht, wie man Information in einer homogenen Lösung aus nicht voneinander zu unterscheidenden Molekülen speichern kann!

Aber der 2. Hauptsatz der Thermodynamik erklärt uns, warum das nicht gehen kann! Bei jeder Temperatur über dem absoluten Nullpunkt – also immer! – wirbeln die einzelnen Moleküle chaotisch und nicht verfolgbar durcheinander! Die Unordnung (die Entropie) nimmt zu und der Informationsgehalt ab! Wie lange würde sich die Information im Lösungsmittel halten (wenn es denn jemals gelingen würde, sie da hinein zu bekommen)? Sie erinnern sich: Picosekunden! Das alles kümmert die Homöopathen überhaupt nicht!

Homöopathie hat eine Wirkung noch niemals zweifelsfrei beweisen können
„Ein großer Teil experimenteller Wissenschaft besteht darin, Tests zu konstruieren, die sicherstellen, dass das Ergebnis eines Experiments nicht das Ergebnis eines menschlichen oder eines Interpretationsfehlers ist. Die ‚unendliche Verdünnung' ist ein solcher Test. Wenn der beobachtete Effekt nicht verschwindet, nachdem die Verdünnung Null erreicht hat, ist das ein klarer Beweis dafür, dass der Effekt nicht durch die getestete Substanz erzielt worden ist." [4] – Wenn z. B. mein Auto weiterfährt, obwohl ich die ganze Seifenlösung aus dem Scheibenwaschtank herausverdünnt habe, ist das eben gerade kein Beweis dafür, dass Seifenlösung der stärkste Treibstoff der Welt ist, weil das Auto sogar noch ohne sie fährt! Es ist ein Beweis dafür, dass die Seifenlösung nichts mit dem Treibstoff zu tun hat! – Die Homöopathie erblickt aber gerade darin einen „Beweis" für die hohe Wirksamkeit der Arzneimittel, wenn diese – ohne anwesend zu sein – noch wirken!

Der französische Homöopath Benveniste behauptete, entdeckt zu haben, dass die Information im Wasser in Form von elektromagnetischen Wellen gespeichert wird, die man mit Hilfe einer

Spule um das Wasser herum sichtbar machen könne. Gemäß Benveniste könnte man die Informationen in einem Computer abspeichern und ins Internet stellen, sodass sie überall auf der Welt Wasser aktivieren können. Und wie *speichert* man elektromagnetische Wellen? Elektromagnetische Wellen „fliegen" mit Lichtgeschwindigkeit davon und nehmen dabei noch Energie mit! Kühlt dann das Arzneimittel „*von allein*" ab? Homöopathische Arzneimittel produzieren *Elektrosmog*?? – Man sollte eigentlich erwarten, dass jeder bemerkt, wie lächerlich das alles ist. Homöopathen finden das allerdings überhaupt nicht witzig! [4] – Inzwischen hat Benveniste seine Behauptung allerdings wieder zurückgezogen!

Übrigens: einen Beweis für diese abstrusen Behauptungen hat noch niemand erbracht! Es ist noch nicht einmal ein Denkansatz erkennbar, wie ein solcher Beweis aussehen könnte! Und wie wollen Homöopathen nachweisen, ob ein Medikament „echt" ist und nicht etwa von einem „ungläubigen" Apotheker „gefälscht" wurde (indem er einfach das Arzneifläschchen am Wasserhahn auffüllt)? – Wie wollen Naturwissenschaftler jemals nachweisen können, dass Weihwasser geweiht ist??

Ja, warum eigentlich dieser ganze „Umweg" über die Informationsbeladung des Lösungsmittels mit Informationen aus dem Arzneimittel? Warum soll man denn statt des eigentlichen Arzneimittels Wasser geben, das genau die gleiche Information enthält wie das Arzneimittel selbst? Um Nebenwirkungen zu verhindern? Nee – wenn die Information dieselbe ist, dann sind auch die Nebenwirkungen in der Lösung! Es sei denn, die Nebenwirkungen seien bei der Informationsübertragung gelöscht worden! Wahrscheinlich geht das auch durch das Schütteln und Stoßen: alles was der Homöopath gut findet, kopiert sich ins Wasser und alles, was er schlecht findet, bleibt freiwillig draußen! Noch irgendwelche Fragen?

Physikalisch und chemisch gesehen, ist damit völlig klar, dass wirkstofffreie Lösungen keine spezifischen Wirkungen haben können. Wechselwirkung zwischen Arznei und dem Körper des Patienten ist immer körperlicher Art. Wenn das Arzneimolekül entfernt ist, fällt jegliche Wechselwirkung zwischen Arzneimolekül und dem Körper des Patienten aus. Lediglich seelische Wirkungen können noch übrigbleiben. Der Placeboeffekt ist nicht an die Anwesenheit des Arzneimittels gebunden. – Homöopathen wollen aber nicht, dass die den Arzneimitteln zugeschriebene Wirkung eine Placebowirkung sei. Tja – Pech gehabt: dann müssen die Arzneien eben in der Lösung bleiben! Man kann nicht den Kuchen haben wollen und das Geld für den Kuchen auch noch!

Auch aus zwei weiteren Gründen kann das homöopathische Prinzip keine in sich geschlossene Heilungsmethode sein: Das Ähnlichkeitsprinzip muss bei Mangelerkrankungen und bei Vergiftungen versagen! Einen Mangel kann man nicht durch die Gabe von homöopathisch „potenzierten" (also im Klartext bis zum Verschwinden verdünnten) Substanzen beheben. Und bei einer Vergiftung kann man nicht durch eine zusätzliche Gabe des Giftes (selbst wenn es bis zum Verschwinden verdünnt ist) entgiften! Homöopathen werden behaupten, dass die Homöopathie die Begriffe „Mangel" und „Vergiftung" gar nicht benötige. Das ist richtig – sie kennt sie ja nicht mal! Die Homöopathie ist allein auf die Symptome ausgerichtet! Wenn ich wegen eines Wassermangels Kopfschmerzen bekomme, dann ist nicht Wasser die naheliegende Lösung des Problems, sondern die homöopathische Verdünnung eines „Medikaments", dass ist höherer Dosierung seinerseits Kopfschmerzen verursacht (z. B. Rotwein mit Käse). Ganz schön frech und dreist, der wissenschaftlichen Hochschulmedizin vorzuwerfen, sie kuriere nur an den Symptomen herum, während die Homöopathie auf einem ganzheitlichen Konzept aufbaue! Es ist genau anders herum!

System "Homöopathie"
Das *System* der Homöopathie hingegen ist interessant und beeindruckend. Da könnte man glatt noch etwas lernen! Es gibt einen Guru (Hahnemann) und seine Jünger, die jedes Wort von ihm „beten" können. Die Homöopathie hat eine eigene Fachsprache geschaffen mit Begriffen, die in der naturwissenschaftlichen Welt nicht vorkommen oder dort völlig anders verstanden werden. Fragen Sie mal einen Mathematiker, was der unter „Potenzieren" versteht. Bestimmt nicht das, was die Homöopathie darunter versteht. Die Krankheitslehre der Homöopathie entfernt sich mit jedem neuen Tag ein Stückchen weiter von der naturwissenschaftlichen Medizin. Da gibt es Begriffe wie „Psora", „Miasma" und „Lebenskraft", die man aber nicht so genau erklären kann.

Prinzip "Ganzheitlichkeit"
Und der Begriff der „Ganzheitlichkeit"! Der klingt besonders gut! Endlich eine Lehre, die mich als Patienten mal „ganz" sieht und nicht nur organweise! Die „ganzheitliche Sichtweise" birgt aber Sprengstoff! Wenn jeder Mensch anders ist und ich jeden individuell behandeln möchte, dann gibt es keinerlei Erfahrungen, aus denen ich schöpfen kann! Sechs Milliarden Menschen auf der Welt und jeder braucht ein ganz besonderes, nur auf ihn zugeschnittenes Medikament! Wo soll ich das jemals nachschauen oder gar lernen können? Was hilft es mir, Herrn Meier geheilt zu haben, wenn nun Frau Müller vor mir steht? Ich kann ja nicht dasselbe Medikament nehmen, denn Frau Müller ist ein Individuum, das sich von Herrn Meier unterscheidet. Aber so streng sehen das die Homöopathen dann doch nicht; da machen sie dann Abstriche am Konzept der Ganzheitlichkeit.

Wenn ein Patient ganzheitlich gesehen wird, dann kann er nicht mehrere Krankheiten gleichzeitig haben! „Seine" Krankheit ist als Einheit zu sehen, die mehrere Symptome auf sich vereint. Deshalb gibt es in der (klassischen) Homöopathie auch keine Medikamentenkombination, sondern nur ein Medikament, das genau ausgewählt sein muss.

Natürlich kann der Homöopath nicht alle Symptome berücksichtigen: niemand kann ja *alle* Informationen aus dem Körper eines Patienten kennen! Deshalb gibt es wichtige und unwichtige Symptome. Komisch ist, dass die wichtige Symptome allesamt mit den fünf Sinnen erfasst werden können (andere kannte Hahnemann noch nicht)! Aber Vorsicht: hier ist eine „Erfolgsgarantie" eingebaut! Wird der Patient nämlich nach der Therapie gesund (das gibt es ja, weil es Placebowirkungen gibt), dann hat der Homöopath offenbar genau alle wichtigen Informationen gesammelt. Wird der Patient jedoch nicht gesund, dann sind ihm wichtige Informationen vorenthalten worden! Oder sie wurden verschleiert. Jedenfalls ist im Falle eines Misserfolges die Homöopathie selbst immer unschuldig! Alle Erfolge gehen auf das Konto Homöopathie, alle

Misserfolge liegen außerhalb der Homöopathie begründet. Der Misserfolg allein ist schon Beweis dafür, dass die Homöopathie falsch angewendet wurde! Was wichtig ist und was unwichtig ist, stellt sich praktischerweise erst nach der Therapie heraus!

Das System der Zusatzeinschränkungen passt da auch sehr gut hinein. Dem Patienten werden alle möglichen sinnvollen und unsinnigen Einschränkungen auferlegt. Je mehr, desto besser. Gegen irgendeine wird er sicher mal verstoßen. Besonders bei der langen Heilungsdauer, die der Homöopathie als normal gilt! Wird der Patient gesund trotz des Verstoßes gegen eine Einschränkung: gut für die Homöopathie! Wird er nicht gesund: dann ist der Patient eben selbst für den Misserfolg verantwortlich!

Und was passiert mit dem Patienten, wenn er ein homöopathisches Arzneimittel genommen hat? Erstens: es kann ihm besser gehen. Das ist dann ein Erfolg für die Homöopathie. Zweitens: die Erkrankung bleibt erst mal eine Weile unverändert: das ist dann auch ein Erfolg für die Homöopathie, weil homöopathische Heilungen ja eigentlich langsam ablaufen sollen, damit sie *nachhaltig* sind. Also verzögerte Heilungen sind in der Homöopathie durchaus erwünscht und ein Zeichen der Wirksamkeit. Drittens: die Krankheit kann schlimmer werden. Das ist dann die berühmte „Erstverschlimmerung": ein „sicheres" Zeichen, dass die Homöopathie wirkt und das richtige Arzneimittel ausgesucht wurde! Schließlich sollen ja das „Arzneimittelbild" und das Krankheitsbild ähnlich sein; wenn beide sich überlagern, kann es also auch mal schlimmer werden. Haben Sie es bemerkt? Egal, ob eine Krankheit nach eine homöopathischen Therapie besser wird, so bleibt oder schlechter wird: es ist immer ein Erfolg für die Homöopathie!

Homöopathie als zusätzliche – "komplementäre" – Therapie

Nun gibt es ja durchaus verantwortungsbewusste Homöopathen. Diese überweisen ihre Patienten an die wissenschaftlichen Medizin (sogenannte „Schulmedizin" – ich bestehe inzwischen auf „Hochschulmedizin": so viel Zeit muss sein!). Das ist auch nicht zu beanstanden und – obwohl eigentlich selbstverständlich – lobenswert! Aber wie werden diese überwiesenen Patienten in die Erfolgsstatistiken der Homöopathen aufgenommen? Als Misserfolge? – Nein! Sie verschwinden ganz einfach aus der Statistik! Im Nachhinein hat sich ja herausgestellt, dass die Homöopathie eigentlich für diesen Patienten nicht „zuständig" war – also wird er aus der Statistik entfernt. Das ist aber falsch und nicht zulässig! Auf diese Weise verfälscht man eine Statistik! Der Standard bei statistischen Untersuchungen innerhalb der Hochschulmedizin heißt: *„Intention-to-treat-Analyse"*. Also – vorher muss festgelegt sein, welcher Patient in die Statistik aufgenommen wird. Stellt sich später heraus, dass die Homöopathie nicht helfen kann, muss der Patient dennoch in der Statistik bleiben und als Misserfolg gewertet werden. [6]

Diese Charakteristika der Homöopathie sind die Garanten für den Erfolg! Sie lassen jede Statistik „schön" aussehen! Ist doch klar: geht man von vielleicht 25 % „Heilung" durch Placeboeffekt aus und streicht anschließend die restlichen 75 % Misserfolge wegen „Falschanwendung der Homöopathie" oder nachträglich bemerkter „Nicht-Zuständigkeit" der Homöopathie aus der Statistik heraus, dann bekommt man eine Erfolgsrate von 100 %. [6] Da kann unsereiner ja nur neidisch werden! Das funktioniert übrigens auch in der Tiermedizin, denn die Placebowirkung ist auch bei Tieren nachgewiesen!

Selbstverständlich gibt es Möglichkeiten die Homöopathie zu testen! Prof. Lambeck, seines Zeichens Physiker, hat schon vor einiger Zeit vorgeschlagen, wie es funktioniert! [7]

"Evidence Based Medicine"

Höchster Standard in der wissenschaftlichen Medizin (*"evidence based medicine"* – EBM) ist also die „prospektive multizentrische, randomisierte, plazebokontrollierte Doppelblind-Intention-to-treat-Studie". Kein Problem! Die Homöopathie-Studie kann an mehreren Orten durchgeführt werden. An jedem Studienort untersucht ein Homöopath die Patienten und schreibt ein homöopathisches Medikament auf. Der Patient geht damit in eine homöopathische Apotheke. Der Apotheker nimmt das Rezept entgegen und gibt es einem zweiten Apotheker im Labor. Dort steht der Studienleiter und entscheidet – z. B. auch mit Hilfe eines Computers – zufällig, ob der Patient das echte Medikament bekommt oder lediglich ein Placebo. Der Apotheker im Labor gibt das ausgewählte Präparat dem Apotheker im Laden. Und dieser gibt es dem Patienten. Weder der Patient noch der Apotheker im Laden noch der Homöopath wissen also, welcher Patient das Homöopathikum und welcher das Placebopräparat bekommen hat. Ein solches Studiendesign nennt man „doppelblind". Es ist auch „randomisiert" (die Teilnehmer in der „Verumgruppe" und in der „Placebogruppe" sind zufällig ausgewählt worden). Und es gilt die Intention-to-treat-Regel: Jeder Teilnehmer bleibt in seiner einmal zugeteilten Gruppe!

Therapeutische Wirkungen müssen in Studien belegt werden

Es gibt eine Reihe von Studien zur Homöopathie. Nur: Die *Qualität* der Studien ist unterschiedlich. Das oben beschriebene Studiendesign bietet den höchsten Qualitätsstandard. Und dann muss man noch wissen, dass keine Studie – auch die beste – nicht ohne Fehlerrisiko ist! Die allgemein anerkannt erlaubte Irrtumswahrscheinlichkeit beträgt höchstens 5 %. Das bedeutet, dass – im Falle der Homöopathie – von 100 Studien mindestens 95 Studien völlig richtig die Unwirksamkeit nachweisen, aber bis zu 5 Studien irrtümlich eine Wirksamkeit erkennen lassen können. Deswegen ist es erforderlich, dass wirklich auch alle Studien veröffentlicht werden – und nicht nur die 5 % der Studien, die ein erwünschtes Ergebnis zeigen! Durch die Nichtveröffentlichung der unliebsamen Studien entsteht ein falscher Eindruck! Diesen Fehler nennt man „Publikations-Bias". Um ihn zu verhindern, müssen seit einigen Jahren alle Studien (nicht nur zur Homöopathie!) zuvor angemeldet werden! Angemeldete Studien ohne mitgeteiltes Ergebnis werden später automatisch als Misserfolg gewertet! Und: Einzelstudien sind nicht so wertvoll wie eine Gesamtschau über viele Studien, in die nicht nur das Ergebnis, sondern auch die Qualität der Studie eingeht. Solche Untersuchungen nennt man „Metaanalysen" – also eine Bewertung der gesamten Studienlage. [6]

Warum dieser Aufwand? Viele Menschen sagen: „Mich interessieren Studien nicht. Mir hat die Homöopathie geholfen."

Man muss sich selbst gegenüber schon ziemlich unkritisch sein, um nicht zu wissen, dass man sich selbst irren kann! Dass man sich insbesondere dann irren kann, wenn man ein bestimmtes

Wunschergebnis (nämlich die Aussage „mir hat's geholfen") erzielen möchte. Dass man schon bei der Auswahl der Krankheiten, bei denen man Homöopathika einnimmt, (unbewusst) manipulieren kann (Erkältungen heilen auch ohne Medikamente und ohne Globuli aus, aber wenn man Globuli genommen hat, dann schreibt man die Auswertung auch den Globuli zu)! Dass es einen Effekt namens „selektive Wahrnehmung" gibt. Dass man „Besserung der Krankheit" und „Besseres Gefühl" miteinander verwechseln kann und dass man auch bei gleichbleibender Krankheit trotzdem ein besseres Gefühl haben kann. Dass man ein zufälliges Ergebnis erzielten kann.

Die Aussage „mir hat's geholfen" ist immer nur eine anekdotische Einzelmeinung, die dem Patienten zwar wichtig ist – die aber keine allgemeingültigen Richtlinien für Ärzte sein kann! Was sollen wir Ärzte denn tun? Es gibt ja auch viele Menschen, die sagen: „Bei mir hat's nicht geholfen!" Sind deren Aussagen weniger wert?

Nein – wenn ich möglichst viele Irrtümer ausschließen möchte, dann bleibt nur die Methode *"evidence based medicine" (EBM)*, so wie sie oben beschrieben wurde.

Jetzt kommt die Auswertung: Je höher die Qualität der Studien und der Metaanalysen, desto geringer ist die beobachtete Wirkung der Homöopathie!

Positive Einzelbeobachtungen mögen erfreulich sein für den Beobachter. Für die Medizin als Ganzes sind positive Einzelbeobachtungen wertlos.

Und weil die Homöopathen das sehr gut wissen, beschweren sie sich darüber, dass solche Untersuchungen überhaupt durchgeführt werden! Da die Homöopathie eine individuelle Behandlung sei, könne man sie nicht allgemein untersuchen. Dass dieses „Studienverbot" aber Quatsch und lediglich eine „Immunisierungs-Strategie" ist, um die Homöopathie gegen Kritik zu immunisieren, zeigt der von Prof. Lambeck vorgeschlagene Studienaufbau! Jeder Studienteilnehmer erhält seine individuelle Medikamentenempfehlung durch seinen Homöopathen. Daran können Homöopathen nichts auszusetzen haben!

Solche Studien werden von Homöopathen also aus Eigennutz nicht erlaubt mit der fadenscheinigen Begründung, sie würden dem „Wesen der Homöopathie" nicht gerecht! Nein, man soll schon den Homöopathen selbst überlassen, wie sie ihre Erfolge nachweisen wollen. – Wenn man wissen will, ob Teppiche fliegen können, darf man ja auch keinen Verkehrspiloten fragen: der weiß das ja nicht! Der fliegt ja nicht mit Teppichen! Da muss man schon so ehrlich sein und einen Teppichpiloten fragen! Nur der kann wahrhaft bezeugen, dass er mit Teppichen fliegen kann! – Die Homöopathen sagen, die Erfolge der Homöopathie seien *unbestreitbar*, aber eben auch *unbeweisbar*! Diesen Satz muss man zweimal lesen!

Binnenkonsens
Übrigens hat die Politik genau für diese Strategie der Homöopathie (und anderer alternativer Verfahren) eine Ausnahmegenehmigung erteilt! Sie heißt „Binnenkonsens". Während Medikamente aus der seriösen Pharmaforschung eine ganze Batterie harter und teurer Studien absol-

vieren müssen, bevor sie zur Anwendung an Mensch und Tier freigegeben werden, müssen sich Homöopathen nur gegenseitig bescheinigen, dass ihre Homöopathika wirksam sind! Ohne weitere Begründung! Ohne Nachweise! Ein Stück aus dem Tollhaus!

Sehen Sie, was ich sehe? Eine geschlossene Gruppe von Jüngern, die sich um einen Guru (Hahnemann) scharen, ihre eigene Sprache verwenden, selbstgemachte Regeln für eine selbstgemachte „Wissenschaft", selbstgemachte Regeln für den Umgang untereinander und mit außenstehenden Kritikern?

Richtig: es ist eine Sekte!

Sollten wir nicht die Homöopathen in Ruhe lassen? Was schaden die uns denn?

Scharlatanerie

Homöopathen pfuschen an der Gesundheit ihrer Anhänger herum! Sie nehmen Geld dafür und verhindern zuweilen eine notwendige und wirksame Therapie! Sie kosten unser aller Geld: Was glauben Sie denn, wie hoch die Kosten für die Arbeitsunfähigkeitszeiten sind, wenn man sich für die Heilung harmloser Krankheiten Wochen und Monate Zeit nimmt, nur damit die Heilung „*nachhaltig*" ist? Was glauben Sie denn, wie hoch die Behandlungskosten der initialen Krankheitsverschleppung und der „Erstverschlimmerung" sind?

Und was ist mit dem Satz, „wer heilt, hat Recht"? Dieser Satz verschleiert mehr, als er verdeutlicht! Da nun mal der Placeboeffekt in unserer Welt existiert, kann jeder mal die Gelegenheit haben, „heilen" zu können! Die echten Profis unterscheiden sich von den Scharlatanen in der *Heilungsquote*! Wenn jemand in 20 % bis 25 % der Fälle heilt, dann versagt er in 75 % bis 80 % der Fälle! Wollen wir das hinnehmen??

Schon lese ich wieder die Berichte über angeblich Tausende und Zehntausende von Opfern der naturwissenschaftlichen Medizin! Verehrte Leserschaft! Diese Zahlen sind wertlos, weil sie absolut sind! Wo sind so viele Opfer der naturwissenschaftlichen Medizin zu finden? In Niedersachsen? In der Bundesrepublik? In Europa? In Amerika? In der ganzen Welt? Und wann war das? Letzte Woche? Letzten Monat? Letztes Jahr? Von 1940 bis 1960? Seit 1850? Und wie viele Patienten sind im gleichen Zeitraum überhaupt behandelt worden? Wie ist die *prozentuale Quote*? Das ist die einzig entscheidende Frage! Sie ist niedrig!! Und bei unheilbaren Krankheiten ist eine Heilung auch für die wissenschaftliche Hochschulmedizin nicht möglich! Wohl aber kann die wissenschaftliche Hochschulmedizin die Lebensqualität verbessern! Das geht aber in diese Horrorberichte nicht ein! Weil sie tendenziös sind! Sie unterstellen einfach auch den alten Satz „post hoc est propter hoc" (danach ist deswegen). Bloß weil ein Sterbenskranker Schmerzpatient irgendwann *nach* der Gabe eines Schmerzmittels gestorben ist, ist er noch lange nicht *wegen* des Schmerzmittels gestorben! So kann man nicht argumentieren! – Bloß weil weit mehr als 95 % aller Menschen im Bett sterben, heißt das noch lange nicht, dass Betten Todesfälle sind! [6] Denken Sie mal darüber nach!

Ich glaube, jetzt wird's gefährlich

Ich möchte mal ein paar Worte zum Thema „Was wir so glauben" verlieren. Jetzt nicht im religiösen Sinne, sondern ganz allgemein. Es ist ja nun nicht zu bezweifeln, dass der Mensch ein „gläubiges Tier" ist – man darf durchaus auch sagen „ein leichtgläubiges Tier". Wie konnte das passieren?

Antwort: Glaube hat sich bewährt!

Nicht nur Menschen, sondern auch Tiere sind gläubig! Diese „gläubige Grundhaltung" kommt aus der Evolution! Warum?

Glaube ist eine Form des Erkenntnisgewinns! Keine Frage – neben dem Glauben gibt es noch andere Formen des Erkenntnisgewinns: Messen, Forschen, Wissenschaft betreiben! Gegenüber dem „messenden Menschen" hat der „gläubige Mensch" eindeutig Nachteile! Glaube ist in viel größerem Maße fehlerbehaftet als Wissenschaft! Wie kommt es, dass diese fehlerbehaftete Methode zur „Erkenntnis"-Gewinnung dennoch von der Evolution hervorgebracht wurde?

Weil Glaube nicht nur den genannten Nachteil hat, sondern auch einen Vorteil: Glaube ist schnell! Der Geschwindigkeitsvorteil konnte lebensrettend wirken, selbst, wenn die „Erkenntnis" fehlerhaft gewesen sein sollte!

Jetzt muss ich auch noch ein paar Worte zum Thema „Fehler" verlieren. Es gibt ja mehrere Möglichkeiten, Fehler zu machen. Ein Beispiel:

Angenommen, in grauer Vorzeit sieht ein Steinzeitmensch zwischen den Bäumen des Waldes einen Schatten, der so ähnlich aussieht wie der Schatten eines Raubtieres. Er hat jetzt zwei Möglichkeiten. Erste Möglichkeit, er nimmt an, es sei tatsächlich ein Raubtier und er läuft weg. Er überlebt. Wenn es tatsächlich ein Raubtier war, hat er nichts falsch gemacht. Wenn es nur ein Schatten war, hat er einen „falsch positiven" Befund erhoben. Aber dieser Fehler hat keine weiteren Konsequenzen; der Steinzeitmensch ist lediglich unnötigerweise geflüchtet. Zweite Möglichkeit: er bleibt. Wenn es tatsächlich ein Schatten war, hat er nichts falsch gemacht. Wenn es aber ein Raubtier war, hat einen „falsch negativen" Befund erhoben. Dieser Steinzeitmensch ist dann nicht unser Vorfahr' geworden...

Der Steinzeitmensch hätte auch „wissenschaftlich" vorgehen können – natürlich mit den Methoden seiner Zeit – er hätte – zum Beispiel – eine Art Zeichnung vom Schatten / Raubtier fertigen können, um dann – zum Beispiel – beim Malen der Augen feststellen zu müssen, dass es solche Lichtreflexe nur bei echten Raubtieren gibt. Aber auch dieser „wissenschaftliche Steinzeitmensch" ist nicht unser Vorfahr' geworden... Er war zu langsam...

Ein einfaches und schnelles: „Ich glaube, jetzt wird's gefährlich" hat unserem ersten Steinzeitmenschen das Leben gerettet. Und dafür gesorgt, dass wir heute noch genauso „ticken" wie dieser Steinzeitmensch.

Aber wir leben nicht mehr in der Steinzeit! Wir leben heute! Erstens ist Genauigkeit und Fehlerfreiheit für uns heute von wesentlich größerer Bedeutung als für die Steinzeitmenschen. Und zweitens sind Messungen auch deutlich schneller geworden. Und nicht jedes Problem ist ein Zeitproblem. Zum Beispiel Fragen nach der besten medizinischen Behandlung: Diese Fragen müssen grundsätzlich geklärt werden. An Universitäten. Und der auf diese Weise gewonnene „wissenschaftliche Erkenntnisgewinn" ist erstens viel wertvoller als ein erster „Erkenntnisgewinn" durch Glaube. Und zweitens kann er in Lehrbücher geschrieben werden, sodass man später immer wieder und durchaus schnell auf diese Erkenntnisse zurückgreifen kann!

Glaube hat seine Berechtigung, solange es kein Wissen gibt. Glaube ist im Prinzip gut, Wissen ist aber besser. Das Bessere ist der Feind des Guten!

Stellen Sie sich mal folgende Situation vor:
Ein Polizist steht am Straßenrand und denkt: „Ich glaube, das Auto, das da auf mich zukommt, ist sicher viel zu schnell! Dem Fahrer werd' ich mal ein Knöllchen verpassen!" Und dann zückt er seine Laser-Pistole und misst. Und stellt überrascht fest: Das Auto ist gar nicht zu schnell! Es hält die erlaubte Geschwindigkeit so gerade ein.

Und dann sagt sich der Polizist: „Ach papperlapapp! Wissenschaft ist nur etwas für abgehobene Freaks! Die sitzen in ihren Elfenbeintürmen und faseln von Laserlicht, von Lichtgeschwindigkeit, von Laufzeiten, von Nanosekunden und von Nanometern! Das kann ich alles überhaupt nicht verstehen! Die Wissenschaftler, die diese Laser-Pistole erfunden haben, können mir alles Mögliche erzählen – kontrollieren kann ich es ja nicht! Außerdem wissen auch Wissenschaftler nicht alles! Es gibt Dinge zwischen Himmel und Erden, die verstehen Wissenschaftler nicht! Nein, ich verlasse mich auf das, was ich zu sehen geglaubt habe! Der Kerl kriegt ein Knöllchen!"

Ich möchte mal den Autofahrer sehen, der sich darauf einlassen würde!

Und dann kommen Homöopathen daher und geben einem verschnupften Zeitgenossen Kügelchen. Wenn dieser dann endlich auch mal gesund wird, denkt der Homöopath: „Klar – das war ich mit meiner genialen Therapie!" Und wenn wissenschaftliche Studien zu dem Ergebnis kommen, die Kügelchen können es nicht gewesen sein, dann sagt der Homöopath: „Ach papperlapapp! Wissenschaft ist nur etwas für abgehobene Freaks! Die sitzen in ihren Elfenbeintürmen und faseln von Molekülen, die nicht vorhanden sind, von Spontanheilung, von Placebo-Effekten, von selektiver Wahrnehmung und von Wunschdenken! Das kann ich alles überhaupt nicht verstehen! Die Wissenschaftler, die diese ‚Schulmedizin' ‚erfunden' haben, können mir alles Mögliche erzählen – kontrollieren kann ich es ja nicht! Außerdem wissen auch Wissenschaftler nicht alles! Es gibt Dinge zwischen Himmel und Erden, die verstehen Wissenschaftler nicht! Nein, ich verlasse mich auf das, was ich zu sehen geglaubt habe! Der Kerl kriegt ein Kügelchen!"

Ich möchte mal den Homöopathie-Freak sehen, der sich *nicht* darauf einlassen würde!

Wie kommt es eigentlich, dass, wenn es um Geld geht, die Leute sich nur auf Messwerte verlassen, aber, wenn es um Leben und Gesundheit geht, auf Glaube?

Tja. Und das ist es, was ich nicht verstehe!

Dem Glauben kommt die Rolle als Anfangsverdacht zu. Aber das war's dann auch schon! Einen Anfangsverdacht zu haben, ist durchaus erlaubt! Bei spontanen Beobachtungen den Glauben „einzuschalten", halte ich nicht für ehrenrührig (es ist ja eine evolutionäre Strategie!). Aber anschließend das Denken „abzuschalten": Das ist nicht ehrenvoll…

Eigentlich ist der Beitrag hier zu Ende. Aber ich habe oben geschrieben, dass auch Tiere gläubig sind. Ich möchte noch erklären, warum.

Es geht um den Verhaltensforscher Konrad Lorenz. Er hatte die Graugans „Martina" auf sich geprägt. Martina hielt also Konrad Lorenz für ihre Mutter. Martina hatte ihr Zimmer im Haus im ersten Obergeschoss. Die Treppe zum ersten Obergeschoss bog im rechten Winkel vom Flur ab. Martina durfte tagsüber im Garten sein; abends holte Konrad Lorenz sie ins Haus. Beim allerersten Mal ging Konrad Lorenz vor Martina her und zeigte ihr den Weg. Martina folgte. Konrad Lorenz bog im Flur scharf ab und ging die Treppe hinauf. Martina hatte das zu spät mitbekommen: sie watschelte geradeaus weiter. Als sie ihren „Fehler" bemerkte, machte sie eine scharfe Spitzkehre, ging das Stück zur Treppe zurück und dann hinauf in ihr Zimmer. Dort hatte sie es bequem und warm.

Von nun an machte Martina jeden Abend, wenn sie ins Haus durfte, diese Spitzkehre! Es war ein Ritual geworden! Martina wusste nicht, warum es wirkte – aber sie „glaubte", dass es das „Ritual Spitzkehre" war, die ihr die Ruhe und Bequemlichkeit verschaffte. Und dieses Ritual durchzuführen, kostete ja auch nichts!

Eines abends fing es an zu gewittern. Und Konrad Lorenz hatte Martina draußen vergessen! Als ihm einfiel, dass Martina noch draußen war, ließ er die – sehnsüchtig auf Einlass wartende – Gans ins Haus. Martina rannte so schnell sie konnte ins Haus und die Treppe hinauf – ohne Spitzkehre! Oben angekommen, hat sie sich fürchterlich erschrocken! Sie lief sofort die Treppe wieder herunter, machte die Spitzkehre und rannte dann die Treppe wieder hinauf! Erst dann sank sie völlig erschöpft auf ihr Lager. Diese Geschichte kann man sich übrigens von Dr. Rainer Wolf (Mitglied der GWUP) erzählen lassen. [8]

Es besteht kein Zweifel daran, dass Martina – fälschlicherweise – glaubte, die Spitzkehre sei lebensrettend. Sie ist es nicht! Martina hat einen „falsch positiven" Befund erhoben. Der blieb aber ohne Folgen und deshalb bemerkte sie ihren Fehler nicht. Martina ist einem Aberglauben aufgesessen.

Wodurch unterscheidet sich Martina von den Homöopathen, die bei Wehwehchen Kügelchen geben? Homöopathen glauben, die Kügelchen seien eine wirksame Behandlung. Sie sind es nicht! Die Homöopathen haben einen „falsch positiven" Befund erhoben. Der bleibt aber (zunächst mal) ohne Folgen und deshalb bemerken die Homöopathen ihren Fehler nicht. Sie sind einem Aberglauben aufgesessen.

Martina konnte nicht lesen, nicht schreiben, nicht sprechen. Andernfalls hätte sie sich bei Konrad Lorenz schlau machen können.

Homöopathen können lesen, schreiben und sprechen. Sie könnten sich bei Wissenschaftlern schlau machen. Tun sie aber nicht! Sie verstehen und vertrauen Wissenschaftlern nicht. Und Wissenschaftler können ja auch nicht über den Tellerrand schauen...

Synchronizität

Manchmal passieren sonderbare Dinge! Vor einigen Jahren hatten wir ein schweres Gewitter in unserer Gegend. Kurzzeitig flackerten alle Lampen in der Praxis. Zwei Rechner haben sich aus dem Netzwerk so gekonnt ausgeklinkt, dass nur der PC-Pannendienst helfen konnte.

Seit diesem Gewitter meldete ein Messplatz-Rechner nach dem Hochfahren: die Datei „vsdata95.vxd" konnte nicht gefunden werden. – Nun ja, der Rechner lief und eine Fehlfunktion fiel mir nicht auf.

Zwei Tage später sollte nach dem Gewitter die erste Messung (Gleichgewichtsuntersuchung mit sog. „Videookulographie" – ein Verfahren, bei dem schwindeltypische Augenzitterbewegungen [Nystagmen] mit einer Videokamera aufgezeichnet werden) durchgeführt werden. Es funktionierte nicht. Meine Damen sagten mir gleich: „Das liegt vermutlich am Gewitter!"

Es kam mir eine Idee: die Fehlermeldung! Das „vs" im Namen könnte doch für „Video-System" stehen? Ein Anruf bei der Softwarefirma bestätigte, dass diese Datei tatsächlich für die Videokamera notwendig sei! Ich solle sie mir irgendwoher besorgen. – Nun gut, bei vier weiteren Rechnern mit demselben Betriebssystem (damals noch Windows 95 – so lange ist das schon her) im Netzverbund war das nicht schwer. Nachdem die Datei wieder auf dem Messrechner installiert war, fuhr er ohne Fehlermeldung hoch.

Nur – die Videobrille funktionierte immer noch nicht! Nach einigem Hin und Her und Telefonaten mit der Herstellerfirma haben wir herausgefunden: An der Videobrille war ein Kabel gebrochen!
Zwei Fehler zur gleichen Zeit! Der Kabelbruch kann unmöglich am Gewitter liegen – zu dem Zeitpunkt lag die Brille friedlich in der Schublade! Beide Fehler reichen einzeln bereits aus, das System „auszuschalten"! Warum beide gleichzeitig? Warum jetzt? Warum bei mir??

Carl Gustav Jung nennt das Phänomen „Synchronizität". Er hat mit dem Physiker Wolfgang Pauli darüber geforscht (das ist der mit dem „Pauli-Prinzip"). Er hat auch ein Buch darüber geschrieben: „Synchronizität, Akausalität und Okkultismus" [9]. Synchronizität liegt zwischen zwei Ereignissen vor, die gleichzeitig auftreten, nicht ursächlich (kausal) miteinander verknüpft, wohl aber sinnverwandt sind.

Was sagt die Statistik dazu? Es ist doch wohl absolut unwahrscheinlich, dass nach einem Gewitter eine wichtige Datei fehlt und gleichzeitig ein Kabel bricht! Da müssen doch okkulte Kräfte am Werk sein! Oder etwa nicht?

Nun – dass auf Computern Dateien fehlen, ist gar nicht mal so selten! Wer hat noch keine Probleme mit irgendwelchen fehlenden Dateien gehabt? Computerprobleme, Dateiprobleme, können jede Funktionseinheit und jede Software betreffen. Natürlich auch Videotreiber!

Und wer hätte noch niemals einen Kabelbruch erlebt? Auch das ist kein seltenes Ereignis! Das kommt sicherlich jeden Tag mehrfach vor in unseren Landen!

Und wenn man jetzt mal fragt, wie hoch ist die Wahrscheinlichkeit, dass **irgendwann** in einem Zeitraum von vielleicht – sagen wir mal – zehn Jahren **irgendeinen** Menschen beide Ereignisse zeitnah treffen (ob sie wirklich *gleichzeitig* aufgetreten sind, weiß ich ja nicht mal! Es können ja durchaus 2 bis 4 unbemerkte Tage dazwischenliegen!): Dann sieht die Sache ganz anders aus! Solche zeitnahen Dinge, die – außer dass sie „sinnverwandt" sind – nichts miteinander zu tun haben, sind bestimmt nicht selten! Jedenfalls ist für Okkultismus an dieser Stelle absolut kein Platz: Man darf mit seinen Erklärungsversuchen nicht so schnell aufgeben! Es gibt mehr Scheineffekte als echte Effekte! Und je genauer man hinsieht, desto mehr „Effekte" wandeln sich zu „Scheineffekten"! Wir haben eine Reihe von Sinnesorganen – aber kein Sinnesorgan für Statistik! Statistik kann uns deshalb jederzeit zum Narren machen! Prof. Walter Krämer hat da ein sehr schönes und relativ leicht verständliches Buch geschrieben: „Denkste. Trugschlüsse aus der Welt der Zahlen und des Zufalls." [10]

Wir sollten uns unsere geistige Unabhängigkeit erhalten! Ein Zufall wie dieses Erlebnis ist immer sehr verblüffend! Und auch – wenn der Stress mit den kaputten Geräten vorbei ist – manchmal sehr lustig und erheiternd. Aber dann muss man mal im Geiste einen Schritt „zurückgehen" und die Sache von einer anderen, höheren Perspektive aus sehen! Die Wahrscheinlichkeit von Ereignissen, die bereits eingetreten sind, ist nämlich absolut nicht klein, sondern absolut groß – nämlich 100 %!

Heute ist mir ein Auto entgegengekommen! Mit dem Nummernschild (ich glaube) „MS PZ 465"! Stellen Sie sich das mal vor! Es gibt in ganz Deutschland – ach, was sage ich, *in der ganzen Welt!* - nur ein Auto mit diesem Nummernschild! Und das ist mir begegnet! Ausgerechnet mir! Ausgerechnet heute! Wenn das nicht okkult ist… Und das war längst nicht das einzige Auto, was ich heute gesehen habe! Und alle Autos hatten Nummernschilder, die in der ganzen Welt nur ein einziges Mal vorkommen! Phantastisch, nicht?

Andersdenken: Es ist so liberal

Häufig wird man mit der Forderung konfrontiert, man müsse den „Andersdenkenden" das andere Denken auch zugestehen. Schließlich sei es eine Frage der Gleichberechtigung. Schließlich sei es eine Frage der Liberalität!

Zweifelsohne sind alle Menschen gleichberechtigt! Das ist doch keine Frage!

Aber es gibt verschiedene Qualitäten von „anders denken"! Und es gibt verschiedene Kontexte, in denen das „Andersdenken" beworben wird.

Ich möchte einige meiner Gedanken zum „Andersdenken" darlegen, so wie der Begriff im Bereich der Alternativmedizin verwendet wird.

Was braucht man denn dazu, um anders zu denken? Phantasie natürlich! Aber nicht notwendigerweise auch Verstand!

Es ist so einfach, Unsinn zu erfinden! Es gibt ja keine Grenzen und keine Beschränkungen! Und jeder „Unsinn" ist anders als „Sinn". Das bloße „Anderssein" wird schon als „Wert an sich" gesehen!

Ich habe nichts gegen anders Denkende, wenn sie wenigstens innerhalb des naturwissenschaftlichen Kontextes bleiben und anerkannte Wahrheiten anerkennen! Ich verfolge mit Interesse z. B. die Streitigkeiten zwischen den Physikern, die die Stringtheorie vertreten und jenen, die die Looptheorie vertreten. Das ist spannend! Das ist okay!

Aber Andersdenkende, die nachgewiesen positive Wirkungen der Impfungen ignorieren, die Chemie ignorieren und der Homöopathie anhängen, die Evolution ignorieren und dem Kreationismus anhängen – und zwar nur um des Andersdenkens willen – sie sind mir ein Graus!

Andersdenken: ja – solange es um wissenschaftliche Streitkultur geht.
Andersdenken: nein – solange sie auf absoluter Ahnungslosigkeit beruht.
Andersdenken: höchste Verachtung, wenn sie mit Betrugsabsichten zum eigenen Vorteil verbunden ist!

Im übrigen kann man nicht oft genug betonen: die Naturgesetze lassen eine pluralistische Mitbestimmung nicht zu!

Ob Impfungen wirken (Homöopathie, Anthroposophie, Astrologie – die Liste ließe sich noch lange fortsetzen), können nicht Mehrheiten entscheiden! Nicht einmal Experten können das entscheiden – sie können es nur erkennen!

Krankheitsverläufe und Aktien – Zwei Welten
Was haben Krankheiten und Aktienkurse miteinander zu tun?

Auf den ersten Blick natürlich nichts! Abgesehen davon, dass ein fallender Aktienkurs seinem Besitzer Kopfschmerzen machen kann ... Auf den zweiten Blick wird einem vielleicht auch einfallen, dass einige Pharmafirmen Aktienunternehmen sind, deren Kurse immer dann steigen, wenn die Erkrankungszahlen steigen ...

Auf diese Selbstverständlichkeiten möchte ich an dieser Stelle nicht weiter eingehen.

Von großer Bedeutung ist, dass die Zeitverläufe sowohl von Aktien als auch von Krankheiten "zackeln". Ihr Verlauf ist chaotisch: mal nach oben, mal nach unten. Niemand weiß, wann die nächste Talfahrt eines Aktienkurses kommt oder beendet ist. Aktienkurse lassen sich nicht sekundengenau vorhersagen. Krankheitsverläufe auch nicht.

Aber: Trotz des chaotischen Verhaltens "im Kleinen" gibt es Tendenzen "im Großen", die durchaus mit akzeptablen Wahrscheinlichkeiten vorhergesagt werden können! Das Geschäft der Aktienhändler lebt davon! Was macht ein Aktienhändler, wenn er sieht, dass seine Aktie im Wert steigt? Er überlegt sich, ob sie vielleicht noch weiter steigt oder ob sie in nächster Zeit wieder fallen könnte! Droht ein Absturz der Aktie, wird der Händler vermutlich die Aktie schnell verkaufen. Besteht berechtigte Hoffnung, dass die Aktie weiter steigt, dann wird der Händler die Aktie vermutlich im Bestand halten – in der Hoffnung, dass seine Hoffnung sich bewahrheitet! Und wenn die Aktie dann gestiegen ist, steht der Händler vor dem gleichen Problem. Irgendwann wird er die Aktie verkaufen. Irgendwann wird der Händler den Aktiengewinn "mitnehmen" wollen, selbst auf die – mit zunehmender Beobachtungsdauer abnehmende – "Gefahr" hin, dass die Aktie weiter steigt und der Händler keinen Gewinn mehr mit bereits verkauften Aktien machen kann.

Die Strategie des Aktienhändlers ist also: Aktien werden verkauft, wenn sie möglichst teuer sind, aber abzustürzen drohen und sie werden eingekauft, wenn sie möglichst "billig" sind, es aber berechtigte Hoffnung auf Wertsteigerung gibt. Dieser Handlung liegt die Überlegung zu Grunde, dass Aktien einen echten und realen Wert haben. Sie können diesen Wert kurzfristig mal ungerechtfertigt übersteigen oder unterbieten – wem fällt nicht gleich die "Immobilienblase" ein -, aber sie finden langfristig immer wieder zum eigentlichen Wert zurück, der irgendwo in der Mitte zwischen Wucher- und Dumpingpreis liegt. Derartige Zeitverläufe von Daten nennt man in der Statistik "Zurückgehen zur Mitte" oder mit dem Fachwort "Regression zur Mitte". An dieser Stelle soll unser kleiner und höchst unvollständiger Ausflug in die Wirtschaftswissenschaft auch schon beendet sein.

Und wie verhalten sich chronische Krankheiten? Kopfschmerzen? Neurodermitis? Ekzeme? Hoher Blutdruck? ... Wie verhalten sich Patienten, die unter solchen Krankheiten leiden?

Langer Rede kurzer Sinn: Die Krankheitsverläufe verhalten sich statistisch genauso wie Aktienkurse! Kopfschmerzen können zunehmen – aber nicht über jede Grenze! Irgendwann werden die Schmerzen wieder rückläufig sein – müssen! Irgendwann wird jeder Juckreiz wieder rückläufig sein – müssen! Irgendwann sinken hohe Blutdruckwerte auch mal wieder, denn sie können nicht unaufhörlich steigen! Und dieses Verhalten – eine "Regression zur Mitte" – stellt sich ganz automatisch ein, ohne, dass der Mensch eingreifen muss! Also auch ohne Medikamente!

Nicht, dass wir uns falsch verstehen: Der Mittelwert, der sich bei einer Krankheit ohne Behandlung einstellt, ist nur ein statistisch "mittiger" Wert! Es ist kein "gesunder" Wert! Das Wesen der Erkrankung liegt ja gerade darin, dass alle diese krankheitsbestimmenden Werte zu hoch sind – und der dadurch festgelegte Mittelwert auch! Zu hohe – krankhaft hohe – Werte sind selbstverständlich behandlungspflichtig! Also bitte nicht eigenmächtig die Arzneimittel absetzen, weil hohe Werte "ganz von allein" mal wieder niedriger werden! Ohne Medikamente werden sie nämlich auch "ganz von allein" wieder höher! Und so niedrig, wie sie sein sollten, werden sie von allein nun auch wieder nicht.

Und wie verhält sich jetzt ein Patient, der einen fluktuierenden – aktienkursähnlichen – Krankheitsverlauf hat? Bei geringen Beschwerden macht er nichts. Steigen die Beschwerden, dann folgt ein aufmerksames Beobachten. Werden die Beschwerden noch größer und nahezu unerträglich, dann greift er zu Medikamenten. Und dann werden die Beschwerden wieder geringer …

Woran hat es jetzt gelegen, dass die Beschwerden wieder geringer geworden sind? An den Medikamenten? Oder am natürlichen Krankheitsverlauf, der ganz "automatisch" auf jede Spitze ein Tal folgen lässt?

Diese Frage ist nicht trivial! Sie ist keineswegs leicht zu beantworten! Und schon sind wir mittendrin in einem spannenden Kapitel der Statistik! [11]

Pharmakologen und Ärzte müssen wissen, ob ein Medikament wirksam oder unwirksam ist! Am bloßen Rückgang der Beschwerden kann man es nicht erkennen! Beschwerden, die *nach* einer Medikamenteneinnahme rückläufig sind, sind nicht notwendig *wegen* der Medikamenteneinnahme rückläufig! Sie hätten auch ohne die Medikamente rückläufig sein können! Es ist ein weit verbreiteter Irrtum, aus jeder zeitlichen Korrelation einen Kausalzusammenhang konstruieren zu wollen!

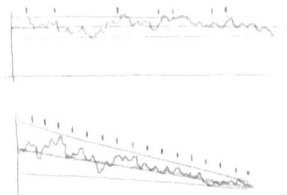

Aber es gibt ja nicht nur unwirksame Medikamente, sondern – gottlob! – auch wirksame! Im Gegensatz zu den unwirksamen werden die wirksamen Medikamente die Werte tiefer senken und länger anhaltend – und vor allem der Mittelwert wird sinken! Es wird unter wirksamen Medikamenten zwar auch eine "Regression zur Mitte" geben – aber eine Regression zur – nennen wir es mal – "neuen Mitte in der Tiefe", zur "gesunden Mitte".

Im oberen Teil des Bildes sieht man die Gabe eines unwirksamen Medikamentes, das sporadisch genommen wird – aber immer an hohen Kurvenpunkten (= starke Beschwerden). Oftmals fallen die Kurvenpunkte danach ab, aber nicht immer. Und sie fallen auch oftmals ohne vorherige Medikamenteneinnahme nach hohen Werten wieder ab! Eine Besserungstendenz ist insgesamt jedoch nicht vorhanden. Im unteren Teil des Bildes werden wirksame Medikamente nach einem festen Zeitplan genommen. Obwohl die Kurve nach wie vor "zackelt", ist eine Besserungstendenz nicht zu übersehen.

Es bedarf einer ziemlich "ausgefuchsten" Mathematik, um echte Effekte von Scheineffekten zu unterscheiden! Eine einfache Beobachtung: "Uups – ich habe Globuli (Anthroposophika, Bachblüten, Schüsslersalze, Akupunktur, Bioresonanz …) genommen und schon sind meine Kopfschmerzen (Juckreiz, Blutdruckwerte, Blutzuckerwerte …) geringer geworden", ist jedenfalls kein Beweis für die Wirksamkeit von Scharlatanerie!

Wie ich nicht müde werde zu betonen ist die Homöopathie (einschließlich der Sonderformen Anthroposophie, Bachblüten, Schüsslersalze usw.) eine Irrlehre, die keinerlei Bezug zur Realität hat! Man kann ihr auch keine Wirkung zuschreiben, wenn man nach einer einfachen Beobachtung in Unkenntnis des Phänomens "Regression zur Mitte" und in Unkenntnis sicherer statistischer Verfahren *glaubt*, eine Wirksamkeit *gefühlt* zu haben! Unkritischer Glaube führt nämlich in die Irre!

Vor einigen Jahren hatte ich mal infolge einer Sportverletzung einen Kniegelenkserguss. Die Beweglichkeit war zwar beeinträchtigt, schmerzhaft war das Knie nicht. Aber der Verlauf war langwierig! Anfangs war ich ja geduldig, aber jede Geduld hat ja auch mal ein Ende! Irgendwann hat mir der Orthopäde eine Magnetfeldtherapie vorgeschlagen. Die Wirkung der Magnetfeldtherapie ist physikalisch so gut wie unmöglich, da Körpergewebe nicht magnetisch ist. Ich wusste, dass die Therapie nicht wirken kann! Dennoch empfand ich in dieser Situation, dass ein Therapieversuch einen gewissen "Charme" hat. Hin- und hergerissen habe ich die Therapie noch etwas weiter hinausgeschoben. Eines Tages war es soweit: Ich habe einen Behandlungstermin vereinbart für "in einer Woche". Und was soll ich sagen: Nach einer halben Woche, bevor der Termin stattfand, war der Erguss plötzlich weg! Ich möchte nicht wissen, wie sich mein Denken verändert hätte, wenn der Erguss erst 3 Tage später verschwunden wäre! Schließlich bin auch ich nur ein Mensch …

Gar nicht mal selten: Bekehrungsversuche zur Scharlatanerie
Nachfolgend gebe ich hier mal beispielgebend wieder, wie manche Kommentatoren glauben, durch ein paar einfache Fragen oder Sätze die Alternativmedizin "retten" zu können! Aber ausnahmslos liegen diesen Rettungsversuchen Irrtümer und Fehleinschätzungen zu Grunde! Ich komme in solchen Fällen nicht umhin, eine klare Sprache sprechen zu müssen!

Frage:
"Mir gefällt Ihr Bericht ("Ich glaube, jetzt wird's gefährlich") sehr gut, auch wenn ich zu den Leuten gehöre, die alternative Heilmittel nutzen und weiterempfehlen. Ich halte es auch eher mit Einstein. Er sagte: Fantasie ist wichtiger als Wissen."

Antwort:
Schön, dass Ihnen der Bericht gefällt. Das Zitat von Einstein ist allerdings aus dem Zusammenhang gerissen! Einstein hatte Probleme mit der Lichtgeschwindigkeit – vor allem damit, dass die Lichtgeschwindigkeit unter allen Umständen konstant bleibt. Die Addition von Geschwindigkeiten ist im täglichen Leben möglich, bei der Lichtgeschwindigkeit aber nicht! Er besaß die Fantasie, sich vorzustellen, dass, wenn sich die Lichtgeschwindigkeit nicht ändern kann, sich dann eben die Zeit ändern muss! Das erfordert ungeheuer viel Fantasie! Erst als dieses Tabu gebrochen war, konnten die entsprechenden Formeln entwickelt werden. Heute wissen wir, dass die Zeit sich mit der Geschwindigkeit ändert. – Keineswegs hat Einstein gemeint, dass man sich in seiner Fantasie nur Feen, Elfen und Klabautermänner vorstellen muss, und schon sind sie Realität! Und ich meine das auch nicht!

Frage:
"Wissen ist begrenzt. Und wir stellen immer wieder fest, dass das, was wir früher mit Bestimmtheit wussten, heute schon wieder überholt ist. Nicht nur in der Medizin, auch in vielen Dingen des täglichen Lebens."

Antwort:
Klar. Wissen ist begrenzt. Es wächst aber! Welche Zeit meinen Sie denn, wenn Sie "früher" sagen? Gerade noch haben Sie Einstein zitiert und jetzt wollen Sie in die Zeit des Hippokrates zurück, nur damit Sie ein Argument in der Hand halten? Nehmen wir die Physik: Newton hat ein Gravitationsgesetz gefunden (wohlgemerkt "gefunden" – nicht "erfunden"!). Dieses Gesetz ist aus den Alltagserfahrungen abgeleitet worden und lässt auch in alltäglichen Dingen zuverlässige Prognosen zu. Einstein hat das Gesetz erweitert auf Bereiche mit hohen Geschwindigkeiten und hohen Massen. Er hat Newtons Gesetz auf andere Bereiche erweitert! Er hat es nicht widerlegt! Denn mit den komplizierten Einstein'schen Formeln kommt man zu den gleichen Ergebnissen wie mit den einfacheren Newton'schen Formeln, wenn man sie im Bereich niedriger Geschwindigkeiten und Massen anwendet. Erst bei sehr hohen Geschwindigkeiten und Massen – weit außerhalb unseres alltäglichen Bereiches – ändern sich die Werte!

Es gibt Dinge, die wissen wir heute schon. Und nie werden sie sich ändern.

Ich möchte Ihnen das an einem Beispiel erläutern. Nehmen Sie ein Schachbrett. Es hat 64 Felder: 32 weiße und 32 schwarze Felder. Sie können das ganze Schachbrett mit 32 Dominosteinen bedecken ("parkettieren"), wenn die Dominosteine so groß sind, dass sie jeweils zwei Felder bedecken. Jetzt sägen Sie aus dem Schachbrett die beiden Ecken unten rechts und oben links heraus. Das Schachbrett hat dann nur noch 62 Felder. Kann es mit 31 Dominosteinen komplett bedeckt werden? 31 Dominosteine in der Größe von je zwei Schachfelder ergibt zumindest rein rechnerisch 62 Schachfelder!

Bis jetzt hat es noch niemand geschafft. Wir können ja darauf hoffen, dass vielleicht in 100 oder 500 oder 1000 Jahren mal ein Genie geboren wird und herausfindet, wie man es machen muss.

Oder man sagt: Hoppla! Die Ecken unten rechts und oben links sind ja beide weiß! Das Schachbrett hat jetzt 62 Felder, davon sind aber 32 Felder schwarz und 30 Felder weiß. Da die weißen und schwarzen Felder immer nebeneinander liegen, werden die Dominosteine, die ja eine Größe von 2 benachbarten Schachfeldern haben, niemals alle Felder abdecken können! Es ist ein Beweis! Wir brauchen nicht auf die Zukunft zu hoffen: Wir wissen heute schon, dass es niemals gelingen *kann*. Und das wissen wir, obwohl wir noch nicht genau wissen, aus welchen letzten Bausteinen die Atome (bzw. Quarks) bestehen... (Ein Schachbrett mit 31 weißen und 31 schwarzen Feldern ließe sich natürlich problemlos parkettieren!)

Frage:
"Immer mehr Krankenhäuser und Mediziner setzen inzwischen natürliche Heilmethoden ein, weil wir mit den wissenschaftlichen Methoden nicht helfen können."

Antwort:
Das ist ja gerade das Peinliche! Die Mediziner, die das tun, wissen entweder nicht, was sie tun oder sie ignorieren es um des lieben Geldes willen! In der Mediziner-Ausbildung muss man zunächst mal die Naturwissenschaften studieren. Dieses Wissen muss man im "Physikum" unter Beweis stellen. Und die Homöopathie behauptet Dinge bzw. setzt sie voraus, die schon heute von der Physik widerlegt sind! Homöopathie wird niemals funktionieren, so wie man das oben beschriebene angeknabberte Schachbrett niemals mit Dominosteinen parkettieren kann! Moleküle, die nicht anwesend sind, können nicht wirken! Das habe ich aber in meinem Artikel geschrieben. Haben Sie es nicht gelesen? – Ärzte, die Homöopathie betreiben, sind so peinlich wie Polizisten, die klauen oder Priester, die schwer sündigen! Klauende Polizisten brechen das Gesetz, schwer sündigende Priester brechen das Kirchengesetz und homöopathische Ärzte brechen die Seriosität und werden zu Scharlatanen! Wenn diese Kollegen zwei Patienten nacheinander behandeln, den einen nach den Kriterien der wissenschaftlichen Hochschulmedizin und den anderen homöopathisch, dann handeln sie im ersten Fall seriös, im zweiten Fall quacksalberisch. Tut mir Leid, dass so hart sagen zu müssen: Es ist so hart! Und wenn wirksame Methoden zu schwach sind, dann nimmt man unwirksame? Was ist das denn für eine Logik? Wenn ein kleines zweimotoriges Flugzeug zu schwach ist ("nicht helfen kann"), um einen Mähdrescher zu transportieren, dann nimmt man einen fliegenden Teppich???

Frage:
"Was ich gar nicht verstehe ist: Warum ist nur die eine oder andere Methode richtig? Warum kann nicht beides eingesetzt werden?"

Antwort:
Tja, das verstehe ich auch nicht. Warum läuft mein Fernseher nur mit Strom? Sollte er nicht auch mit Wasser betrieben werden können? Warum nicht mit beidem: Strom und Wasser?

Wenn man zwei richtige Methoden vergleicht, dann kann man frei wählen: beide Methoden sind ja richtig. Aber wenn man eine richtige Methode mit einer falschen Methode vergleicht, dann bleibt die falsche Methode falsch! Daran kann man auch mit einem noch so großen Harmoniebedürfnis nichts ändern! Sinn wird durch Kombination mit Unsinn nicht besser, sondern schlechter!

Frage:
"Sollte der Grundgedanke nicht sein: Das beste für den Patienten? Wer grundsätzlich gegen etwas ist verpasst sehr viel."

Antwort:
Ihr einzig richtiger Satz! Der Grundgedanke muss sein: Das beste für den Patienten! Bei der Schlussfolgerung irren Sie schon wieder. Das beste für den Patienten sind Therapien, die nachgewiesener Maßen hohe Erfolgsquoten haben! Die Erfolgsquoten der wissenschaftlichen Hochschulmedizin sind zwar – leider! – nicht 100,00 %, aber sie sind wesentlich höher als der Placebo-Effekt! Und Homöopathie (auch die anderen alternativen Methoden) haben Erfolgsquoten, die um nichts besser sind als der Placeboeffekt. Gerade, wenn Sie das beste für den Patienten wollen, dann müssen Sie wissenschaftliche Hochschulmedizin betreiben! Das machen Sie doch auch mit Ihrem Geld so! Wenn Ihnen ein Kreditinstitut 3 % Zinsen bietet, und ein anderes 0,003 %, dann legen Sie Ihr Geld doch wohl beim ersten Kreditinstitut an, oder? Oder verschmähen Sie dieses Zinsangebot, weil es nicht 100 % Zinsen sind?

Im Übrigen: Wissenschaftler und Mediziner sind ja nicht grundsätzlich gegen etwas! Wir sind lernbereit! Wir forschen! Wir versuchen, unsere guten Methoden noch zu verbessern! Das passiert jeden Tag! An Universitäten! Wir sind nur dagegen, dass armen, kranken Menschen mit viel Fantasie das Blaue vom Himmel versprochen und Geld dafür genommen wird! Es ist Betrug! Es ist strafbar, eine Uhr ohne Uhrwerk als Zeitmesser zu verkaufen: diese "Uhr" kann die Zeit gar nicht messen! (Ein Verkauf als Dekoration ginge vielleicht so gerade...)

Tja – das war's dann wieder!

Es ist nicht schwer, die Scheinargumente von Homöopathen und Alternativen zu widerlegen! Sollte ein Homöopath jemals versuchen, Sie zur Homöopathie "bekehren" zu wollen, dann trauen Sie sich eine Diskussion zu! Es ist einfach! Wer auf dem Standpunkt steht, dass Homöopathie nicht funktioniert, der hat die Realität auf seiner Seite! Er wird diesen Standpunkt auch in Zukunft niemals revidieren müssen!

Untaugliche Mittel

Ich bin mir ja durchaus im Klaren darüber, dass nicht alle meine Leser meine Meinung zur Scharlatanerie, insbesondere zu einer ihrer Hauptvertreterinnen – der Homöopathie – teilen. Niemandem wird es gelingen, fundamental überzeugte Homöopathen von ihren Irrtümern zu befreien. Mir ist jedoch wichtig, dass diejenigen, die unschlüssig sind und beide Methoden – die wissenschaftliche Hochschulmedizin und die Alternativmedizin – für gleichberechtigt halten, vernünftig darüber aufgeklärt werden, warum diese Einschätzung falsch ist.

Soweit, so gut.

Es gibt aber immer mal "Hardliner", die mir per E-Mail mitteilen, dass …

… ja was eigentlich? Dass sie sich selbst zu den Hardlinern zählen? Dass sie die Ansichten der Wissenschaft im Allgemeinen und der wissenschaftlichen Medizin im Besonderen für falsch halten? Was ist der Sinn solcher Mitteilungen?

Lesen Sie selbst:
'Hallo Herr Vahle, ich habe gerade Ihre Hasstirade auf die Homöopathie 'Homöopathie ist Irrtum' gelesen. Das finde ich als interessierter Homöopathie-Laie ziemlich armselig. Klingt irgendwie nach: Ausländer raus! Geh'n Sie mal zu einem guten Homöopathen. Der kann Ihnen sicher helfen. Und wenn Sie gemeingefährliche, geldgeile Versager aus der 'Hochschulmedizin' suchen, schalten Sie einfach den Fernseher ein. Kommt fast jeden Tag was. Könnte auch ein paar Geschichten beisteuern.

Eine solche Mitteilung nenne ich ein "untaugliches Mittel".
1. Der Schreiber gibt an, "gerade" den Text gelesen zu haben. Das heißt, er hatte noch keine Zeit, ihn zu verinnerlichen, da hat er schon eine fertige Antwort formuliert. Ganz offenbar hat er sich mit meinem Text überhaupt nicht näher auseinandergesetzt, sondern lediglich als "Störung seiner eigenen Meinung" empfunden, die er auf keinen Fall und um keinen Preis aufgeben will. Er gibt das ja auch gewissermaßen zu, denn er nennt meinen Text eine "Hasstirade".

2. Der Schreiber bezeichnet sich als "interessierten Homöopathie-Laien". Was möchte er mir mitteilen, was ich als "Profi" nicht schon weiß? Er hält meinen Text für "armselig". Okay, damit kann ich leben. Aber wo bleiben seine Argumente? Schließlich habe ich in meinem Text ja handfeste Fakten genannt, warum Homöopathie nicht wirken kann. Gegenargumente? Fehlanzeige!

3. Schon der nächste Satz verlässt endgültig die Ebene der sachlichen Argumentation. Der Schreiber gibt uns Einblicke in seine Denkweise: Er assoziiert die argumentative Auseinandersetzung mit einem wissenschaftlich unhaltbaren, aber von ihm bevorzugten Gedankengebäude mit einer "Ausländer-Raus-Kampagne". Für Psychologen wäre allein die Kenntnis, dass eine derartige Assoziation überhaupt im Kopf des Schreibers existiert, sehr aufschlussreich! Weiter möchte ich mich gar nicht äußern – außer, dass ich derartige Unterstellungen ("Ausländer Raus!") mit allem Nachdruck zurückweise!

4. Auch die implizite Äußerung, ich sei wohl krank, verbunden mit der Empfehlung, einen Homöopathen aufzusuchen, kann man nur mit Kopfschütteln quittieren! Der Satz ist offensichtlich als Beleidigung gedacht. – Ich bin aber über solche Äußerungen in keiner Weise verärgert – im Gegenteil: Dankbar nehme ich solche Sätze hin und verweise darauf, dass nur jemand, der wirklich keine Argumente hat – und das auch weiß! -, aus tiefster Verzweiflung darüber die Diskussionsebene wechselt und mit Verbalattacken reagiert.

5. Der Punkt mit dem "Versagen" der "Hochschulmedizin" durfte nun wirklich nicht fehlen. Er kommt immer! Es ist ein scheinbarer Trumpf der Homöopathen den Ärzten gegenüber, denn kein Arzt kann ja bezweifeln, dass es "Versager" gibt. Völlig korrekt: Auch ich bezweifle

nicht, dass die wissenschaftliche Hochschulmedizin nicht zu "einhundertkommanullnull" Prozent erfolgreich ist. Aber: von allen Behandlungsmethoden hat die wissenschaftliche Hochschulmedizin mit Abstand die größten Erfolge! Die "Erfolge" aller anderen "Methoden" sind dramatisch kleiner und liegen ausschließlich auf Placebo-Niveau.

Was ist das für eine Strategie, wenn man – aus Frustration? aus Enttäuschung? aus Ärger? – auf das Behandlungsverfahren mit der nachweislich größten Erfolgsquote verzichtet und statt dessen ein Verfahren wählt, dass keine größere Chance bietet als bloße Untätigkeit? Mit "Verstand", mit "Rationalität" hat das wohl nichts zu tun!

Ich weiß nicht, welche Fernsehsender der Leserbrief-Schreiber bevorzugt. In den öffentlich-rechtlichen Sendern kommt aber nicht "fast täglich" eine Sendung über Kunstfehler, sondern vielleicht ein- oder zweimal pro Jahr! Das ist erheblich viel seltener. Und man darf nicht den Fehler eines einzelnen Arztes der Medizin als Methode zuschreiben! Die wissenschaftliche Methode ist ja die einzige Methode, die es erlaubt, durch Studien an großen Fallzahlen Fehler zu vermeiden, die bei Einzelfallbetrachtungen praktisch unvermeidlich sind (unabhängig davon, ob es sich um "Erkenntnisfehler" oder "Behandlungsfehler" handelt). Keine Frage: Jeder Fehler eines Arztes, jeder Schaden, der Kranken zugefügt wird, ist einer zu viel! Aber die Erfolge sind erheblich größer! Wenn man wollte, könnte man einen ganzen Fernsehsender täglich pausenlos über die Erfolge der Medizin berichten lassen – angefangen in den kleinsten Behandlungsstuben einzelner Hausärzte bis hin zu den High-Tech-Operationssälen der Universitätskliniken! Und es würde niemals eine Wiederholung gesendet werden müssen!

Warum habe ich den Leserbrief an dieser Stelle besprochen?

Weil er typisch ist! Er ist typisch und "stereotypisch"! Derartige Briefe sind immer ohne Argumente und immer auf der persönlichen Ebene beleidigend. Es gibt bestimmte "Schlüsselwörter" die immer wieder kommen: Das angeblich ach so große Versagen der wissenschaftlichen Hochschulmedizin, die angebliche Geldgier der Ärzte etc. pp.

Ich muss sogar eingestehen, dass dieser besprochene Brief längst nicht alle Schlüsselwörter enthält, die normalerweise noch angebracht werden. Sehr häufig ist der Verweis auf die "Pharmalobby" und auf die angebliche Bestechlichkeit von Ärzten (wer ein Medikament der Pharmaindustrie verschreibt, muss ja gekauft sein – geht ja gar nicht anders …). Ein weiteres häufiges Schlagwort ist der "Tellerrand": Ärzte können ja nicht über den Tellerrand schauen, sonst hätten sie die Homöopathie schon längst anerkennen müssen …

Und der Spruch "Wer heilt, hat Recht", fehlt normalerweise auch nicht. Dabei wird nie darüber reflektiert, was "Heilung" eigentlich bedeutet und wer "Heiler" ist. Die meisten Krankheiten, die Homöopathen "erfolgreich" behandeln, sind selbstheilende Erkrankungen! Die "Leistung" der Homöopathie ist es, den Selbstheilungsvorgang nicht zu stören und anschließend den Erfolg der Natur als eigenen Erfolg auszugeben!

Wer sich mal näher mit der Homöopathie auseinandersetzen will, dem seien die Bücher:

1. Die Homöopathie-Lüge (von Christian Weymayr und Nicole Heißmann) [12] und
2. In Sachen Homöopathie (von Norbert Aust) [13] empfohlen.

Beide Bücher gehen sehr gut auf die wissenschaftlich belegte Unmöglichkeit der Homöopathie ein. Weymayr und Heißmann geben zudem tiefe Einblicke in die wirtschaftlichen Verflechtungen der Homöopathie in unserer Gesellschaft. Und Aust beschreibt sehr gut und laienverständlich die komplizierte Mathematik der statistischen Auswertung von Studien. Er zeigt, warum und wie man durch Mathematik aus Studien Ergebnisse gewinnt und was man dabei falsch machen kann. Sehr interessant auch das Kapitel über die "Arzneimittelprüfungen" – ein wesentlicher Bestandteil der homöopathischen Praxis.

Deutsche Welle Ausland: 10 Fragen an Dr. Wolfgang Vahle

Im August 2010 hat sich die Deutsche Welle bei mir gemeldet. Man wollte für die Deutschen, die im Ausland leben, eine TV-Sendung produzieren zum Thema "Pro und Contra Homöopathie". Es sollte natürlich eine "ausgewogene" Sendung werden, in der Befürworter und Gegner der Homöopathie gleichermaßen zu Wort kommen sollten. Mein Protest gegen diese Form hat nicht viel genützt. Ich stehe ja bekanntermaßen auf dem Standpunkt, dass man "Sinn" und "Unsinn" nicht gleich behandeln darf. Der "Unsinn" sollte möglichst überhaupt kein Forum bekommen, das ihn aufwertet! – Die Sendung ist leider dennoch ausgewogen gesendet worden… Mein ca. einstündiges Interview ist auf wenige Minuten mit relativ belanglosen Äußerungen zusammengestrichen worden. Immer wenn, es "in die Tiefe" ging, fielen die Sätze der Streichung zum Opfer.

Fairerweise hatte man mir jedoch zuvor die 10 Fragen schriftlich zukommen lassen, sodass ich Zeit hatte, mich vorzubereiten. Da das komplette Interview nicht gesendet worden ist (es konnte ohnehin nur im Ausland gesehen werden), stelle ich meine Antworten zu den zehn Fragen hier ein.

Sehr oft, wenn die Schulmedizin versagt hat, half den Menschen die Homöopathie, sagen die Anhänger dieser Heilmethode. Warum glauben sie denen nicht?
Ich habe keinen Zweifel, dass sich Menschen nach einer Homöopathiebehandlung besser fühlen. Der Zweifel liegt im Kausalzusammenhang. Nicht alles, was „danach" passiert, ist auch „deswegen" passiert. Der nächste Punkt ist das „bessere Gefühl". Ein gutes, ein besseres Gefühl ist zwar viel wert. Das Ziel einer medizinischen Behandlung sollte jedoch die objektive, die körperliche Besserung oder gar Wiederherstellung sein und nicht allein ein gutes Gefühl für eine – meistens sehr begrenzte – Zeit!

Es gab einige Studien, die den Nutzen der Homöopathie angeblich beweisen. Was sind diese Studien ihrer Ansicht nach wert?
Die Studien sind nicht mal das Papier wert, auf das sie geschrieben sind. Die Ergebnisse der Studien werden in gleichem Maße schlechter, in dem die Methode besser wird! Studien mit hohen Qualitätsstandards – und vor allem Metastudien! – zeigen keinerlei Wirksamkeit der Homöopathie. Fehler können auftreten in falschen oder sich ändernden „Endpunkten", in Ver-

stößen gegen die „intention to treat"-Regel, in mangelnder Randomisierung, in fehlender Verblindung, im Verzicht auf die Placebo-Kontrolle. Und trotz guter Qualität liegt die Irrtumswahrscheinlichkeit bei 5 Prozent! 5 Prozent aller – guten! – Studien können eine Wirksamkeit zeigen, wo keine ist – also falsch positive Ergebnisse zeigen. Das würde man herausbekommen, wenn *alle* Studien veröffentlicht würden und nicht die Studien mit den schlechten Ergebnissen verschwiegen und lediglich die Studien mit den guten Ergebnissen genannt würden. Diese Fehlerform heißt "Publikations-Bias".

Aber schwerer noch als der fehlende Wirksamkeitsnachweis wiegt, dass die Homöopathie aus naturwissenschaftlichen Gründen nicht wirken kann! Während man annehmen kann, dass ein fehlender Nachweis möglicherweise später doch noch gefunden werden kann, kann man sicher sein, dass ein heute physikalisch unmöglicher Effekt nicht morgen physikalisch möglich sein wird!

Die Homöopathie behandelt Gleiches mit Gleichem. Was ist daran falsch?

Gegenfrage: Was soll daran richtig sein? – Es stimmt nicht! Der homöopathische Grundsatz „Similis similibus currentur" bedeutet *Ähnliches* wird durch *Ähnliches* geheilt. „Gleiches" in diesem Sinne gibt es nicht. Gerade im Hinblick auf die „Ganzheitlichkeit", auf die die Homöopathie so großen Wert legt, muss man sagen, dass es zwei genau gleiche Menschen oder zwei genau gleiche Krankheiten nicht gibt. – Ähnlichkeit hingegen ist eine rein menschliche Kategorie. Was ein Mensch als „ähnlich" ansieht, sieht ein anderer Mensch als völlig verschieden an. Ähnlichkeit ist keine Kategorie in der Natur, keine Kategorie in der Evolution (vom Prinzip des „Mimikry" mal abgesehen). Ähnlichkeit kann Verwandtschaft bedeuten, muss es aber keineswegs! In der wissenschaftlichen Hochschulmedizin gibt es allerdings einen Bereich, in dem der Satz „Gleiches wird durch Gleiches geheilt" sogar zutrifft: das sind die Impfungen (zu denen auch die Allergieimpfungen zählen). Bezeichnenderweise werden Impfungen und Hyposensibilisierungen (spezifische Immuntherapien) von Homöopathen aber abgelehnt"!

Immer mehr Ärzte haben eine homöopathische Zusatzausbildung, zahlreiche Prominente schwören auf diese Heilmethode. Kann es denn sein, dass sich so viele Menschen auf dem Irrweg befinden?

Natürlich kann das sein! Die wissenschaftliche Wahrheit findet man durch Forschung, durch Beobachtung, durch Erweiterung der Beobachtung zu einer Theorie und durch Prüfung der Theorie an Voraussagen, an Prognosen. Wissenschaftliche Wahrheit findet man nicht durch Mehrheitsbeschluss – schon gar nicht durch Mehrheiten von Nicht-Wissenschaftlern! Ärzte, die homöopathisch behandeln, handeln im Fall einer homöopathischen Behandlung unwissenschaftlich. Zwar kann ein Arzt – nacheinander – einen Patienten wissenschaftlich und den nächsten homöopathisch behandeln – aber niemals gleichzeitig. Homöopathie ist Abkehr von der Wissenschaft, Abkehr von der Vernunft, Abkehr von der Ratio! Die wissenschaftliche Medizin ist mit einer Abkehr von der Ratio nicht vereinbar! Dass es dennoch „Weiterbildungen" in der Homöopathie gibt, halte ich für ein katastrophales Armutszeugnis der Ärztekammer. Die Medizin als Lehre ist mit der Homöopathielehre unvereinbar; es ist schlimm, dass die Funktionäre der Ärztekammern das wegignorieren – vermutlich einem falsch verstandenen Harmoniebedürfnis den Homöopathen gegenüber geschuldet. Selbst Hahnemann hat die wissenschaftliche Hochschulmedizin und die Homöopathie als miteinander unvereinbar bezeichnet! Ich habe übrigens vor einigen Jahren unserem damaligen Ärztekammerpräsidenten, Herrn Prof. Dr. Hoppe (gestorben 2011) geschrieben und ihn gebeten, die Ärztekammern sollten klar Stellung beziehen für die wissenschaftliche Medizin und gegen die unwissenschaftliche Scharlatanerie. Er – bzw. ein Vorzimmerherr – hat mir „wischi-waschi" geantwortet, dass diese harte Einstellung nicht erwünscht sei! Wunschvorstellungen im Zusammenhang mit Naturgesetzen – wie tief sind wir gesunken?

Anhänger der Globuli schwärmen von den Mitteln, weil sie keine Nebenwirkungen haben. Wenn man sich ansieht, wie viele Menschen durch Präparate der Schulmedizin bereits ums Leben gekommen sind, ist das doch ein ungeheurer Fortschritt, oder?
Von welcher Zeit der Schulmedizin – Entschuldigung: ich spreche lieber von „wissenschaftlicher Hochschulmedizin" – „Schulmedizin" ist ein Kampfbegriff, der Assoziationen an „Grundschule" wecken soll – sprechen wir eigentlich? Die Aderlässe, die zu Zeiten Hahnemanns im Namen der Medizin viele Leben gekostet haben, sind unter heutigen Gesichtspunkten in der wissenschaftlichen Hochschulmedizin keineswegs mehr anerkannt. Die wissenschaftliche Hochschulmedizin hat Fortschritte gemacht. Die wissenschaftliche Hochschulmedizin war es, die die vor hundert Jahren noch bestehende durchschnittliche Lebenserwartung von etwa 30 Jahren innerhalb der letzten hundert Jahre auf jetzt etwa 80 Jahre hochkatapultiert hat! Zuvor hatte die Homöopathie, die es ja bekanntlich schon seit 200 Jahren gibt, sage und schreibe hundert Jahre Zeit, allein zu schalten und zu walten und sich zu bewähren: nichts ist passiert. Die Lebenserwartung blieb die ganze Zeit auf beschämend niedrigem Niveau.

Die wissenschaftliche Hochschulmedizin ist eben eine wissenschaftliche Methode: Arzneien, die sich nicht bewähren oder die sogar schaden, werden ohne Emotionen aus dem Behandlungsspektrum entfernt. Die Schwierigkeit liegt wieder im Detail: woher wissen wir, ob eine Substanz schadet? Es ist die gleiche Frage, die wir an die Homöopathen haben: Woher wisst Ihr, ob eine Substanz nützt? Die Antwort ist nur durch qualitativ hochwertige Studien zu erhalten. – Wenn man feststellt, dass Substanzen, Medikamente mehr schaden als nützen, dann werden sie verworfen! Sie sollten dann auch nicht durch andere „Medikamente" ersetzt werden, deren Nutzen in keiner Weise belegt ist! Der ungeheure Fortschritt, von dem Sie sprechen, liegt im Verzicht auf schädliche Behandlungen; ein anschließender Ersatz der eliminierten, schädlicher Handlungen durch unnütze Scheinbehandlungen bringt keinen weiteren Vorteil. Noch größer allerdings wäre der Fortschritt, wenn wir die nachgewiesen schädlichen Medikamente durch nachgewiesene nützliche Medikamente ersetzen! Und genau daran arbeitet die wissenschaftliche Hochschulmedizin. Und da hilft die Homöopathie nun überhaupt nicht – im Gegenteil: sie behindert das wissenschaftliche Denken in der Bevölkerung und sie behindert die Anwendung wissenschaftlicher Behandlungsstrategien.

Was sagen sie denn einem Patienten, der ihnen sagt, die Globuli haben mir geholfen?
Ich sage ihm, dass er sich irrt! Globuli können nicht helfen. Es muss irgendetwas anderes gewesen sein, was geholfen hat.

Wir müssen an dieser Stelle auf den Begriff „helfen", auf den Begriff „Heilung" eingehen. Der alte Spruch, „Wer heilt, hat Recht", ist so simpel wie unbrauchbar. Natürlich ist der Spruch richtig. Die große Frage aber ist, „Was ist Heilung?"

Viele Krankheiten sind gottlob harmlos und heilen spontan aus. Während der Heilungszeit kann man machen, was man will – normalerweise hält man die Heilung nicht auf. Wenn Sie sich bei der Küchenarbeit in den Finger geschnitten haben: Was müssen Sie tun, damit die Wunde verheilt? Nichts! Wenn Sie zwischenzeitlich Pommes essen: die Wunde heilt! Und wenn Sie zwischenzeitlich Arnika essen? Die Wunde heilt auch! Und wenn Sie Arnika verdünnen? – Entschuldigung: „Potenzieren"! – auch dann heilt die Wunde! Warum schreibt man Arnika die Heilung zu, den Pommes aber nicht? Sehen Sie: ich kenne die Antwort auch nicht.

„Spontanheilung" ist ein wesentlicher Faktor, der von Homöopathie-Anhängern gern zum Trittbrettfahren missbraucht wird. Ein anderer Faktor ist die „Regression zur Mitte", die natürlich auch etwas mit „Spontanheilung" zu tun hat. Kopfschmerzen z. B. nehmen mal zu, dann mal wieder ab, dann mal wieder zu usw. Die Wahrscheinlichkeit, dass Kopfschmerzen abnehmen, ist nun mal höher bei starken als bei schwachen Kopfschmerzen. Und die Wahrscheinlichkeit Medikamente zu nehmen, ist ebenfalls größer bei starken als bei schwachen Kopfschmerzen. Dann ist es auch sehr wahrscheinlich, dass bei starken Kopfschmerzen beides eintritt: man nimmt Medikamente – z. B. Homöopathika – und die Kopfschmerzen nehmen ab! Kausalzusammenhang? Keineswegs! Lediglich eine zeitliche Korrelation!

Ich möchte den Rahmen nicht sprengen: es gibt noch viele Mechanismen, die eine Heilung vortäuschen können. Über diese Themen sind viele Bücher geschrieben worden. Man muss sie nur lesen! Zwei Punkte möchte ich gern noch anführen: Erstens, die „Selektive Wahrnehmung". Wenn man glaubt, dass z. B. zwischen Einnahme von Homöopathika und Besserung ein ursächlicher Zusammenhang besteht, dann wird man sich später an jedes positive Beispiel immer erinnern und jedes negative Beispiel vergessen. Da spielt uns unser Unbewusstes einen Streich. Wir können Muster – Kausalzusammenhänge – sehen, wo keine sind. Diese Fähigkeit ist übrigens von der Evolution begünstigt: das spontane Erfassen von Mustern beschleunigt unsere Entscheidungsfindung so erheblich, dass die Fehlermöglichkeit „Muster sehen, wo keine sind" von der Natur in Kauf genommen wird. Was im täglichen Leben sinnvoll ist, stört aber den wissenschaftlichen Erkenntnisgewinn. Erkenntnis kann man nur gewinnen, wenn man weiß, dass jeder Mensch anfällig ist für selektive Wahrnehmung und auf dieses Wissen reagiert, indem man selektive Wahrnehmung nach Möglichkeit ausschließt! Selektive Wahrnehmung täuscht hohe Korrelationsfaktoren vor! Übrigens: Befürworter lassen sich von selektiver Wahrnehmung eher beeinflussen als Skeptiker! Aus diesem Grund sind doppelte Verblindungen in Studien unumgänglich!

Ganz banal ist zweitens auch die sogenannte „Erstverschlimmerung": wie soll die Homöopathie eigentlich Misserfolge vorweisen können, wenn sowohl Besserungen als auch Verschlechterungen als „Erfolg" bezeichnet werden? Die sogenannte „Erstverschlimmerung" ist ein lächerliches Konzept, die Homöopathie gegen Misserfolge zu „immunisieren".

Die Befürworter der Alternativmedizin sagen, dass sich ein Homöopath wesentlich mehr Zeit für den Patienten nimmt, als ein Schulmediziner. Warum haben es die meisten Ärzte so eilig?
Glauben Sie mir: auch die meisten Ärzte hätten gern mehr Zeit für die Patienten! Aber bei großer Nachfrage: was sollen wir tun? Der Tag hat ja nur 24 Stunden! Die Alternative wäre, Patienten abzulehnen. Das wäre auch nicht fair. Ich möchte auch nicht unerwähnt lassen, dass es auch finanzielle Gründe gibt! Wir HNO-Ärzte in Westfalen-Lippe haben derzeit ein „Regelleistungsvolumen" von etwa 27 Euro pro Quartal. Regelleistungsvolumen heißt: „Flatrate". Egal, wie oft ein Patient in einem Quartal die Praxis aufsucht: mehr als 27 Euro bekommen wir nicht. Wir sind darauf angewiesen, auch einen gewissen Anteil an Neupatienten zuzulassen. Homöopathen berechnen die „homöopathische Erstanamnese" nach der GOÄ, der Gebührenordnung für Ärzte. Diese Gebührenordnung gilt für Privatpatienten. Homöopathen behandeln ihre Patienten als Privatpatienten und stellen ihre Leistungen in Rechnung. Ich möchte es vermeiden, den Preis für eine homöopathische Erstanamnese zu nennen: man könnte mir Neid unterstellen. Das ist es aber nicht: ich bin nicht neidisch! Bezogen auf die Zeit, die der Homöopath benötigt, ist der Preis vermutlich sogar gerechtfertigt. Es sind verschiedene Modelle: man kann wenige Patienten haben und für jeden Patienten viel Zeit verbrauchen (die Frage sei auch erlaubt, ob der hohe Zeitverbrauch bei jedem Menschen gerechtfertigt ist oder ob er Folge der hohen Vergütung ist) – oder man hat viele Patienten und bekommt nur wenig Geld pro Patient. Das ist das Schicksal der Ärzte! Wir Ärzte sind mit diesen Umständen nicht zufrieden und schon gar nicht glücklich!

Laut einer weltweiten Befragung sind in Deutschland nur 34 Prozent der Bevölkerung zufrieden mit der medizinischen Versorgung. Wundert es sie da, dass immer mehr Menschen die Homöopathie wenigstens mal ausprobieren?
Die Zahl kenne ich nicht. Ich weiß nur, dass Ärzte in der Bevölkerung nach wie vor ein hohes Sozialprestige haben. Und dass die Patienten ihre eigenen Hausärzte jeweils noch höher bewerten als den Durchschnitt der Ärzte. Einerlei: ich verurteile ja nicht das Bedürfnis nach Besserem! Ich kann gut verstehen, dass Menschen sich Besseres wünschen als die „normale medizinische Betreuung". Aber wir wissen doch alle, dass Wunschdenken die Realität nicht ändert! Die Unzufriedenheit – so berechtigt sie sein mag – macht aus Abwesenheit von Arzneien (Stichwort „homöopathische Verdünnung") keine Anwesenheit von Arzneien! Unzufriedenheit ist der Motor der Forschung, der Motor des Bemühens um Besserung. Sie ist nicht in der Lage, aus Unsinn Sinn zu machen! – Denken Sie, wir wissenschaftlichen Hochschulmediziner seien mit dem Status quo zufrieden? Wir sind es nicht! Wir forschen und ersetzen schlechte Methoden durch gute und gute durch bessere. Wir strengen uns an! Unzufrieden zu sein und sich dann auf die „faule Haut zu legen" nach dem Motto: „Weil ich unzufrieden mit der Realität bin, wird automatisch meine Phantasie real – ich brauche also nichts zu tun" ist lächerlich.

Sind Sie eigentlich mit Ihrem Auto zufrieden? Mit dem Spritverbrauch? Wollen Sie nicht vielleicht mal ausprobieren, wie es ist, wenn Sie Wasser in den Tank schütten? Oder Sand? Ich meine, Wasser und Sand kommen in der Natur vor und sie sind unschädlich. Wie schön wäre es, wenn Autos mit Wasser oder Sand fahren könnten! Es wäre doch schön, wenn Sie das mal ausprobieren würden? Wie jetzt: Sie sagen, das haben schon andere ausprobiert? Es gebe wissenschaftliche Erkenntnisse, dass Wasser und Sand nicht genügend Energie enthalten, um Autos anzutreiben? Und es gebe schon Beobachtungen, dass „Sand im Getriebe" nicht nützlich, sondern schädlich ist? Hervorragend! Sie nutzen die Erfahrungen anderer, um nicht alle Fehler selbst machen zu müssen! Sie sind lernfähig! Nur bei Ihrer Gesundheit weichen Sie von diesem Verfahren ab? Es reicht Ihnen nicht, dass wissenschaftlich ausgebildete Fachleute immer und immer wieder nachgewiesen haben, dass Homöopathie unwirksam ist: Sie müssen die Homöopathie selbst ausprobieren? Ganz schön dumm! Müssen Sie erst selbst ausprobieren wie es ist, mit einem zu kleinen Fallschirm abzuspringen? In einem undichten Boot zu fahren? Wollen Sie mal ausprobieren, ob Tollkirschen giftig sind? Oder Knollenblätterpilze? Wie doof ist das denn?

Einige Politiker und Funktionäre wollen die Homöopathie verbieten, weil sie das Loch im Gesundheitssystem weiter vergrößert. Sind die Kosten durch,- zum Beispiel - nutzlose und völlig überteuerte Krebsmedikamente nicht viel höher?
Falscher Vergleich! Natürlich ist eine Behandlung mit nutzlosen Medikamenten nutzlos und eine Behandlung mit überteuerten Medikamente überteuert. Das gilt aber doch wohl gleichermaßen für – ich benutze jetzt zur Verdeutlichung mal widerwillig den Kampfbegriff – allopathische wie homöopathische Mittel. Homöopathika sind die teuersten Medikamente überhaupt: man zahlt einen Preis und bekommt kein einziges Molekül Wirksubstanz! Die Mathematik – auch Finanzmathematik ist Mathematik! – verbietet die Division durch Null. Strebt aber die homöopathische Verdünnung gegen Null, dann strebt der Preis gleichermaßen gegen Unendlich! Bei einer Verdünnung jenseits von D23 ist kein Wirkmolekül mehr vorhanden – der Preis bezogen auf die Wirkmoleküle also de facto unendlich hoch. Die Alternative zum Einsatz nutzloser und überteuerter Medikamente ist, preiswerte und wirksame Medikamente einzusetzen und nicht andere, noch teurere und noch nutzlosere Homöopathika einzusetzen! Kann man „nutzlos" eigentlich noch steigern? Ich ketze mal: „ja, homöopathisch"!

Hätte der Homöopathie-Erfinder Samuel Hahnemann überhaupt eine Chance gehabt, wenn die Schulmedizin Anfang des 18. Jahrhunderts ihre Patienten nicht mit Methoden wie Aderlässen und Einläufen gequält hätte?
Die Verwendung der sogenannten „Drastika" ist eine historische Tatsache. Die Homöopathie hat den Einsatz der Drastika reduziert und damit Schaden abgewendet. Das ist ein Verdienst, den ich anerkenne – und mit mir alle rechtschaffenen wissenschaftlichen Hochschulmediziner. Schaden zu vermeiden ist ein wichtiger Punkt. Die heutige wissenschaftliche Hochschulmedizin handelt nach dem gleichen Grundsatz: „Primum nil nocere" bedeutet: zunächst mal nicht schaden! Etwas Schlechtes zu vermeiden, ist aber nicht so effektiv, wie etwas Gutes zu tun. Wenn alle Ärzte morgen am Tag ihre Arbeit niederlegen würden, dann würde ab der gleichen Sekunde kein ärztlich verursachter Schaden mehr auftreten. Gleichzeitig fänden wir uns mit Mittelalter

wieder! Die Lebenserwartung würde wieder auf 30 Jahre abfallen, Zahnschmerzen könnten die Hälfte davon vergällen und man stürbe wieder an Blinddarmentzündungen oder im Kindbett. Wollen wir das?

Wenn man schädliche Einflüsse erkannt hat – Hahnemann hat das erkannt, aber die moderne wissenschaftliche Hochschulmedizin auch! – dann kann man verschieden darauf reagieren. Hahnemann hat die schädlichen Behandlungen durch unschädliche – und unwirksame! – Behandlungen ersetzt: ein seit 200 Jahren abgeschlossener, inzwischen statischer Prozess. Die wissenschaftliche Hochschulmedizin hat die schädlichen Behandlungen von damals durch weniger schädliche und wesentlich wirksamere Behandlungen ersetzt – und dieser Prozess hält übrigens immer noch an!

Ganz aktuell: gerade ist ein neues Superbakterium aufgetreten, das gegen fast alle Antibiotika resistent ist? Geht irgendjemand zu einem Homöopathen zu und sagt: „macht uns gesund"? Nein, man schreit nach Wissenschaft! Die Entwicklung neuer Antibiotika ist gefragt! – Wussten Sie überhaupt, dass Bakterien oder Viren in der homöopathischen Lehre überhaupt nicht vorkommen? Statt dessen schwadroniert man über „Miasmen" als Krankheitsursachen – und kein Homöopath hat je definiert oder ist überhaupt in der Lage dazu, zu sagen, was „Miasmen" sind!

Unzufriedenheit mit der wissenschaftlichen Medizin ist erlaubt. Aus ihr erwächst der Fortschritt. Aber: der wissenschaftlichen Hochschulmedizin vorzuwerfen, sie könne nicht jede Krankheit heilen, ist scheinheilig und perfide! Diese Kritik ist unfair! Krankheiten sollten mit den Methoden behandelt werden, die – wenn sie schon nicht eine hundertprozentige Heilung ermöglichen – doch eine möglichst hohe Heilungsquote aufweisen. Will man sich zwischen Homöopathie und wissenschaftlicher Hochschulmedizin rational entscheiden, dann bleibt einem nichts anderes übrig, als sich für die wissenschaftliche Hochschulmedizin zu entscheiden: sie hat in jeder Behandlungsstrategie die höchsten Erfolgsquoten.

---

[1] Gerald Fleischer: „Lärm, der tägliche Terror" · **ISBN-10:** 3893731288 · **ISBN-13:** 978-3893731282
[2] Klaus Dörner: „In der Fortschrittsfalle" Dt. Arztebl 2002; 99: PP 449–453 [Heft 10]
[3] Fritz Riemann: „Grundformen der Angst" · **ISBN-10:** 3497024228 · **ISBN-13:** 978-3497024223
[4] Robert Park: „Fauler Zauber" · **ISBN-10:** 3203810050 · **ISBN-13:** 978-3203810058
[5] Richard P. Feynman: „Es ist so einfach: Vom Vergnügen, Dinge zu entdecken" · **ISBN-10:** 3492237738 · **ISBN-13:** 978-3492237734
[6] Hans-Hermann Dubben, Hans-Peter Beck-Bornhold: „Der Hund der Eier legt: Erkennen von Fehlinformation durch Querdenken" · **ISBN-10:** 3499621967 · **ISBN-13:** 978-3499621963
[7] Martin Lambeck: „Irrt die Physik?: Über alternative Medizin und Esoterik" · **ISBN-10:** 3406494692 · **ISBN-13:** 978-3406494697
[8] http://www.youtube.com/watch?v=NQp4A82WZBg&NR=1
[9] Carl Gustav Jung: „Synchronizität, Akausalität und Okkultismus" · **ISBN-10:** 3423351748 · **ISBN-13:** 978-3423351744
[10] Walter Krämer: „Denkste!: Trugschlüsse aus der Welt der Zahlen und des Zufalls · **ISBN-10:** 3492264603 · **ISBN-13:** 978-3492264600
[11] Hans-Peter Beck-Bornhold, Hans-Hermann Dubben: „Der Schein der Weisen: Irrtümer und Fehlurteile im täglichen Denken · **ISBN-10:** 3499614502 · **ISBN-13:** 978-3499614507
[12] Christian Weymayr, Nicole Heißmann: „Die Homöopathie-Lüge: So gefährlich ist die Lehre von den weißen Kügelchen" · **ISBN-10:** 3492055362 · **ISBN-13:** 978-3492055369
[13] Norbert Aust: „In Sachen Homöopathie – Eine Beweisaufnahme" **ASIN:** B00BFWLX9O

i want morebooks!

Buy your books fast and straightforward online - at one of world's fastest growing online book stores! Environmentally sound due to Print-on-Demand technologies.

Buy your books online at
www.get-morebooks.com

Kaufen Sie Ihre Bücher schnell und unkompliziert online – auf einer der am schnellsten wachsenden Buchhandelsplattformen weltweit! Dank Print-On-Demand umwelt- und ressourcenschonend produziert.

Bücher schneller online kaufen
www.morebooks.de

VDM Verlagsservicegesellschaft mbH
Heinrich-Böcking-Str. 6-8
D - 66121 Saarbrücken

Telefon: +49 681 3720 174
Telefax: +49 681 3720 1749

info@vdm-vsg.de
www.vdm-vsg.de

Printed by Books on Demand GmbH, Norderstedt / Germany